일상회화 · 여행회화 · 비즈니스회화

왕초보가 수다를 떨 수 있는
일본어회화 사전

김동호 편저

즉석에서 바로 찾아 쓸 수 있는 활용 중심의 회화

모든 분야에서 골고루 활용할 수 있는
사전식 분류

감정 회술 의견 회제 일상 시간 전화 식사 쇼핑
긴급 건강 비즈니스 여행

신라출판사

머리말

　세계화의 도도한 물결 속에서 현대인에게 있어서 일본어의 필요성은 두 말할 필요가 없을 것입니다. 그러나 사정이 여의치 않아 손을 놓고 있던 일본어를 다시 시작하고 싶은데 어떻게 어디서부터 시작해야 할지 몰라 망설이는 분들이 많습니다. 그래서 필자는 일본어 회화를 다시 시작하려는 분들과 당장 급하게 필요한 분들을 위해 그 동안의 경험을 충분히 살려 일본어 회화사전을 집필하게 되었습니다.

　유창하게 일본어 회화를 하기 위해서는 어떤 상황에서든 자유자재로 막힘 없이 표현할 수 있는 능력을 충분히 길러야 합니다. 현재 시판되고 있는 일본어 회화 교재는 대부분 일상회화, 여행회화, 비즈니스회화로 나뉘어져 있습니다. 때문에 각기 원하는 분야의 일본어 회화 책을 별도로 구입하는 불편이 있습니다. 따라서 이 책은 일상생활을 하는 데 있어서 다양하게 접할 수 있는 여러 가지 장면을 언제 어디서든 원하는 대화문을 찾아보기 쉽도록 필수 회화 표현만을 집대성하여 사전 형식으로 엮었습니다.

이 책의 특징은.....

❶ 이 책은 일본인과 대화를 할 때 모든 상황에 대처할 수 있도록 일상회화, 여행회화, 비즈니스회화를 총 망라한 기초 수준의 일본어 회화사전입니다.

❷ 주제별로 구성하여 언제 어디서든 필요한 회화 표현을 쉽게 찾아보면서 활용할 수 있도록 14개의 PART로 대분류하여 총 172개의 UNIT로 구성하였습니다.

❸ 가능한 긴 문장은 피하고 단문 형식의 쉬운 일본어 회화 표현만을 수록하여 일본어의 기초만 알고 있으면 누구나 쉽게 접근할 수 있도록 하였으며 간단한 예문을 두어 실전에서도 무리 없이 응용할 수 있도록 하였습니다.

❸ 일본어를 잘 모르더라도 한글만 읽을 줄 알면 저절로 회화가 가능해지도록 일본어 문상 아래 원음에 충실하여 그 발음을 한글로 표기하였습니다.

외국어 학습은 왕도가 없습니다. 많은 반복 연습만이 지름길이므로 몇 번이고 반복하고 입에서 저절로 나올 때까지 숙지하시기 바랍니다.

엮은이 씀

차례

인사에 관한 회화

만났을 때의 인사

□ 안녕!

やあ!
야

□ (아침에 만났을 때) 안녕하세요?

おはようございます。
오하요- 고자이마스

□ (오후에 만났을 때) 안녕하세요?

こんにちは。
곤니찌와

□ (저녁에 만났을 때) 안녕하세요?

こんばんは
곰방와

□ 잘 자.

おやすみ。
오야스미

□ 잘 지내세요?

元気ですか。
겡끼데스까

□ 잘 지내니?

元気?
겡끼

□ 요즘 어때?

調子はどう?

쵸-시와 도-

□ 잘 지내고 있어.

元気だよ。

겡끼다요

A: 元気ですか。
(잘 지내니?)

B: 元気だよ。
(잘 지내고 있어.)

□ 그저그래.

まあまあだよ。

마-마-다요

A: 調子はどう?
(요즘 어때?)

B: まあまあだよ。
(그저그래.)

□ 무슨 일 있어?

どうしてる?

도-시떼루

□ 별일 없어.

別に何も。

베쯔니 나니모

A: どうしてる?
(무슨 일 있어?)

B: 別に何も。君は?
(별일 없어. 너는?)

11

□ 일은 어때?

仕事はどう?
시고또와 도-

A : 仕事はどう?
(일은 어때?)

B : まあまあだよ。
(그럭저럭.)

□ 여전해.

相変わらずだよ。
아이까와라즈다요

□ 좋아 보인다.

元気そうだね。
겡끼소-다네

□ 여전히 바쁘니?

相変わらず忙しいの?
아이까와라즈 이소가시-노

A : 相変わらず忙しいの?
(여전히 바쁘니?)

B : 前ほどではないよ。
(예전만큼은 아니야.)

□ 바쁜 것 같구나.

忙しそうだね。
이소가시소-다네

A : 来週、仕事で中国に行かなくちゃならないんだ。
(다음주에 일 때문에 중국에 가야 해.)

A : 忙しそうだね。
(바쁜 것 같구나.)

처음 만났을 때의 인사

☐ 처음 뵙겠습니다.

はじめまして。
하지메마시떼

A : こんにちは。中村といいます。
(안녕하세요. 나카무라라고 합니다.)

B : はじめまして、中村さん。
(처음 뵙겠습니다, 나카무라 씨.)

☐ 저야말로.

こちらこそ。
고찌라꼬소

A : はじめまして。
(만나서 반갑습니다.)

B : こちらこそ。
(저야말로.)

☐ 야마다라고 합니다.

山田といいます。
야마다또 이-마스

☐ 히로라고 불러 주세요.

ヒロと呼んでください。
히로또 욘데 구다사이

☐ 만나뵙게 되어 기쁩니다.

お会いできてうれしいです。
오아이데끼떼 우레시-데스

13

☐ 나카무라 씨, 만나게 되어 영광입니다.

中村さん、お会いできて光栄です。

나까무라상　오아이데끼떼 코-에-데스

☐ 만나 뵙기를 고대했습니다.

お会いすることを楽しみにしていました。

오아이스루고또오 다노시미니 시떼 이마시따

☐ 늘 만나 뵙고 싶었습니다.

ずっとお会いしたいと思っていました。

즛또 오아이시따이또 오못떼 이마시따

☐ 전부터 말씀 많이 들었습니다.

お噂はかねがねうかがっています。

오우와사와 가네가네 우까갓떼 이마스

A : お噂はかねがねうかがっています。

(전부터 말씀 많이 들었습니다.)

B : よい噂だけだといいのですが。

(좋은 말만 들으셨기를 바랍니다.)

☐ 여동생이 늘 당신에 대해 말한답니다.

妹はいつもあなたのことを話しているんですよ。

이모-또와 이쯔모 아나따노 고또오 하나시떼 이룬데스요

☐ 성함만 알고 있었습니다.

お名前だけは存じていました。

오나마에다께와 존지떼 이마시따

A : こんにちは。中村です。

(안녕하세요. 나카무라입니다.)

B : お名前だけは存じていました。お会いできてうれしいです。

(성함만 알고 있었습니다. 만나서 반갑습니다.)

14

□ 전에 만난 적이 있나요?

以前にお会いしたことがありますか。

이젠니 오아이시따 고또가 아리마스까

A: 以前にお会いしたことがありますか。
(전에 만난 적이 있나요?)

B: いいえ、ないと思います。
(아니오, 없는 것 같은데요.)

□ 전에 만난 적이 있는 것 같습니다만.

前にお会いしたことがあるように思うのですが。

마에니 오아이시따 고또가 아루요-니 오모우노데스가

□ 당신과는 전화로 통화한 적이 있습니다.

あなたとは電話でお話したことがあります。

아나따또와 뎅와데 오하나시시따 고또가 아리마스

A: あなたとは電話でお話したことがあります。
(당신과 전화로 통화한 적이 있습니다.)

B: ええ、覚えています。
(예, 기억하고 있습니다.)

□ 마침내 만나게 되어서 무척 기쁩니다.

やっとお会いできてとてもうれしいです。

얏또 오아이데끼떼 도떼모 우레시-데스

□ 제 소개를 하겠습니다.

自己紹介させてください。

지꼬쇼-까이 사세떼 구다사이

오랜만에 만났을 때의 인사

□ 오래간만이네요.

お久しぶりです。
오히사시부리데스

□ 오랜만이야.

久しぶりだね。
히사시부리다네

A : やあ、中村、久しぶりだね。
(야, 나카무라, 오랜만이야.)

B : うん、会えてうれしいよ。
(응, 만나서 반가워.)

□ 전에 만난 게 언제지?

前に会ったのはいつだっけ?
마에니 앗따노와 이쯔닥께

A : 前に会ったのはいつだっけ?
(전에 만난 게 언제지?)

B : 何年か前だったと思うよ。
(몇 년 전인 것 같은데.)

□ 너를 본지 10년만이다.

君に会うのは10年ぶりだよ。
기미니 아우노와 쥬-넴부리다요

□ 시간 참 빠르군.

時間がたつのは早いね。

지깡가 다쯔노와 하야이네

□ 어떻게 지냈니?

どうしていたの?

도-시떼 이따노

A: どうしていたの?
(어떻게 지냈니?)

B: 元気だったよ。君は?
(잘 지냈어, 너는?)

□ 뭐하며 지냈니?

何やっていたの?

나니 얏떼 이따노

A: 何やっていたの?
(뭐하며 지냈니?)

B: 仕事で忙しくしていただけだよ。
(일이 너무 바빴어.)

□ 어디에 가 있었니?

どこに行っていたの?

도꼬니 잇떼 이따노

□ 다시 만나게 되서 기뻐.

また会えてうれしいよ。

마따 아에떼 우레시-요

□ 전혀 안 변했어.

全然変わっていないね。

젠젱 가왓떼 이나이네

17

□ 많이 변했구나.

ずいぶん変わったね。

즈이붕 가왓따네

□ 잠시 떠나 있었어.

しばらく留守にしていたんだ。

시바라꾸 루스니 시떼 이딴다

A : どこに行っていたの?
(어디 갔었니?)

B : しばらく留守にしていたんだ。
(잠시 떠나 있었어.)

□ 가족 분들은 잘 지내십니까?

ご家族はお元気ですか。

고카조꾸와 오겡끼데스까

A : ご家族はお元気ですか。
(가족 분들은 잘 지내십니까?)

B : みんな元気ですよ。
(모두 건강합니다.)

□ 오랫동안 연락 못해서 미안해요.

長い間連絡をしなくてごめんなさい。

나가이 아이다 렌라꾸오 시나꾸떼 고멘나사이

□ 너의 안부가 궁금했었어.

あなたのことは気になっていたのよ。

아나따노 고또와 기니 낫떼이따노요

□ 네가 없어서 모두 적적해 하고 있었어.

君がいなくてみんな寂しがっていたんだよ。

기미가 이나꾸떼 민나 사비시갓데 이딴다요

18

타인을 소개할 때

☐ 나카무라를 소개하겠습니다.

中村を紹介します。

나까무라오 쇼-까이시마스

☐ 이분은 언니 하루코입니다.

こちらは妹の春子です。

고찌라와 이모-또노 하루꼬데스

☐ 내 친구를 소개할게.

僕の友達を紹介しよう。

보꾸노 도모다찌오 쇼-까이시요-

☐ 나카무라, 이쪽은 미유키. 미유키, 나카무라야.

中村、こちらは美由紀。美由紀、中村だよ。

나까무라 고찌라와 미유끼   미유끼   나까무라다요

☐ 나카무라, 내 아내일세.

中村、僕の妻だよ。

나까무라 보꾸노 쯔마다요

☐ 하루코를 만난 적은 있니?

春子に会ったことはある?

하루꼬니 앗따 고또와 아루

　A: 春子に会ったことはある?
　　(하루코를 만난 적은 있니?)
　B: いいえ、ないと思うわ。
　　(아니, 없는 것 같은데.)

19

□ 나카무라, 하루코를 처음 만나는 거죠?

中村、春子に会うのは初めてだよね。

나까무라　하루꼬니 아우노와 하지메떼다요네

□ 아직 그를 만날 기회가 없었어.

まだ彼に会う機会がないんだ。

마다 가레니 아우 기까이가 나인다

　A : 春子、中村に会ったことはある?
　　　(하루코, 나카무라를 만난 적이 있어?)

　B : いや、まだ彼に会う機会がないんだ。
　　　(아니, 아직 그를 만날 기회가 없었어.)

□ 너희들 벌써 소개가 끝났니?

あなたたち、もうご紹介はすんだ?

아나따타찌　　　모- 고쇼-까이와 슨다

□ 당신을 모두에게 소개하겠습니다.

あなたのことをみんなに紹介します。

아나따노 고또오 민나니 쇼-까이시마스

□ 나카무라를 소개해 주시겠습니까?

中村さんに紹介してもらえますか。

나까무라산니 쇼-까이시떼 모라에마스까

□ 네 오빠를 소개해 주었으면 하는데.

あなたのお兄さんを紹介してほしいのだけど。

아나따노 오니-상오 쇼-까이시떼 호시-노다께도

　A : あなたのお兄さんを紹介してほしいのだけど。
　　　(네 오빠를 소개해 주었으면 하는데.)

　B : いいわよ。もうすぐ家に帰ってくるわ。
　　　(좋아. 금방 집에 들어 올 거야.)

☐ 스즈키 씨의 소개로 왔습니다.

鈴木さんのご紹介でうかがいました。
스즈끼산노 고쇼-까이데 우까가이마시따

A: 鈴木さんのご紹介でうかがいました。
(스즈키 씨의 소개로 왔습니다.)

B: ええ、彼からあなたのことで電話をもらっています。
(예, 그가 전화로 당신에 대해 알려줬습니다.)

☐ 너희는 좋은 친구가 될 거라고 생각해.

君たちはいい友だちになると思うんだ。
기미다찌와 이- 도모다찌니 나루또 오모운다

☐ 너희는 마음이 맞을 거라 생각해.

あなたたち、気が合うと思うわ。
아나따다찌　기가 아우또 오모우와

☐ 너희 둘은 공통점이 많아.

君たちふたりには共通点がたくさんあるんだよ。
기미다찌 후따리니와 교-쓰-뗑가 닥상 아룬다요

☐ 그가 정말 마음에 들거야.

彼のこと、きっと気に入るよ。
가레노 고또　깃또 기니 이루요

☐ 이곳 생활은 어떻습니까?

こちらの生活はどうですか。
고찌라노 세-까쯔와 도-데스까

☐ 이곳에는 자주 오십니까?

こちらへはよくいらっしゃるのですか。
고찌라에와 요꾸 이랏샤루노데스까

21

□ 어디에 근무하십니까?

どちらへお勤めですか。

도찌라에 오쯔또메데스까

□ 일본어를 할 줄 아나요?

日本語が話せますか。

니홍고가 하나세마스까

□ 일본에는 언제까지 있습니까?

日本にはいつまでいるんですか。

니혼니와 이쓰마데 이룬데스까

□ 앞으로도 서로 연락을 취합시다.

これからも連絡を取り合いましょうね。

고레까라모 렌라꾸오 도리아이마쇼-네

□ 어떻게 하면 연락이 됩니까?

どうしたら連絡がつきますか。

도-시따라 렌라꾸가 쓰끼마스까

□ 여기는 놀러 왔습니까?

ここへは遊びに来ているんですか。

고꼬에와 아소비니 기떼 이룬데스까

□ 여기는 업무로 왔습니까?

ここへは仕事で来ていますか。

고꼬에와 시고또데 기떼 이마스까

□ 한국의 생활에는 이제 익숙해졌습니까?

韓国の生活にはもう慣れましたか。

캉꼬꾸노 세-까쯔니와 모- 나레마시다까

헤어질 때의 인사

☐ 잘 가.

さようなら。
사요-나라

☐ 바이바이.

バイ バイ。
바이바이

☐ 또 보자.

またね。
마따네

☐ 곧 다시 만나자.

また近いうちに。
마따 치까이 우찌니

☐ 내일 보자.

また明日。
마따 아시따

☐ 그만 갈게.

じゃあ、行くね。
쟈   이꾸네

A : 出かける時間だ。じゃあ、行くね。
　　(갈 시간이네. 그만 갈게.)

B : さようなら。
　　(안녕.)

☐ 이제 가봐야 돼.

もう行かなければ。

모- 이까나께레바

A : 遅くなってきたね。もう行かなければ。
(늦었네. 그만 가봐야겠어.)

B : わかったわ、またね。
(그래, 또 보자.)

☐ 좋은 하루 보내세요.

よい一日を。

요이 이찌니찌오

☐ 좋은 주말 보내세요.

よい週末を。

요이 슈-마쯔오

☐ 즐거운 여행되세요.

よいご旅行を。

요이 고료꼬-오

☐ 휴가 잘 보내요.

休暇を楽しんでね。

큐-까오 다노신데네

☐ 잘 지내라.

元気でね。

겡끼데네

A : じゃあね。中村。
(잘 가. 나카무라.)

B : バイバイ、吉岡。元気でね。
(바이바이, 요시오카. 잘 지내라.)

24

□ 힘내요!

頑張<ruby>がんば</ruby>ってね!

감밧떼네

□ 언제든 들러줘.

いつでも立<ruby>た</ruby>ち寄<ruby>よ</ruby>ってね。

이쯔데모 다찌욧떼네

A : いつでも立<ruby>た</ruby>ち寄<ruby>よ</ruby>ってね。
(언제든 들러줘.)

B : ありがとう。そうさせてもらうわ。
(고마워. 그렇게.)

□ 만나서 반가웠습니다.

お会<ruby>あ</ruby>いできてうれしかったです。

오아이데끼떼 우레시깟따데스

A : もう行<ruby>い</ruby>かなければ。お会<ruby>あ</ruby>いできてうれしかったです。
(이제 가봐야겠습니다. 만나서 반가웠습니다.)

B : こちらこそ、お会<ruby>あ</ruby>いできてよかったです。
(저야말로 만나서 반가웠습니다.)

□ 네 아내에게 안부 전해줘.

奥<ruby>おく</ruby>さんによろしく。

오꾸산니 요로시꾸

A : 奥<ruby>おく</ruby>さんによろしく。
(부인께 안부 좀 전해줘.)

B : 伝<ruby>った</ruby>えておくよ。ありがとう。
(전할게. 고마워.)

□ 메구미 씨에게 안부 전해 주세요.

恵美<ruby>めぐみ</ruby>さんによろしくお伝<ruby>った</ruby>えください。

메구미산니 요로시꾸 오쯔따에구다사이

25

잠시 만날 수 없을 때

□ 작별 인사하러 왔어.

お別れのあいさつに来たんだ。

오와까레노 아이사쯔니 기딴다

□ 언제 또 만나자.

またいつか会おうね。

마따 이쯔까 아오우네

□ 당신을 알게 되서 정말 기뻤습니다.

あなたと知り合えて本当によかったです。

아나따또 시리아에떼 혼또-니 요깟따데스

□ 당신이 없으면 쓸쓸할 겁니다.

あなたがいなくなると寂しいです。

아나따가 이나꾸나루또 사비시-데스

□ 연락하며 지내자.

連絡をとり会おうね。

렌라꾸오 도리아오-네

　A: 必ず手紙をちょうだいね。

　　(꼭 편지 줘.)

　B: わかったよ。連絡をとり合おうね。

　　(알았어, 서로 연락을 하자.)

□ 가까운 시일 안에 전화해.

そのうち電話してね。

소노우찌 뎅와 시떼네

26

□ 새로운 주소를 알려줘.

新しい住所を教えてね。

아따라시- 쥬-쇼오 오시에떼네

A: 新しい住所を教えてね。
(새로운 주소를 알려줘.)

B: わかったらすぐに手紙を書くよ。
(알게 되면 곧 편지할게.)

□ 꼭 돌아와.

きっと戻ってきてね。

깃또 모돗떼 기떼네

□ 다음에 언제 만날 수 있을까?

今度はいつ会えるかな?

곤도와 이쯔 아에루까나

□ 내년에 만납시다.

来年会いましょう。

라이넨 아이마쇼-

□ 행운을 빌게.

幸運を祈っているよ。

코-웅오 이놋떼 이루요

□ 즐겁게 다녀와.

楽しんでらっしゃい。

다노신데 랏샤이

□ 좋은 여행이 되기를!

よい旅を。

요이 다비오

감사의 마음을 전할 때

□ 고마워요.

ありがとう。
아리가또-

A: これはあなたへのプレゼントです。
(이것은 당신에게 드리는 선물입니다.)

B: ありがとう。
(고맙습니다.)

□ 고마워.

どうも。
도-모

□ 대단히 고마워.

どうもありがとう
도-모 아리가또-

□ 여러가지로 고마워.

いろいろありがとう。
이로이로 아리가또-

□ 편지를 주셔서 감사해요.

お手紙をありがとう。
て がみ
오떼가미오 아리가또-

□ 친절에 감사드립니다.

ご親切にありがとう。
しんせつ
고신세쓰니 아리가또-

28

□ 기다려줘서 고마워.

待っていてくれてありがとう。
맛떼 이떼 구레떼 아리가또-

□ 도와주셔서 감사합니다.

手伝ってくれてありがとう。
데쓰닷떼 구레떼 아리가또-

□ 칭찬해줘서 고마워.

ほめてくれてありがとう。
호메떼 구레떼 아리가또-

A: あなたの親しい髪型、とてもいいわね。
(당신의 새로운 헤어스타일이 너무 멋있어요.)

B: ほめてくれてありがとう。
(칭찬해 줘서 고마워)

□ 걱정해 주셔서 감사합니다.

心配してくれてありがとう。
심빠이시떼 구레떼 아리가또-

□ 폐를 끼쳐 드렸습니다.

ご面倒をおかけしました。
고멘도- 오가께시마시따

□ 감사합니다.

感謝します。
간샤시마스

□ 당신께 매우 감사하고 있습니다.

あなたにはとても感謝しています。
아나따니와 도떼모 간샤시떼 이마스

□ 매우 도움이 되었습니다.

とても助かります。
도떼모 다스까리마스

□ 아무튼 고마워.

とにかくありがとう。
도니까꾸 아리가또-

A：寒いけれど、今日は手伝えないんだ。
(추운데 오늘은 도울 수가 없어.)

B：いいんだ。とにかくありがとう。
(괜찮아. 아무튼 고마워.)

□ 뭐라고 감사드리면 좋을까?

何とお礼を言ったらいいものか。
난또 오레-오 잇따라 이-모노까

□ 뭐라 감사드려야 할지 모르겠습니다.

お礼の言葉もありません。
오레-노 고또바모 아리마셍

□ 그렇게까지 하지 않으셔도 됐는데.

そこまでしてくださらなくてもよかったのに。
소꼬마데 시떼 구다사라나꾸떼모 요깟따노니

□ 아무리 감사를 드려도 부족할 정도입니다.

いくら感謝してもしきれないほどです。
이꾸라 간샤시떼모 시끼레나이 호도데스

□ 마중을 나와 주셔서 정말로 고맙습니다.

お出迎えいただいて本当にありがとうございます。
오데무까에 이따다이떼 혼또-니 아리가또- 고자이마스

□ 그렇게 해 주시면 무척 고맙겠습니다만.

そうしていただければ、とてもありがたいのですが。
소- 시떼 이따다께레바 　　　　도떼모 아리가따이노데스가

감사에 응답할 때

☐ 천만에요.

どういたしまして。
도-이따시마시떼

A : ありがとう。
(고마워요.)

B : どういたしまして。
(천만에요.)

☐ 굳이 감사 인사까지는 안하셔도 됩니다.

お礼には及びませんよ。
오레-니와 오요비마셍요

☐ 별 것 아니에요.

お安いご用です。
오야스이 고요-데스

A : お時間をいただき、ありがとうございます。
(시간을 내주셔서 감사합니다.)

B : お安いご用です。
(별것 아닌 걸요.)

☐ 대단치 않아.

大したことじゃないよ。
다이시따 고또쟈 나이요

A : いろいろとやってくれてありがとう。
(여러 가지로 수고해줘서 고마워.)

31

B : いや、大<ruby>大<rt>たい</rt></ruby>したことじゃないよ。
(아냐, 대단한 것도 아닌데.)

□ 도움이 되었다니 기쁩니다.

お<ruby>役<rt>やく</rt></ruby>に<ruby>立<rt>た</rt></ruby>ててうれしいです。
오야꾸니 다떼떼 우레시-데스

A : <ruby>親切<rt>しんせつ</rt></ruby>にしていただき、ありがとうございます。
(친절하게 대해 주셔서 감사합니다.)

B : お<ruby>役<rt>やく</rt></ruby>に<ruby>立<rt>た</rt></ruby>ててうれしいです。
(도움이 되었다니 기쁩니다.)

□ 또 언제든지 얘기해.

またいつでもどうぞ。
마따 이쯔데모 도-조

A : <ruby>教<rt>おし</rt></ruby>えてくれてありがとう。
(가르쳐 줘서 고마워.)

B : またいつでもどうぞ。
(언제든지 또 얘기해.)

□ 언제라도 기꺼이 도와 드릴게요.

いつでも<ruby>喜<rt>よろこ</rt></ruby>んでお<ruby>手伝<rt>てつだ</rt></ruby>いしますよ。
이쯔데모 요로꼰데 오테쯔다이 시마스요

□ 도움이 필요할 때는 서슴없이 말해.

お<ruby>手伝<rt>てつだ</rt></ruby>いが<ruby>必要<rt>ひつよう</rt></ruby>なときは、<ruby>遠慮<rt>えんりょ</rt></ruby>なく<ruby>言<rt>い</rt></ruby>ってね。
오테쯔다이가 히쯔요-나 도끼와   엔료나꾸 잇떼네

A : ありがとう。とても<ruby>助<rt>たす</rt></ruby>かったよ。
(고마워. 많은 도움이 됐어.)

B : <ruby>手伝<rt>てつだ</rt></ruby>いが<ruby>必要<rt>ひつよう</rt></ruby>なときは、<ruby>遠慮<rt>えんりょ</rt></ruby>なく<ruby>言<rt>い</rt></ruby>ってね。
(도움이 필요할 때는 어려워 말고 말해.)

□ 언제든 내게 의지해도 좋아.

いつだって私のことを頼りにしていいわよ。
이쯔닷떼 와따시노 고또오 다요리니 시떼 이-와요

A: 力になってくれてありがとう。
(힘이 되어줘서 고마워.)

B: どういたしまして、いつだって私のことを頼りにしていいわよ。
(천만에, 언제라도 내게 의지해도 괜찮아.)

□ 나야말로.

こちらこそ。
고찌라꼬소

A: ご招待いただき、ありがとう。
(초대해 줘서 고마워요.)

B: こちらこそ。来てくれてうれしいわ。
(나야말로. 와줘서 기뻐요.)

□ 마음에 든다니 다행이야.

気に入ってもらえてうれしいよ。
기니 잇떼 모라에떼 우레시-요

A: きれいなスカーフ! ありがとう。
(예쁜 스카프야! 고마워.)

B: 気に入ってもらえてうれしいよ。
(마음에 든다니 다행이야.)

□ 저도 즐거웠습니다.

私も楽しかったです。
와따시모 다노시깟따데스

A: 先日はいろいろありがとう。
(일전에 여러가지로 고마워요.)

B: どういたしまして。私も楽しかったです。
(천만에. 저도 즐거웠습니다.)

33

사죄의 마음을 전할 때

☐ 미안합니다.

すみません。
스미마셍

A : また遅刻だね。
(또 지각이구나.)

B : すみません。寝過ごしてしまって。
(미안해. 늦잠을 잤어.)

☐ 미안해.

ごめんね。
고멘네

☐ 정말 미안합니다.

本当にすみません。
혼또-니 스미마셍

☐ 죄송합니다.

ごめんなさい。
고멘나사이

☐ 늦어서 미안합니다.

遅れてごめんなさい。
오꾸레떼 고멘나사이

☐ 미안해, 잊고 있었어.

ごめんなさい、忘れていたわ。
고멘나사이   와스레떼 이따와

□ 그 점에 대해 죄송하게 생각합니다.

それはどうもすみませんでした。
소레와 도-모 스미마셍데시따

A: これは私が注文したものとは違います。
(이것은 제가 주문한 것이 아닙니다.)

B: それはどうもすみませんでした。
(그 점에 대해 죄송스럽습니다.)

□ 실수를 해서 죄송합니다.

間違えてしまってすみません。
미찌가에떼 시맛떼 스미마셍

□ 늦어서 죄송합니다.

遅れてすみません。
오꾸레떼 스미마셍

□ 좀 더 주의했어야 했습니다.

もっと注意するべきでした。
못또 츄-이스루 베끼데시따

□ 기다리게 해서 죄송합니다.

お待たせしてすみません。
오마따세시떼 스미마셍

□ 폐를 끼쳐서 죄송합니다.

ご面倒をおかけしてすみません。
고멘도-오 오가께시떼 스미마셍

□ 제 잘못이에요.

私が悪かったんです。
와따시가 와루깟딴데스

35

□ 사과드립니다.

おわびします。
오와비시마스

□ 사과해야 할 것 같아.

謝らなければならないんだけど。
아야마라나께레바 나라나인다께도

□ 그 점은 미안하게 생각해.

そのことはすまないと思っているよ。
소노 고또와 스마나이또 오못떼이루요

□ 내가 의도한 바는 아니었어.

そんなつもりじゃなかったんだ。
손나 쯔모리쟈 나깟딴다

□ 기분 나쁘게 했다면 미안해.

気を悪くしたならごめんなさい。
기오 와루꾸시따나라 고멘나사이

□ 농담으로 말한 거였어.

冗談のつもりだったんだ。
죠-단노 쯔모리닷딴다

□ 다시는 같은 실수를 하지 않겠습니다.

二度と同じ間違いはしません。
니도또 오나지 마찌가이와 시마셍

□ 용서해 주시겠습니까?

許していただけますか。
유루시떼 이따다께마스까

□ 제가 한 짓을 용서해 주십시오.

私のしたことをお許しください。
와따시노 시따 고또오 오유루시 구다사이

사죄에 응답할 때

☐ 괜찮아요.

いいんですよ。
이인데스요

A : ごめんなさい。忘れていました。
(죄송해요. 잊고 있었어요.)

B : いいんですよ。
(괜찮아요.)

☐ 걱정하지 마요.

気にしないで。
기니시나이데

☐ 별 것 아니에요.

何でもないですよ。
난데모 나이데스요

☐ 사과하실 필요 없어요.

謝っていただく必要はありません。
아야맛떼 이따다꾸 히쯔요-와 아리마셍

☐ 네 탓이 아니야.

あなたのせいではないわ。
아나따노 세-데와 나이와

A : 謝らなければならないんだけど。
(사죄를 해야겠어.)

B : いいえ、あなたのせいではないわ。
(아니야, 네 잘못이 아니야)

☐ 누구나 실수는 할 수 있어.

誰にだって間違いはあるよ。
다레니닷떼 마찌가이와 아루요

A: ばかなことをしてしまってごめんね。
(어처구니없는 짓을 저질러서 미안해.)

B: いいんだ。誰にだって間違いはあるよ。
(괜찮아. 누구나 실수는 할 수 있어)

☐ 어쩔 수 없는 일이지.

しかたがないよ。
시까따가나이요

A: 遅れてすみません。電車が遅れたんです。
(늦어서 죄송합니다. 전철이 늦어서요.)

B: いいんだ。しかたがないよ。
(괜찮아. 어쩔 수 없는 일이지.)

☐ 앞으로 조심해.

今度から気をつけてね。
곤도까라 기오 쯔께떼네

PART 2

감정에 관한 회화

UNIT 01 기쁨과 즐거움을 나타낼 때

☐ 행복해.

幸せだなあ。
시아와세다나-

☐ 너무 행복해.

とっても幸せ。
돗떼모 시아와세

☐ 기뻐.

うれしいな。
우레시-나

☐ 두근거려.

わくわくするよ。
와꾸와꾸스루요

☐ 기분이 아주 좋아.

いい気分だ。
이- 기분다

☐ 기분 최고야!

最高の気分だわ。
사이꼬-노 기분다와

☐ 이렇게 기쁜 일은 없어.

こんなにうれしいことってないわ。
곤나니 우레시- 고똣떼 나이와

□ 그 말을 들으니 기쁘다.

それを聞いてうれしいよ。

소레오 기-떼 우레시-요

□ 운이 좋군!

ツイてるぞ!

쯔이떼루조

□ 잘됐다!

よかったあ!

요깟따-

A : 君、試験に受かったよ。
(네가 시험에 합격했어.)

B : よかったあ! すごくうれしいよ。
(잘됐다! 너무 기뻐.)

□ 내가 생각해도 만족해.

われながらよくやったよ。

와레나가라 요꾸 얏따요

A : 成功おめでとう。
(성공한 거 축하해.)

B : ありがとう。われながらよくやったよ。
(고마워! 나도 만족스러워.)

□ 기뻐 보여.

うれしそうだね。

우레시소-다네

A : うれしそうだね。
(기뻐 보인다.)

B : ええ。中村に誘われたの。
(맞아. 나카무라한테 데이트 신청받았거든.)

□ 무척 즐거웠습니다.

とても楽しかったです。

도떼모 다노시깟따데스

□ 재미있게 지내라.

楽しんできてね。

다노신데끼떼네

□ 고대하고 있어.

楽しみにしているよ。

다노시미니 시떼 이루요

A: 明日、僕たちのパーティーに来るかい?

(내일, 우리 파티에 올래?)

B: もちろん。楽しみにしているよ。

(물론이야. 고대하고 있어.)

□ 빨리 하고 싶다!

待ちきれないよ!

마찌키레나이요

A: 今度の週末、スキーに行こうよ。

(이번 주말에 스키 타러 가자.)

B: いいね。待ちきれないよ!

(좋아. 빨리 가고 싶어!)

□ 이보다 더 기쁠 수는 없습니다.

これにまさる喜びはありません。

고레니 마사루 요로꼬비와 아리마셍

□ 최고의 기분이야.

最高の気分だぜ。

사이꼬-노 기분다제

슬픔과 외로움을 나타낼 때

□ 슬프다.

悲^{かな}しいなあ。

가나시-나-

□ 허무해.

むなしいよ。

무나시-요

□ 나 울적해.

私^{わたし}、落^おち込^こんでいるの。

와따시 오찌꼰데 이루노

□ 우울해.

憂^{ゆう}うつだなあ。

유-우쯔다나-

□ 그건 슬픈 일이야.

それは悲^{かな}しいね。

소레와 가나시-네

□ 슬픈 표정을 하고 있네.

悲^{かな}しそうな顔^{かお}をしているね。

가나시소-나 가오오 시떼 이루네

□ 마음이 찢어지는 것 같아.

胸^{むね}が張^はり裂^さけそうだ。

무네가 하리사께 소-다

☐ 너무 가슴 아파.

本当に傷ついたわ。

혼또-니 기즈쯔이따와

A : あなた、本当に中村と別れたの?
(너, 정말 나카무라와 헤어졌니?)

B : ええ、本当に傷ついたわ。
(응. 너무 가슴 아파.)

☐ 울고 싶다.

もう泣きたいよ。

모- 나끼따이요

A : 元気がないね。どうしたの?
(우울해 보여. 무슨 일 있니?)

B : 財布をなくしたんだ。もう泣きたいよ。
(지갑을 잃어버렸어. 울고 싶은 심정이야.)

☐ 어떡하든 힘을 내야해.

何とかして元気を出さなくちゃ。

난또까시떼 겡끼오 다사나꾸쨔

☐ 넌 내 기분 이해 못해.

あなたには私の気持ちがわからないのよ。

아나따니와 와따시노 기모찌가 와까라나이노요

A : そんなに落ち込むなよ。大したことじゃないさ。
(너무 우울해 하지 마. 별일도 아닌걸.)

B : あなたには私の気持ちがわからないのよ。
(넌 내 기분 이해하지 못할 거야.)

☐ 외로워.

寂しいなあ。

사비시-나-

☐ 혼자 고립된 기분이야.

ひとりぼっちになった気分だ。
히또리봇찌니 낫따 기분다

☐ 네가 없어서 쓸쓸했어.

君がいなくて寂しかったよ。
기미가 이나꾸떼 사비시깟따요

☐ 비참해.

みじめだなあ。
미지메다나-

☐ 절망적인 기분이야.

絶望的な気分だよ。
제쓰보-떼끼나 기분다요

☐ 끔찍해.

ひどいなあ。
히도이나-

☐ 지루했어.

つまらなかったわ。
쯔마라나깟따와

A : ゆうべのパーティーはどうだった?
(어젯밤 파티는 어땠니?)

B : つまらなかったわ。
(따분했어.)

☐ 따분해 죽겠어!

退屈で死にそう!
다이꾸쯔데 시니소-

☐ 마음이 편치 않아.

居心地が悪いなあ。
이고꼬찌가 와루이나-

45

노여움을 나타낼 때

☐ 화가 나!

頭にきた!
아따마니 기따

☐ 지금 너한테 화내는 거야!

あなたに腹を立てているのよ!
아나따니 하라오 다떼떼 이루노요

A: どうかしたの?
(무슨 일 있어?)

B: あなたに腹を立てているのよ!
(지금 너한테 화내는 거야!)

☐ 그녀는 나를 너무 화나게 해.

彼女って本当に頭にくるよ。
가노죳떼 혼또-니 아따마니 구루요

☐ 나, 너무 화났어.

私、すごく怒っているの。
와따시 스고꾸 오꼿떼 이루노

☐ 너를 견딜 수가 없어.

あなたには我慢できないわ。
아나따니와 가만데끼나이와

☐ 더 이상은 못 참겠어.

もう我慢できない。
모- 가만데끼나이

A : なぜ僕がこの仕事をしなければならないんだ?
(왜 내가 이 일을 해야 하지?)

B : 文句を言うのはやめろ! もう我慢できないよ。
(불평 좀 그만 해라! 더 이상은 못 참겠어.)

□ 말했잖아!

言っただろ!
잇따다로

A : 言っただろ! そんなに簡単に人を信じちゃダメだよ。
(말했잖아! 그렇게 쉽게 사람을 믿어서는 안 된다고.)

B : そうだったわね。失敗だったわ。
(맞아. 그건 실수였어.)

□ 몇 번이나 얘기해야 알겠니?

何度言ったらわかるの?
난도 잇따라 와까루노

□ 그만해!

やめろよ!
야메로요

□ 그걸로 충분해.

もうたくさんだ!
모- 닥상다

A : 文句を言いたいことはまだあるんだ。
(불만이 몇 가지 더 있어.)

B : やめてくれ! もうたくさんだ!
(그만 좀 해라! 그쯤 했으면 됐어!)

□ 네가 내 신경을 건드려.

君にはいらいらするよ。
기미니와 이라이라스루요

□ 저질!

最低!
사이떼-

A: 彼ったら、私のことを無視したのよ。
(그가 나를 무시했어.)

B: 最低ね!
(저질이군!)

□ 뻔뻔스런 녀석이야!

図々しい奴だ。
즈-즈-시- 야쯔다

□ 놀리지 마!

からかうなよ!
가라까우나요

□ 불쾌한 녀석이군.

イヤな奴だな。
이야나 야쯔다나

□ 쓸데없는 간섭이야!

よけいなお世話だ!
요께-나 오세와다

A: 中村と仲直りするべきだと思うよ。
(나카무라와 화해해야 한다고 생각해.)

B: よけいなお世話だ!
(쓸데없는 간섭이야!)

□ 닥쳐!

黙れ!
다마레

48

싫증과 실망을 나타낼 때

☐ 이제 진절머리가 나.

もううんざりだ。
모- 운자리다

☐ 적당히 해!

いいかげんにしてくれよ!
이- 카겐니 시떼 구레요

A : さて、もう一曲歌います。
(자, 한 곡 더 부르겠습니다.)

B : いいかげんにしてくれよ! あなたは音痴なんだから。
(적당히 해! 넌 음치잖아.)

☐ 또야?

また?
마따

A : 洗濯機が壊れちゃったわ。
(세탁기가 고장 났어.)

B : また?
(또야?)

☐ 날 좀 내버려 둬!

ほっといてくれ!
홋또이떼구레

☐ 듣고 싶지 않아.

聞きたくないよ。
기끼따꾸나이요

□ 또 시작됐군.

また始まった。

마따 하지맛따

A: この仕事にはもううんざりだ。

(이 일에 이제 진절머리가 나.)

B: また始まった。

(또 시작이군.)

□ 머리가 돌 것 같아.

頭がおかしくなりそうだよ。

아따마가 오까시꾸나리소-다요

□ 왜 나야?

何で私なの?

난데 와따시나노

A: クリスマスパーティーの準備をしてくれる?

(크리스마스 파티 준비를 해 줄래?)

B: 何で私なの?

(왜 하필 나야?)

□ 잘도 말하는군.

よく言うよ。

요꾸 이우요

□ 실망했어.

がっかりだよ。

각까리다요

□ 너에게 실망이야.

君にはがっかりだ。

기미니와 각까리다

□ 그거 실망스러워.

それはがっかりだね。
소레와 각까리다네

A: 中村はパーティーに来られないんだ。
(나카무라는 파티에 올 수 없어.)

B: それはがっかりだね。
(그거 실망인걸.)

□ 노력이 모두 헛되었어.

努力がすべて無駄になったよ。
도료꾸가 스베떼 무다니 낫따요

□ 왜 쓸데없는 짓을 한 거지!

なんて無駄なことをしたのだろう!
난떼 무다나 고또오 시따노다로-

□ 시간 낭비였어.

時間の無駄だったよ。
지깐노 무다닷따요

A: 映画はどうだった?
(영화는 어땠어?)

B: よくなかったね。時間の無駄だったよ。
(별로였어. 시간 낭비였어.)

□ 어처구니없는 짓을 해버렸어.

へまをしちゃったよ。
헤마오 시짯따요

□ 오늘은 재수 없는 날이야.

今日はツイてないなあ。
교-와 쯔이떼나이나-

놀라움을 나타낼 때

□ 놀랬어.

> びっくりした!
> 빅꾸리시따

□ 이런!

> おやおや!
> 오야오야

□ 믿을 수가 없어!

> 信じられない!
> 신지라레나이

□ 설마!

> まさか!
> 마사까
>
> A: 中村と春子が結婚するんだよ。
> (나카무라와 하루코가 결혼해.)
>
> B: まさか!
> (설마!)

□ 그럴 리가 없어!

> そんなばかな!
> 손나 바까나
>
> A: 中村さんがクビになったんだって。
> (나카무라 씨가 해고됐대.)
>
> B: そんなばかな!
> (그럴 리가 없어!)

□ 진심이야?

本気なの?
홍끼나노

A: 僕、春子にプロポーズするよ。
(나 하루코한테 프러포즈할 거야.)

B: 本気なの?
(진심이야?)

□ 놀랐잖아!

びっくりするじゃないか。
빅꾸리스루쟈 나이까

□ 놀라서 말도 안 나와.

驚いて言葉も出ないよ。
오도로이떼 고또바모 데나이요

□ 망연자실했어.

あっけにとられちゃったよ。
악께니 도라레쨧따요

□ 전혀 예상 밖이었어.

まったく意外だったよ。
맛따꾸 이가이닷따요

A: 君の企画が採用されたんだってね。
(네 기획안이 채택되었다면서.)

B: うん、まったく意外だったよ。
(그래, 전혀 예상도 못했던 일이야.)

□ 생각지도 못했어.

考えてもみなかったね。
강가에떼모 미나깟따네

A: 中村と春子が結婚するんだよね。
(나카무라와 하루코가 결혼한대.)

53

B: 本当？ 考えてもみなかったね。
（정말? 생각지도 못했어.）

□ 뜻밖의 기쁨이야!

うれしい驚きだ!
우레시- 오도로끼다

A: あなたに1等賞が当たりました!
（당신이 1등상을 맞혔습니다!）

B: わあ、うれしい驚きだ!
（와, 뜻밖의 기쁨이야!）

□ 그것 금시초문인데.

それは初耳だ。
소레와 하쯔미미다

A: 春子は妊娠しているのよ。
（하루코가 임신했어.）

B: 本当？ それは初耳だ。
（정말? 그것 금시초문인데.）

□ 귀를 의심했어.

耳を疑ったよ。
미미오 우따갓따요

□ 네가 그런 일을 하다니 너무 의외야.

君がそんなことをするなんて、まったく意外だね。
기미가 손나 고또오 스루난떼　　　　　　맛따꾸 이가이다네

A: 上司と言い争いをしちゃったよ。
（상사와 말다툼을 했어.）

B: 君がそんなことをするなんて、まったく意外だね。
（네가 그런 일을 하다니 너무 의외야.）

부끄러울 때

☐ 창피해.

恥^はずかしいよ。

하즈까시-요

☐ 너무 창피해!

なんて恥^はずかしい!

난떼 하즈까시-

☐ 사라져 버리고 싶어.

消^きえてしまいたいよ。

기에떼 시마이따이요

☐ 쥐구멍에라도 들어가고 싶어.

穴^{あな}があったら入^{はい}りたいわ。

아나가 앗따라 하이리따이와

☐ 내 자신이 한심해.

われながら情^{なさ}けないよ。

와레나가라 나사께나이요

☐ 부끄러워할 것 없어.

恥^はずかしがることないよ。

하즈까시가루 고또 나이요

A: 私^{わたし}、歌^{うた}はヘタなのよ。
(나, 노래는 못해.)

B: 誰^{だれ}も気^きにしないさ。恥^はずかしがることないよ。
(아무도 개의치 않아. 부끄러워할 것 없어.)

□ 부끄럽지도 않니?

恥ずかしいと思わないの?

하즈까시-또 오모와나이노

A: すごく酔っ払っていたから、何も覚えていないよ。
(너무 취해서 아무것도 기억나지 않아.)

B: 恥ずかしいと思わないの?
(부끄럽지도 않니?)

□ 창피한 줄 알아라!

恥を知りなさい!

하지오 시리나사이

A: 数学の試験でカンニングしちゃった。
(수학 시험에서 컨닝했어.)

B: 恥を知りなさい!
(창피한 줄 알아라!)

□ 너, 빨개졌어.

君、赤くなってるよ。

기미 아까꾸 낫떼루요

□ 놀리지 마.

からかわないでよ。

가라까와나이데요

□ 부끄러워하지 말아요.

恥ずかしがらないでください。

하즈까시가라나이데 구다사이

□ 창피하게 그러지 마!

恥をかかせるな。

하지오 가까세루나

감동을 나타낼 때

☐ 훌륭해!

すばらしい!
스바라시-

☐ 예뻐!

きれい!
기레-

☐ 멋지다!

ステキ!
스떼끼

☐ 근사하군!

かっこいい!
각꼬이-

☐ 정말 감동했어.

とても感動したよ。
도떼모 간도-시따요

☐ 정말 대단하다.

それは大したものだ。
소레와 다이시따 모노다

A: 中村は自分の会社を立ち上げたんだよ。
(나카무라가 자신의 회사를 설립했대.)

B: それは大したものだ。
(정말 대단하다.)

57

☐ 해냈어!

やったあ!
얏따-

A : 中村、君がコンテストに優勝したんだよ!
(나카무라, 네가 콘테스트에서 우승했대.)

B : やったあ!
(해냈어!)

☐ 놀라워!

すごいわ!
스고이와

☐ 꿈같아.

夢みたいだ。
유메미따이다

A : 君に奨学金がでることになったよ。
(네가 장학금을 타게 됐어.)

B : 本当? 夢みたいだ。
(정말? 꿈같아.)

☐ 감동했습니다.

感動しました。
칸도-시마시다

☐ 무척 감동했어.

強く心を打たれたよ。
쓰요꾸 고꼬로오 우따레따요

칭찬할 때

☐ 대단하다!

> **すごいね!**
> 스고이네

☐ 잘 했어!

> **よくやった!**
> 요꾸 얏따
>
> A: 自己最高記録を更新したんだ。
> (개인 최고기록을 갱신했어.)
>
> B: よくやった!
> (잘 했어!)

☐ 좋아!

> **いいぞ!**
> 이-조
>
> A: やっと論文を書き上げたよ。
> (겨우 논문을 완성했어.)
>
> B: いいぞ!
> (좋아!)

☐ 좋은 일이야.

> **いいことだね。**
> 이- 고또다네
>
> A: フランス語の勉強を始めたの。
> (프랑스어 공부를 시작했어.)
>
> B: いいことだね。
> (좋은 일이야.)

□ 자랑할 수 있어.

自慢できるね。
지만데끼루네

□ 나도 우쭐한데.

私も鼻が高いわ。
와따시모 하나가 다까이와

A : ABC社に就職が決まったよ。
(ABC사에 취직이 결정됐어.)

B : すごいね! 私も鼻が高いわ。
(대단해! 나도 우쭐한데.)

□ 믿음직스러워.

頼りになるなぁ。
다요리니 나루나

A : 心配しないで。あとはやっておくから。
(걱정마라. 나머지는 내가 할게.)

B : ありがとう。頼りになるなぁ。
(고마워. 믿음직스러워.)

□ 아주 잘하고 있어.

いい線いってるよ。
이- 셍잇떼루요

□ 근성이 있어.

根性あるなぁ。
곤죠- 아루나

A : 私、会議でその計画に反対したの。
(나는 회의에서 그 계획에 반대했어.)

B : 根性あるなぁ。
(근성이 있구나.)

□ 부러워.

羨ましいわ。
우라야마시-와

A : 私、5キロやせたの。
(나는 5kg 뺐어.)

B : すごいわね! 羨ましいわ。
(대단하다! 부러워.)

□ 잘 어울려.

似合ってるよ。
니앗떼루요

A : どうかしら?
(어때 보여?)

B : 似合ってるよ。
(잘 어울려.)

□ 옷에 대한 센스가 있어.

洋服のセンスがいいのね。
요-후꾸노 센스가 이-노네

□ 멋있는 헤어스타일이야.

ステキな髪型ね。
스떼끼나 가미가따네

□ 옷을 잘 입는군.

着こなしが上手だね。
기꼬니시가 죠-즈다네

□ 귀여운 따님이네요.

かわいいお嬢さんですね。
가와이- 오죠-산데스네

걱정과 의심할 때

□ 괜찮니?
大丈夫?
다이죠-부

□ 어딘가 컨디션이 안 좋니?
どこか具合が悪いの?
도꼬까 구아이가 와루이노

□ 안색이 안 좋아.
顔色が悪いわよ。
가오이로가 와루이와요

□ 무리하지 않는 게 좋겠어.
無理しないほうがいいよ。
무리시나이 호-가 이-요

□ 기분은 어때?
気分はどう?
기붕와 도-

□ 무슨 걱정거리라도 있니?
何か心配事でもあるの?
나니까 심빠이고또데모 아루노

□ 무슨 일이 있었니?
何かあったの?
나니까 앗따노

62

□ 울적해 보이네.

ふさぎ込んでいるわね。
후사기꼰데 이루와네

□ 평소와는 모습이 달라.

いつもと様子が違う。
이쓰모또 요-스가 치가우

□ 정말이니?

本当なの?
혼또-나노

□ 이상해.

あやしいぞ。
아야시-조

□ 농담이겠죠?

冗談でしょう?
죠-단데쇼-

□ 뭔가 이상한데.

何だかあやしいな。
난다까 아야시-나

□ 그런 이야기는 안 믿어.

そんな話は信じないよ。
손나 하나시와 신지나이요

□ 그녀, 진심으로 말하고 있는 걸까?

彼女、本気で言っているのかな。
가노죠 홍끼데 잇떼이루노까나

□ 그 남자가 말하는 것은 믿을 수 없어.

あの男の言うことは信用できない。
아노 오또꼬노 이우 고또와 싱요- 데끼나이

63

위로할 때

□ 그건 유감이야.

それはお気の毒に。
소레와 오끼노도꾸니

□ 네 기분 이해해.

あなたの気持ち、わかる。
아나따노 기모찌   와까루

□ 힘들 거야.

大変だね。
다이헨다네

□ 그렇게 우울해 하지 마.

そんなに落ち込まないで。
손나니 오찌꼬마나이데

A: 何もかもうまくいかないんだ。
(잘되는 일이 하나도 없어.)

B: そんなに落ち込まないで。
(그렇게 우울해 하지 마.)

□ 실망하지 마.

がっかりするなよ。
각까리스루나요

A: 試験に落ちたんだ。
(시험에 떨어졌어.)

B: がっかりするなよ。また受ければいいじゃないか。
(실망하지 마. 다시 보면 되잖아.)

□ 괜찮아.

大丈夫よ。
다이죠-부요

□ 걱정하지 마.

気にするなよ。
기니 스루나요

A : バカなことをしちゃったよ。
(바보 같은 짓을 했어.)

B : 気にするなよ。大丈夫だから。
(걱정하지 마. 괜찮으니까.)

□ 그렇게 심각하게 생각할 것은 없어.

そんなに深刻に考えることないよ。
손나니 싱꼬꾸니 강가에루 고또나이요

□ 운이 나빴을 뿐이야.

運が悪かっただけよ。
웅가 와루깟따다께요

□ 누구에게나 있을 수 있는 일이야.

誰にだってあることだよ。
다레니 닷떼 아루 고또다요

A : 会議で大失敗しちゃった。
(회의에서 큰 실수를 했어.)

B : 大丈夫。誰にだってあることだよ。
(괜찮아. 누구에게나 있을 수 있는 일이야.)

□ 자주 있는 일이야.

よくあることだよ。
요꾸 아루 고또다요

A : 面会の時間に遅れたなんて、自分でも信じられないわ。
(면회시간에 늦다니 내 자신도 믿어지지 않아.)

65

B: 心配しないで。よくあることだよ。
しんぱい
(걱정하지 마. 자주 있는 일이야.)

☐ 그렇게 자신을 탓하지 마라.

そんなふうに自分を責めないで。
じ ぶん   せ
손나 후-니 지붕오 세메나이데

A: 僕がもっと注意するべきだったんだ。
ぼく   ちゅう い
(내가 더 주의했어야 했어.)

B: そんなふうに自分を責めないで。
じ ぶん   せ
(그렇게 자신을 탓하지 마라.)

☐ 대수로운 일도 아니야.

大した問題じゃないよ。
たい   もんだい
다이시따 몬다이쟈 나이요

☐ 또 기회는 있어.

またチャンスはあるよ。
마따 챤스와 아루와

A: コンクールで入賞できなかった。
にゅうしょう
(대회에서 입상 못했어.)

B: 大したことじゃないよ。またチャンスはあるよ。
たい
(대수로운 일이 아니야. 또 기회는 있을 거야.)

☐ 흔히 있는 실수야.

よくある間違いだよ。
ま ちが
요꾸 아루 마찌가이다요

☐ 네 잘못 만은 아니야.

あなただけのせいじゃないわ。
아나따다께노 세-쟈 나이와

A: 僕のエラーのためにチームが負けたんだ。
ぼく   ま
(내 실수로 팀이 졌어.)

B: いいえ、あなただけのせいじゃないわ。
(아니야, 네 탓만은 아니야.)

UNIT 11 격려할 때

□ 기운 내!

元気を出して!
겡끼오 다시떼

A: もう泣きたいわ。
(울고 싶어.)

B: 泣いちゃダメだよ。元気を出して!
(울면 안 돼. 기운 내!)

□ 행운을 빌어!

幸運を祈ってるよ!
고-웅오 이놋떼루요

A: 来週、大事な試合があるんだ。
(다음주에 중요한 시합이 있어.)

B: 幸運を祈ってるよ!
(행운을 빌어!)

□ 꼭 잘할 거야.

きっとうまくやれるわ。
깃또 우마꾸 야레루와

A: 緊張するなぁ。
(긴장돼.)

B: 心配しないで。きっとうまくやれるわ。
(걱정하지 마. 꼭 잘할 거야.)

67

☐ 힘내!

頑張って!
감밧떼

A: 舞台のオーディションを受けてみるべきだと思う?
(무대의 오디션을 봐야 한다고 생각해?)

B: もちろんだよ。頑張って!
(물론이지. 힘내!)

☐ 한번 해 봐.

やってみるべきだよ。
얏떼 미루 베끼다요

☐ 낙심하지 말고 힘내.

気を落とさないで頑張って。
기오 오또사나이데 감밧떼

☐ 포기해서는 안 돼.

諦めてはダメよ。
아끼라메떼와 다메요

☐ 계속 도전해야 해.

挑戦し続けなくちゃ。
죠-센시 쯔즈께나꾸쨔

A: 一生懸命やったけれど、昇進できなかったんだ。
(열심히 했는데 승진을 못했어.)

B: 諦めてはダメよ。挑戦し続けなくちゃ。
(포기하지 마. 계속 도전해봐.)

☐ 너라면 할 수 있어!

君ならできるよ!
기미나라 데끼루요

A: 試験に受かるかどうか、自信がないよ。
(시험에 합격할 수 있을지, 자신이 없어.)

B : 君ならできるよ!
(너라면 할 수 있어!)

□ 마음을 굳게 먹어.

気持ちを強く持つんだ。
기모찌오 쯔요꾸 모쯘다

□ 자신감을 가져.

自信を持って。
지싱오 못떼

A : 試合の前はいつも緊張するんだ。
(시합 전에는 항상 긴장이 돼.)

B : 自信を持って。
(자신감을 가져.)

□ 파이팅!

その意気だよ!
소노 이끼다요

A : ベストを尽くすよ。
(최선을 다할 거야.)

B : その意気だよ!
(파이팅!)

□ 할 수밖에 없어.

やるしかないよ。
야루시까나이요

A : やってみようと思うんだ。
(해 볼 거야.)

B : うん、やるしかないよ。
(응, 선택의 여지가 없어.)

69

□ 흥하든 망하든 해봐야 해.

いちかばちかやってみるべきだよ。
이찌까바지까 얏떼 미루 베끼다요

□ 나는 네 편이야.

僕は君の味方だよ。
보꾸와 기미노 미까따다요

□ 조금 밖에 안 남았다.

あと少しだ。
아또 스꼬시다

A: もうダメだよ。
(더는 못하겠어.)

B: 頑張れよ! あと少しだ。
(힘내! 조금 밖에 안 남았어.)

□ 기회는 있어.

チャンスはあるわ。
챤스와 아루와

A: 僕たちが試合に勝つとは思えないよ。
(우리들이 시합에 이길 거라고 생각하지 않아.)

B: 諦めちゃダメ。チャンスはあるわ。
(포기하지 마. 기회는 있어.)

축하와 애도를 할 때

□ 축하해!

　おめでとう!
　오메데또-

□ 성공을 축하해!

　成功おめでとう!
　세-꼬- 오메데또-

□ 축하하자!

　お祝いしよう!
　오이와이 시요-

□ 잘됐네.

　よかったね。
　요깟따네

□ 건배하자!

　乾杯しよう!
　감빠이시요-

□ 건강을 위해 건배하자.

　健康のために乾杯しよう。
　겡꼬-노 다메니 감빠이시요-

□ 건배!

　乾杯!
　감빠이

71

□ 애석한 사람을 잃었습니다.

惜しい人を亡くしました。

오시- 히또오 나꾸시마시따

□ 상심이 크시겠습니다.

ご愁傷さまです。

고슈-쇼-사마데스

□ 진심으로 애도의 말씀을 드립니다.

心よりお悔やみ申し上げます。

고꼬로요리 오꾸야미 모-시아게마스

□ 얼마나 낙심하시겠어요.

さぞお力落としのことでしょう。

사조 오치까라오또시노 고또데쇼-

□ 삼가 애도의 뜻을 표합니다.

謹んで哀悼の意を表します。

쯔쯔신데 아이또-노 이오 효-시마스

□ 명복을 빌겠습니다.

ご冥福をお祈りいたします。

고메-후꾸오 오이노리 이따시마스

화술에 관한 회화

긍정의 마음을 전할 때

□ 네 그렇습니다.

はい、そうです。
하이   소-데스

A : あなたはお医者さんですか。
(당신은 의사입니까?)

B : はい、そうです。
(네, 그렇습니다.)

□ 응.

うん。
응

□ 그렇습니다.

そうです。
소-데스

A : あなたは東京にお住まいですよね?
(당신은 동경에 살고 계시죠?)

B : そうです。
(그렇습니다.)

□ 저도 그렇습니다.

私もそうです。
와따시모 소-데스

A : すごく疲れました。
(너무 피곤합니다.)

B : 私もそうです。
　　(저도 그렇습니다.)

☐ 알겠습니다.

わかりました。
와까리마시따

A : タクシーを呼んでください。
　　(택시를 불러주세요.)

B : わかりました。
　　(알겠습니다.)

☐ 물론이야.

もちろん。
모찌롱

A : 私たちと一緒に行く?
　　(우리와 같이 갈래?)

B : もちろん。
　　(물론이야.)

☐ 말씀하신 그대로입니다.

まったくそのとおりです。
맛따꾸 소노 도-리데스

A : 旅行は楽しかったですか。
　　(여행은 즐거웠습니까?)

B : まったくそのとおりです。
　　(너무 즐거웠습니다.)

☐ 바로 그거야!

それだよ!
소레다요

A : この本を探しているの?
　　(이 책을 찾고 있니?)

B : それだよ! どこで見つけたんだい?
　　(맞아! 어디에서 찾았어?)

☐ 틀림없이 그래.

きっとそうだよ。
깃또 소-다요

A : このダイアモンド、本物かな?
(이 다이아몬드, 진짜야?)

B : きっとそうだよ。
(틀림없어.)

☐ 그렇게 생각해요.

そう思います。
소- 오모이마스

A : その仕事、明日までできる?
(그 일을 내일까지 할 수 있겠어?)

B : はい、そう思います。
(네, 그렇게 생각합니다.)

☐ 보증해.

保証するよ。
호쇼-스루요

A : この薬、本当に効くの?
(이 약, 정말 효과 있어?)

B : うん。保証するよ。
(응, 내가 보증해.)

☐ 맞았어!

当たり!
아따리

부정의 마음을 전할 때

□ 아뇨, 아닙니다.

> いいえ、違います。
> 이이에   치가이마스

> A : 鈴木さんですか。
> (스즈키 씨입니까?)

> B : いいえ、違います。
> (아뇨, 아닙니다.)

□ 아닙니다.

> 違います。
> 치가이마스

> A : 君はフランス語を話せるんだよね?
> (자네는 프랑스어를 할 줄 알지?)

> B : 違います。まったく話せません。
> (아닙니다. 전혀 못합니다.)

□ 그렇지 않습니다.

> そうではありません。
> 소-데와 아리마셍

> A : 鈴木さんは弁護士ですよね?
> (스즈키 씨는 변호사시죠?)

> B : そうではありません。先生ですよ。
> (그렇지 않습니다. 교사입니다.)

□ 절대 아니야!

絶対に違うよ!
젯따이니 치가우요

A: 鈴木をデートに誘ったの?
(스즈키에게 데이트 신청했어?)

B: 絶対に違うよ!
(절대 아니야!)

□ 당치 않아.

とんでもない!
돈데모나이

A: カラオケに行こうよ。
(가라오케에 가자.)

B: とんでもない! 今日中にこの仕事を終わらせなければならないんだ。
(당치 않아! 오늘 중으로 이 일을 끝내야 해.)

□ 저도 그렇지 않습니다.

私もそうではありません。
와따시모 소-데와 아리마셍

A: 騒々しい音楽は好きじゃないんです。
(시끄러운 음악은 안 좋아해요.)

B: 私も好きではありません。
(저도 안 좋아합니다.)

□ 난 아니야.

僕じゃないよ。
보꾸쟈 나이요

A: ケーキを全部食べてしまったのは誰なの?
(케이크를 전부 먹어버린 사람은 누구니?)

B: 僕じゃないよ。
(난 아니야.)

78

□ 물론 아냐.

もちろん違うよ。

모찌롱 치가우요

A: 私のことを利用したの?
(나를 이용한 거야?)

B: いや、もちろん違うよ。
(아니, 물론 아냐.)

□ 아니, 한 번도 없습니다.

いいえ、一度もありません。

이-에   이찌도모 아리마셍

A: アフリカに行ったことはありますか。
(아프리카에 간 적이 있나요?)

B: いいえ、一度もありません。
(아니오, 한 번도 없어요.)

□ 항상 그런 것은 아니야.

いつもというわけじゃないよ。

이쯔모또 이우 와께쟈 나이요

A: 毎日ここで昼食をとるの?
(매일 여기에서 점심을 먹니?)

B: いつもというわけじゃないよ。
(항상 그런 건 아니야.)

□ 이젠 그렇지 않아.

もうそうじゃないよ。

모- 소-쟈 나이요

A: まだタバコを吸っているの?
(아직도 담배를 피우니?)

B: もうそうじゃないよ。やめたんだ。
(이제 그렇지 않아. 끊었어.)

□ 아무것도 아니야.

何でもないよ。
난데모 나이요

A: どうしたの?
(무슨 일 있어?)

B: 何でもないよ。
(아무것도 아니야.)

□ 아니, 괜찮습니다.

いいえ、結構です。
이-에   겍꼬-데스

A: コーヒーをもう少しいかがですか。
(커피를 좀 더 드릴까요?)

B: いいえ、結構です。
(아니, 괜찮습니다.)

□ 유감스럽지만 안 됩니다.

残念ながらだめです。
잔넨나가라 다메데스

□ 안 될 것 같습니다.

だめだと思います。
다메다또 오모이마스

찬성을 나타낼 때

□ 동의합니다.

賛成です。
산세-데스

□ 전적으로 찬성입니다.

まったく同感です。
맛따꾸 도-깐데스

□ 그 점에선 너의 의견에 찬성해.

その点については賛成だ。
소노 텐니 쯔이떼와 산세-다

□ 나도 그렇게 생각해.

私もそう思う。
와따시모 소- 오모우

A: **中村はいい人だと思うわ。**
(나카무라는 좋은 사람이라고 생각해.)

B: **私もそう思う。**
(나도 그렇게 생각해.)

□ 네가 말한 대로야.

君の言うとおりだ。
기미노 이우도-리다

A: **君は今すぐタバコをやめるべきだ。**
(너는 당장 담배를 끊어야 해.)

B : 君の言うとおりだ。
(네가 옳아.)

□ 좋은 생각이야!

いい考えだね!

이- 강가에다네

□ 너의 의견에 동의해.

君の意見に賛成だよ。

기미노 이껜니 산세-다요

□ 지당한 말이야.

それはもっともだね。

소레와 못또모다네

A : もっと節約するべきだと思うんだ。
(좀더 절약해야 한다고 생각해.)

B : それはもっともだね。
(지당한 말이야.)

□ 네가 말한 것은 지당해.

君の言うことはもっともだ。

기미노 이우 고또와 못또모다

□ 좋아.

いいよ。

이-요

A : コーナー・カフェでお昼を食べましょう。
(코너 카페에서 점심 먹읍시다.)

B : いいよ。
(좋아.)

□ 그걸로 됐어.

それでけっこうです。

소레데 겍꼬-데스

□ 난 그래도 괜찮아.

僕はそれでいいよ。

보꾸와 소레데 이-요

A : 春子を誘ってもいい?
   (하루코를 초대해도 될까?)

B : 僕はそれでいいよ。
   (나는 그래도 괜찮아.)

□ 확실히 그래.

確かにそうだね。

다시까니 소-다네

□ 나도 마침 그렇게 생각하고 있었어.

私もちょうどそう思っていたのよ。

와따시모 쵸-도 소- 오못떼이따노요

A : 春子の誕生日のお祝いをしなければ。
   (하루코의 생일을 축하해줘야 해.)

B : 私もちょうどそう思っていたのよ。
   (나도 마침 그렇게 생각하고 있었어.)

□ 이의는 없습니다.

異議はありません。

이기와 아리마셍

A : 新しい規則についてどう思いますか。
   (새로운 규칙에 대해 어떻게 생각하십니까?)

B : 異議はありません。
   (이의는 없습니다.)

반대를 나타낼 때

□ 반대합니다.

反対です。

한따이데스

□ 당신 의견에 반대합니다.

あなたの意見には反対です。

아나따노 이껜니와 한따이데스

□ 그것에는 반대야.

それには反対だ。

소레니와 한따이다

A: あなたはこの計画に賛成、それとも反対?
(너는 이 계획에 찬성이야, 반대야?)

B: それには反対だ。
(그것에는 반대야.)

□ 너의 의견에 강력히 반대해.

君の意見には大反対だ。

기미노 이껜니와 다이한따이다

□ 나는 그렇게 생각하지 않아.

私はそうは思わないよ。

와따시와 소-와 오모와나이요

□ 그렇게 생각할 수 없어.

そうは思えないよ。

소-와 오모에나이요

□ 나는 다른 의견이야.

　　僕は違う意見だ。

　　보꾸와 치가우 이껜다

□ 좋은 생각이라고는 생각할 수 없어.

　　いい考えだとは思えないね。

　　이- 강가에다또와 오모에나이네

□ 네가 틀려.

　　君は間違っているよ。

　　기미와 마찌갓떼이루요

　　A : 子育てなんて簡単だと思うわ。
　　　　(아이들 키우는 게 쉽다고 생각해.)

　　B : 君は間違っているよ。
　　　　(네가 틀려.)

□ 그건 무리야.

　　それは無理だよ。

　　소레와 무리다요

　　A : もっと大きな家に引っ越しましょうよ。
　　　　(더 큰 집으로 이사합시다.)

　　B : それは無理だよ。
　　　　(그건 무리야.)

□ 그것은 권할 수가 없네.

　　それは勧められないな。

　　소레와 스스메라레나이나

　　A : 仕事を辞めようと思うんだ。
　　　　(일을 그만둘까 해.)

　　B : それは勧められないな。
　　　　(권할 수가 없네.)

□ 바보 같은 소리 하지 마요!

ばかなことを言わないでよ!

바까나 고또오 이와나이데요

A: 仕事を辞めてハワイに引っ越したいんだ。
(일을 그만두고 하와이로 이사하고 싶어.)

B: ばかなことを言わないでよ!
(바보 같은 소리 하지 마요!)

□ 절대 안 돼!

絶対にダメ!

젯따이니 다메

A: スカイダイビングをやりたいのだけど。
(스카이다이빙을 해 보고 싶은데.)

B: 絶対にダメ!
(절대로 안돼!)

□ 잘되지 않을 거라고 생각해.

うまくいかないと思うよ。

우마꾸 이까나이또 오모우요

A: 僕たち、独立して事業を始めてはどうかな?
(우리, 독립해서 사업을 시작해 보는 게 어떨까?)

B: うまくいかないと思うよ。
(잘되지 않을 거라고 생각해.)

□ 좀더 현실적으로 생각해.

もっと現実的に考えろよ。

못또 겐지쯔떼끼니 강가에로요

□ 너는 너무 낙관적이야.

君は楽観的すぎるよ。

기미와 락깐떼끼스기루요

애매하게 대답할 때

□ 아마도 그럴걸.

> たぶんね。
> 다분네

□ 아마도 그렇지 않을걸.

> たぶんそれはないよ。
> 다분 소레와 나이요

> A: 中村は来るの?
> (나카무라는 올까?)

> B: たぶんそれはないよ。
> (아마도 오지 않을 거야.)

□ 그렇게 생각해.

> そうだろうね。
> 소- 다로-네

□ 그럴지도 몰라.

> そうかもしれないね。
> 소-까모 시레나이네

□ 네가 옳을지도 몰라.

> あなたの言うとおりかもね。
> 아나따노 이우 도-리까모네

□ 확실히는 몰라.

> はっきりわからないよ。
> 학끼리 와까라나이요

□ 약간.

多少^{たしょう}ね。
다쇼-네

A: 酔^よっ払^{ばら}っているの?
(취했니?)

B: う~ん、多少^{たしょう}ね。
(응, 약간.)

□ 경우에 따라 달라.

場合^{ばあい}によるよ。
바아이니 요루요

A: 来週^{らいしゅう}の会議^{かいぎ}には出^でられる?
(다음 주 회의에 참석할 수 있어?)

B: 場合^{ばあい}によるよ。
(상황에 달렸어.)

□ 그렇다면 좋겠어.

そうだといいけれどね。
소-다또 이-께레도네

A: 君^{きみ}ならできるよ!
(너라면 할 수 있어!)

B: そうだといいけれどね。
(그렇다면 좋겠어.)

□ 어느 쪽이라고도 말할 수 없어.

どちらとも言^いいきれないよ。
도찌라또모 이-키레나이요

A: あなたは社交的^{しゃこうてき}なタイプですか。
(당신은 사교적인 타입입니까?)

B: そうだな。どちらとも言^いいきれないよ。
(글쎄. 그렇다고 할 수도 있고 아니라고 할 수도 있어요.)

□ 뭐라고 말할 수 없어.

何<ruby>なん<rt></rt></ruby>とも言<ruby>い<rt></rt></ruby>えないね。
난또모 이에나이네

A: 私<ruby>わたし<rt></rt></ruby>たちが勝<ruby>か<rt></rt></ruby>つと思<ruby>おも<rt></rt></ruby>う?
(너는 우리가 이길 거라 생각해?)

B: 何<ruby>なん<rt></rt></ruby>とも言<ruby>い<rt></rt></ruby>えないね。
(뭐라고 말할 수 없어.)

□ 너 좋을 대로 해.

君<ruby>きみ<rt></rt></ruby>の好<ruby>す<rt></rt></ruby>きなものでいいよ。
기미노 스끼나 모노데 이-요

A: 夕食<ruby>ゆうしょく<rt></rt></ruby>は何<ruby>なに<rt></rt></ruby>にする?
(저녁은 뭘 먹을까?)

B: 君<ruby>きみ<rt></rt></ruby>の好<ruby>す<rt></rt></ruby>きなものでいいよ。
(네가 좋아하는 거 아무거나.)

□ 네가 원한다면 그렇게 하자.

君<ruby>きみ<rt></rt></ruby>がそう言<ruby>い<rt></rt></ruby>うのなら、それでいいよ。
기미가 소- 이우노나라   소레데 이-요

A: 今夜<ruby>こんや<rt></rt></ruby>は外食<ruby>がいしょく<rt></rt></ruby>しましょう。
(오늘밤 외식합시다.)

B: 君<ruby>きみ<rt></rt></ruby>がそう言<ruby>い<rt></rt></ruby>うのなら、それでいいよ。
(네가 원한다면 그렇게 하자.)

□ 아무래도 좋아.

どうでもいいよ。
도-데모 이-요

A: 白<ruby>しろ<rt></rt></ruby>いシャツを着<ruby>き<rt></rt></ruby>ようかしら、それともピンク?
(흰색 셔츠를 입을까, 아니면 분홍색?)

B: どうでもいいよ。
(아무래도 좋아.)

대답을 보류할 때

□ 생각해 볼게.

考えておくよ。

강가에떼 오꾸요

A : この仕事を引き受けてくれないか?
   (이 일을 맡아주지 않을래?)

B : 考えておくよ。
   (생각해볼 게.)

□ 생각 좀 해보자.

考えさせてよ。

강가에사세떼요

□ 지금 바로는 결정 못하겠어.

今すぐには決められないな。

이마 스구니와 기메라레나이나

□ 하룻밤 생각을 좀 해볼게요.

ひと晩考えさせてください。

히또방 강가에사세떼 구다사이

A : この車を買いませんか。
   (이 차를 사겠습니까?)

B : そうですね。ひと晩考えさせてください。
   (글쎄요. 하룻밤 생각을 좀 해볼게요.)

□ 생각할 시간을 주세요.

考える時間をください。
<ruby>考<rt>かんが</rt></ruby>える<ruby>時間<rt>じかん</rt></ruby>をください。
강가에루 지깡오 구다사이

A : 僕と一緒にソウルへ行ってほしいんだ。
<ruby>僕<rt>ぼく</rt></ruby>と<ruby>一緒<rt>いっしょ</rt></ruby>にソウルへ<ruby>行<rt>い</rt></ruby>ってほしいんだ。
(나와 함께 서울에 가면 좋겠어.)

B : 考える時間をください。
<ruby>考<rt>かんが</rt></ruby>える<ruby>時間<rt>じかん</rt></ruby>をください。
(생각할 시간을 주세요.)

□ 아직 확답을 드릴 수는 없습니다.

まだはっきりした返事はできないんです。
まだはっきりした<ruby>返事<rt>へんじ</rt></ruby>はできないんです。
마다 학끼리 시따 헨지와 데끼나인데스

□ 침착하게 다시 생각해 봐야겠어.

頭を冷やして考え直さなければ。
<ruby>頭<rt>あたま</rt></ruby>を<ruby>冷<rt>ひ</rt></ruby>やして<ruby>考<rt>かんが</rt></ruby>え<ruby>直<rt>なお</rt></ruby>さなければ。
아따마오 히야시떼 강가에나오사나께레바

□ 어떻게 하면 좋을지를 검토해 보겠습니다.

どうしたらいいかを検討してみます。
どうしたらいいかを<ruby>検討<rt>けんとう</rt></ruby>してみます。
도-시따라 이-까오 겐또오시떼 미마스

A : 一層の値引きを考えていただきたいのですが。
<ruby>一層<rt>いっそう</rt></ruby>の<ruby>値引<rt>ねび</rt></ruby>きを<ruby>考<rt>かんが</rt></ruby>えていただきたいのですが。
(가격을 더 할인해 주셨으면 합니다만.)

B : どうしたらいいかを検討してみます。
どうしたらいいかを<ruby>検討<rt>けんとう</rt></ruby>してみます。
(어떻게 하면 좋을지를 검토해 보겠습니다.)

말을 걸 때

□ 실례합니다.

ちょっとすみません。
촛또 스미마셍

□ 실례합니다, 뭘 떨어뜨리셨네요.

すみません、何か落としましたよ。
스미마셍   나니까 오또시마시따요

□ 미안합니다, 이곳은 금연입니다.

すみません、ここは禁煙ですよ。
스미마셍   고꼬와 깅엔데스요

□ 있잖아.

あのね。
아노네

□ 들어 봐!

聞いて!
기이떼

□ 여러분, 잠깐 주목해 주세요.

皆さん、ちょっと聞いてください。
미나상   촛또 기이떼 구다사이

□ 잠깐 시간 좀 내줄 수 있어요?

今、ちょっといいかな?
이마   촛또 이-까나

□ 바쁘실 텐데 죄송합니다.

お忙しいところすみません。

오이소가시- 도꼬로 스미마셍

□ 말씀 중인데 죄송합니다.

お話し中すみません。

오하나시쮸- 스미마셍

□ 할 얘기가 있는데.

話があるんだけど。

하나시가 아룬다께도

A : 話があるんだけど。
(할 말이 있는데.)

B : いいわよ。何かしら?
(좋아. 뭐야?)

□ 듣고 싶니?

聞きたい?

기끼따이

A : すごいニュースがあるんだ。聞きたい?
(굉장한 뉴스가 있어. 듣고 싶니?)

B : 教えてよ。何なの?
(가르쳐줘. 뭐야?)

□ 이걸 들으면 놀랄 거야.

これを聞いたら驚くと思うけれど。

고레오 기이따라 오도로꾸또 오모우께레도

A : これを聞いたら驚くと思うけれど。
(이걸 들으면 놀랄걸.)

B : 何だい? 興味あるな。
(뭔데? 궁금하잖아.)

93

UNIT 08 맞장구를 칠 때

□ 과연.

なるほど
나루호도

□ 알았어.

わかったよ。
와깟따요

□ 모르겠어.

わからないな。
와까라나이나

□ 확실히 그래.

確かにそうだね。
다시까니 소-다네

□ 그래서?

それで?
소레데

□ 듣고 있어.

聞いているよ。
기이떼 이루요

□ 그래서 어떻게 됐어?

それからどうしたの?
소레까라 도-시따노

□ 그렇겠지.

そうだろうね。
소-다로-네

A : 中村ったら、成功して得意になっているのよ。
(나카무라는 성공해서 의기양양하고 있어.)

B : そうだろうね。
(그렇겠지.)

□ 그거 흥미롭군.

それは面白いね。
소레와 오모시로이네

□ 그건 끔찍해.

それはひどいな。
소레와 히도이나

□ 그건 놀라워.

それは驚きだね。
소레와 오도로끼다네

□ 그래서 어떻다는 거야?

それがどうかしたの?
소레가 도-까 시따노

A : あなたって、中村に対して冷たいのね。
(너, 나카무라에게 차갑더라.)

B : それがどうかしたの?
(그래서 어떻다는 거야?)

□ 예를 들면?

たとえば?
다또에바

A : そのチャリティーのためにできることはたくさんあるんだよ。
(우리가 자비를 베푸는 방법은 여러 가지가 있어.)

B : たとえば?
(예를 들면?)

95

□ 그거 잘됐네.

それはよかったね。
소레와 요깟따네

A: 母の体調はよくなってきているよ。
(엄마의 건강이 좋아지고 있어.)

B: それはよかったね。
(그거 잘됐네.)

□ 그거 안 됐군.

それは気の毒ね。
소레와 기노 도꾸네

A: 先週、うちの犬が死んだんだ。
(지난주에 우리집 개가 죽었어.)

B: それは気の毒ね。
(그거 안 됐어.)

□ 그거 유감스럽군.

それは残念だな。
소레와 잔넨다나

A: 悪いけれど、スキー旅行には行けないんだ。
(미안하지만 스키여행에 못 가.)

B: それは残念だな。
(그거 유감이야.)

□ 역시 그렇군.

やっぱりね。
얍빠리네

A: すみませんが、チケットは売り切れです。
(죄송하지만 티켓은 매진입니다.)

B: やっぱりね。
(역시 그렇군.)

되물을 때

☐ 뭐라고?

何?
나니

☐ 뭡니까?

何ですか。
난데스까

☐ 정말?

本当?
혼또-

☐ 뭐라고 말했니?

何て言ったの?
난떼 잇따노

☐ 뭐라고 말한 거니?

何か言った?
나니까 잇따

　A : 何か言った?
　　　(뭐라고 말한 거니?)

　B : いや、何でもないよ。
　　　(아니, 아무 것도 아니야.)

☐ 다시 한번 말해 봐.

もう一度言って。
모- 이찌도 잇떼

97

□ 다시 한 번 말씀해 주시겠어요?

もう一度言ってもらえますか。
모- 이찌도 잇떼 모라에마스까

□ 무슨 말씀인지 잘 모르겠습니다만.

おっしゃっていることがよくわからないのですが。
옷샷떼 이루 고또가 요꾸 와까라나이노데스가

□ 무슨 뜻입니까?

どういう意味ですか。
도- 이우 이미데스까

□ 그것을 설명해 주시겠습니까?

そこのところを説明していただけますか。
소꼬노 도꼬로오 세쯔메-시떼 이따다께마스까

□ 조금 천천히 말씀해 주겠어요?

もっとゆっくり話してもらえますか。
못또 육꾸리 하나시떼 모라에마스까

□ 좀더 크게 말씀해 주세요.

もっと大きな声で話してください。
못또 오-끼나 고에데 하나시떼 구다사이

□ 안 들려요.

聞こえないよ。
기꼬에나이요

□ 안 들렸어.

聞こえなかったんだ。
기꼬에나깟딴다

❒ 요점을 말해 줄래요.

要点(ようてん)を言(い)ってくれないかな。

요-뗑오 잇떼 구레나이까나

❒ 무슨 얘기야?

何(なん)の話(はなし)?

난노 하나시

A: おめでとう! よくやったね。
(축하해! 잘했어.)

B: 何(なん)の話(はなし)?
(무슨 얘기야?)

❒ 무엇 때문에?

何(なん)のために?

난노 다메니

A: 次回(じかい)は1時間(じかん)早(はや)く来(き)てください。
(다음에는 1시간 빨리 오세요.)

B: 何(なん)のために?
(무엇 때문에?)

❒ 누가 그래?

誰(だれ)がそう言(い)ったの?

다레가 소- 잇따노

A: 赤(あか)ワインは身体(からだ)にいいって聞(き)いたよ。
(적포도주는 몸에 좋다고 들었어.)

B: 誰(だれ)がそう言(い)ったの?
(누가 그래?)

❒ 정말 그가 그렇게 말했어?

本当(ほんとう)に彼(かれ)がそう言(い)ったの?

혼또-니 가레가 소- 잇따노

확인할 때

□ 알겠니?

わかる?
와까루

□ 알겠니?

わかった?
와깟따

A : もっと一生懸命に勉強してほしいのよ。わかった?
(좀더 열심히 공부하기를 바란다. 알겠니?)

B : わかったよ。
(알았어.)

□ 그렇지?

ね?
네

A : このソフトウェア、操作が簡単なんだね。
(이 소프트웨어, 조작이 간단하네.)

B : ね? 言ったとおりでしょ。
(그렇지? 내가 말했잖아.)

□ 분명히 알겠어?

はっきりわかったかな?
학끼리 와깟따까나

A : はっきりわかったかな?
(분명히 알겠어?)

B: はい、完全に理解しました。
(네, 확실히 이해했습니다.)

□ 그걸 확실히 해두고 싶어.

その点をはっきりさせておきたいんだ。
소노 뎅오 학끼리 사세떼 오끼따인다

A: 誰の責任なの? その点をはっきりさせておきたいんだ。
(누구 책임이야? 그 점을 확실히 해두고 싶어.)

B: それは中村の責任だよ。
(그것은 나카무라 책임이야.)

□ 그걸 확인해 두고 싶어.

そのことを確認しておきたいんだ。
소노 고또오 가꾸닝시떼 오끼따인다

□ 내가 말하고 있는 것 알겠어?

私の言っていることがわかる?
와따시노 잇떼 이루 고또가 와까루

□ 무슨 말인지 알았니?

どういうことかわかったかな?
도-이우 고또까 와깟따까나

□ 여기까지는 알겠니?

ここまではわかる?
고꼬마데와 와까루

□ 내 말 듣고 있니?

私の話を聞いてる?
와따시노 하나시오 기이떼루

A: 私の話を聞いてる?
(내 말 듣고 있니?)

B: うん、それで?
(응, 그래서?)

101

확인할 때

☐ 내가 말하는 것, 들리니?

私の言っていること、聞こえる?
와따시노 잇떼이루 고또　　　기꼬에루

A : 私の言っていること、聞こえる?
(네가 말하는 것 들리니?)

B : いや、周りがうるさすぎるんだ。
(아니, 주변이 너무 시끄러워서.)

☐ 확실하니?

確かにそうなの?
다시까니 소-나노

A : 中村さん、大阪に転勤するんだよ。
(나카무라 씨, 오사카로 전근될 거래.)

B : 確かにそうなの?
(확실해?)

☐ 확실해.

確かだよ。
다시까다요

☐ 괜찮아?

それでいい?
소레데 이-

A : 私は遅れると思うわ。それでいい?
(나는 늦을 것 같아. 괜찮겠니?)

B : 問題ないよ。
(괜찮아.)

☐ 너도 그렇게 생각하지?

君もそう思うだろ?
기미모 소- 오모우다로

생각하면서 말할 때

☐ 글쎄.

そうだなぁ。
소-다나

A: 今度はいつ会おうか。
(이제 언제 만날까?)

B: そうだなぁ。水曜日はどう?
(글쎄. 수요일은 어때?)

☐ 다시 말하면.

つまり、
쓰마리

A: 松本はパーティーに来るの?
(마츠모토는 파티에 오니?)

B: 彼女は忙しいんだ... つまり、来られないんだよ。
(그녀는 바빠서... 그러니까, 못 와.)

☐ 무슨 말을 하려고 했더라?

何を言おうとしたんだっけ?
나니오 이오-또 시딴닷께

☐ 어디까지 말했지?

どこまで話したかな?
도꼬마데 하나시따까나

A: 最後まで言わせてくれよ。どこまで話したかな。
(내가 말을 끝마치게 해줘. 어디까지 말했지?)

B : 教授に会いに行ったっていうところまでよ。
(교수를 만나러 갔었다는 얘기 까지야.)

□ 어떻게 말해야 할지 모르겠어.

何て言ったらいいのかわからないのだけど。
난떼 잇따라 이-노까 와까라나이노다께도

A : デートはどうだった?
(데이트는 어땠니?)

B : 何て言ったらいいのかわからないのだけど、あまりうまく
いかなかったわ。
(어떻게 말해야 할지 모르겠어. 별로 잘되지는 않았어.)

□ 어떻게 말하면 좋을까?

何て言ったらいいのかな?
난떼 잇따라 이-노까나

□ 뭐였더라?

何だったかな?
난닷따까나

□ 적당한 말이 생각나지 않지만.

適当な言葉が思いつかないのだけど。
데끼또-나 고또바가 오모이쯔까나이노다께도

□ 내가 알기로는,

私の知る限りでは、
와따시노 시루 가기리데와

A : 会議には何人出席するんですか。
(회의에 몇 사람이 출석합니까?)

B : 私の知る限りでは、4人です。
(내가 알기로는 네 명입니다.)

☐ 내 의견을 말하자면,

私に関して言えば、

와따시니 간시떼 이에바

A: プロジェクト全体を延期しなければ。
(프로젝트 전체를 연기해야 해.)

B: 私に関して言えば、何とかなります。
(내 의견을 말하자면 어떻게든 됩니다.)

☐ 개인적으로,

個人的には、

고진떼끼니와

A: 授業はどうだった?
(수업은 어땠니?)

B: 個人的には、気に入らなかったね。
(개인적으로는 마음에 들지 않았어.)

☐ 분명히 말해서,

はっきり言って、

학끼리 잇떼

A: はっきり言って、彼が有能だとは思えないんだ。
(분명히 말해서 그가 유능하다고 생각지 않아.)

B: 私もそう感じるわ。
(나도 그렇게 느껴.)

☐ 진지하게 말하자면,

まじめな話、

마지메나 하나시

A: 本当に彼女と結婚するわけじゃないだろう?
(정말 그녀와 결혼할 거는 아니지?)

B: まじめな話、ゆうべ彼女にプロポーズしたんだ。
(진지하게 말하자면 어젯밤에 그녀에게 청혼했어.)

105

화제를 바꿀 때

□ 화제를 바꾸자.

話題を変えよう。
와다이오 가에요-

A: 中村の話はもう聞き飽きたわ。
(나카무라 이야기는 듣는 것조차 지겨워.)

B: わかったよ。話題を変えよう。
(알았어. 화제를 바꾸자.)

□ 그러면,

さて、
사떼

A: さて、次は栄養について考えてみましょう。
(그러면, 다음에는 영양에 대해서 생각해 봅시다.)

B: わかりました。ビタミンEについて質問したいのですが。
(알겠습니다. 비타민E에 대해 질문하고 싶은데요.)

□ 그런데,

ところで、
도꼬로데

A: おいしいステーキでした。
(맛있는 스테이크였습니다.)

B: 本当に。ところで、寿司はお好きですか。
(정말이야. 그런데 초밥은 좋아합니까?)

☐ 이건 다른 이야기지만,

話は違うけど、
하나시와 치가우께도

A: つまり、何もかもうまくいったんだ。
(결국 모든 게 다 잘 됐어.)

B: よかったね。話は違うけど、明日、春子に会うんだ。
(잘됐다. 이건 다른 이야기지만, 내일 하루코를 만날 거야.)

☐ 이야기가 주제에서 벗어났어.

話がそれてしまったね。
하나시가 소레떼 시맛따네

☐ 주제로 돌아가자.

本題に戻ろう。
혼다이니 모도로-

☐ 다음 화제로 옮깁시다.

次の話題に移りましょう。
쯔기노 와다이니 우쯔리마쇼-

☐ 화제를 바꾸지 마.

話をそらさないで。
하나시오 소라사나이데

A: 話題を変えよう。
다른 얘기 좀 해보자.

B: 話をそらさないで。
화제를 바꾸지 마.

☐ 그건 이야기는 나중에 하자.

その話はあとにしよう。
소노 하나시와 아또니 시요-

107

□ 그것에 대해서는 다시 정식으로 얘기하자.

そのことについては、また改めて話そう。

소노 고또니 쯔이떼와　　　마따 아라따메떼 하나소-

□ 그 이야기는 그만두자.

その話はやめよう。

소노 하나시와 야메요-

□ 그 얘기는 이제 그만해.

その話はもうやめて。

소노 하나시와 모- 야메떼

A: 確か君もダイエットをしていたんだよね。

(확실히 너도 다이어트 했었지.)

B: その話はもうやめて。

(그 얘기는 이제 그만해.)

□ 지금, 그 일은 얘기하고 싶지 않아.

いま、そのことは話したくないんだ。

이마　　소노 고또와 하나시따꾸 나인다

A: 春子とはまだ付き合っているの?

(하루코와는 아직 사귀고 있니?)

B: うーん、いま、そのことは話したくないんだ。

(응, 지금, 그 얘기는 하고 싶지 않아.)

□ 그건 입 밖에 내서는 안돼.

それは禁句だよ。

소레와 깅꾸다요

A: 中村さん、新しい部長とうまくいってないのよ。

(나카무라 씨, 새로 온 부장님과 사이가 좋지 않아.)

B: シーッ、それは禁句だよ。

(쉬, 그런 얘기는 하면 안돼.)

말을 재촉할 때

□ 말해 봐.

話してよ。
하나시떼요

A : 落ち込んじゃうなぁ。
(우울해.)

B : 何があったの? 話してよ。
(무슨 일 있니? 말해 봐.)

□ 좀 더 자세히 말해 봐.

もっと詳しく話して。
못또 구와시꾸 하나시떼

□ 그 얘기를 듣고 싶어.

その話、聞きたいな。
소노 하나시 기끼따이나

□ 뭐라고 말 좀 해봐.

何か言ってよ。
나니까 잇떼요

□ 흥미가 있어.

興味あるよ。
쿄-미 아루요

□ 무엇을 생각하고 있니?

何を考えているの?
나니오 강가에떼 이루노

□ 어땠어?

> どうだった?
>
> 도-닷따
>
> A: 例の新しいイタリア料理店に行ったんだよ。
> (그 새로운 이탈리아 식당에 갔었어.)
>
> B: どうだった?
> (어땠어?)

□ 어떻게 됐어?

> どうなった?
>
> 도-낫따
>
> A: 昇給の件で上司と話をしたよ。
> (진급 건으로 상사와 얘기했어.)
>
> B: どうなった?
> (어떻게 됐어?)

□ 마음에 들었니?

> 気に入った?
>
> 기니 잇따
>
> A: あなたからの花束、受け取ったわ。ありがとう。
> (네가 보내준 꽃다발 받았어. 고마워.)
>
> B: 気に入った?
> (마음에 들었니?)

□ 인상은 어땠니?

> 印象はどうだった?
>
> 인쇼-와 도-닷따

PART **4**

의견에 관한 회화

의견을 나타낼 때

□ 생각이 있어.

考えがあるんだ。

강가에가 아룬다

□ 좋은 생각이 있어.

いい考えがあるよ。

이- 강가에가 아루요

□ 제안하고 싶은 게 있습니다.

提案したいことがあります。

데-안시따이 고또가 아리마스

□ 이렇게 하면 어때?

こうしたらどうかな?

고- 시따라 도-까나

A: こうしたらどうかな? 中村さんに話してみるんだ。
(이렇게 하면 어때? 우리가 나카무라 씨께 얘기해보는 거야.)

B: ああ、それはいい考えだね。
(그래, 그거 좋은 생각이다.)

□ 내 생각으로는 해봐야할 것 같아.

僕の意見としては、やってみるべきだと思うよ。

보꾸노 이껜또시떼와   얏떼미루 베끼다또 오모우요

A: どうしたらいいかしら?
(어떻게 하면 좋을까?)

B: 僕の意見としては、やってみるべきだと思うよ。
(내 생각으로는 저걸 해봐야 할 것 같아.)

□ 나로서는 찬성할 수 없어.

私_{わたし}としては賛成_{さんせい}できないわ。

와따시토시떼와 산세-데끼나이와

　A : あなたはどう思_{おも}う?
　　　(너는 어떻게 생각해?)
　B : 私_{わたし}としては賛成_{さんせい}できないわ。
　　　(나로서는 찬성할 수 없어.)

□ 한마디 하고 싶습니다.

ひとこと言_いわせてください。

히또꼬또 이와세떼 구다사이

□ 끝까지 말할게.

最後_{さいご}まで言_いわせてよ。

사이고마데 이와세떼요

□ 분명히 말해 둘게.

はっきり言_いっておこう。

학끼리 잇떼 오꼬-

　A : いちいち指示_{しじ}しないでよ!
　　　(일일이 지시하지 말아요.)
　B : はっきり言_いっておこう。私_{わたし}は父親_{ちちおや}なんだ。
　　　(분명히 말해 둘게. 난 네 아빠야.)

□ 넌 어때?

あなたは?

아나따와

　A : 私_{わたし}はチキンサンドイッチをいただきます。あなたは?
　　　(나는 치킨 샌드위치를 먹겠습니다. 당신은?)
　B : 私_{わたし}はハンバーガーにします。
　　　(나는 햄버거를 먹을게요.)

113

□ 넌 어떻게 생각해?

あなたはどう思う?

아나따와 도- 오모우

A : 車を買い替える必要があるわ。あなたはどう思う?
　　(차를 새로 살 필요가 있어. 너는 어떻게 생각해?)

B : 賛成だよ。
　　(찬성이야.)

□ 너의 의견을 말해줘.

君の意見を聞かせてよ。

기미노 이껭오 기까세떼요

□ 생각하고 있는 것을 말해줘.

思っていることを聞かせて。

오못떼이루 고또오 기까세떼

□ 뭐 다른 건 없어?

ほかに何かある?

호까니 나니까 아루

□ 무슨 뜻이야?

どういう意味?

도- 이우 이미

□ 그렇게 생각하지 않니?

そう思わない?

소- 오모와나이

114

의뢰를 받아들일 때

☐ 괜찮아.

いいよ。
이-요

A : ちょっと待ってくれる。
(잠깐만 기다려 줘.)

B : いいよ。
(그래 알았어.)

☐ 알았어요.

わかりました。
와까리마시따

A : タクシーを呼んでもらえますか。
(택시를 불러 주실래요?)

B : わかりました。
(알았어요.)

☐ 손쉬운 일이야.

お安いご用だよ。
오야스이 고요-다요

A : お皿を洗ってくれる?
(접시를 닦아 줄래?)

B : お安いご用だよ。
(문제없어.)

☐ 기꺼이.

喜んで。
요로꼰데

A : 家まで送ってもらえますか。
(집까지 데려다 줄래요?)

B : 喜んで。
(기꺼이.)

□ 기꺼이 도와줄게.

喜んで手伝うよ。

요로꼰데 데쯔다우요

□ 무엇을 하면 되겠니?

何をすればいいの?

나니오 스레바 이-노

□ 뭘 해주기를 바라니?

何をしてほしいの?

나니오 시떼 호시-노

□ 네가 말하는 대로 할게.

君の言うとおりにするよ。

기미노 이우 도-리니 스루요

A : この部屋の模様替えを手伝ってくれる?
(이 방을 다시 꾸미는 걸 도와줄래?)

B : わかった。君の言うとおりにするよ。
(알았어. 네 말대로 할게.)

□ 가능한 무엇이든 할게.

できることなら何でもするよ。

데끼루 고또나라 난데모 스루요

□ 서슴없이 부탁해라.

遠慮しないで言ってよ。

엔료시나이데 잇떼요

□ 쉬운 일이야.

簡単なことさ。
간딴나 고또사

□ 내가 할게.

私がやっておくわ。
와따시가 얏떼 오꾸와

A : このビデオ、返しにいってくれるかな?
(이 비디오, 반납해 줄래?)

B : いいわよ。私がやっておくわ。
(좋아. 내가 할게.)

□ 내게 맡겨.

僕に任せて。
보꾸니 마까세떼

A : 飛行機の予約をしてくれる?
(비행기 예약 해 줄래?)

B : わかった。僕に任せて。
(알았어. 내게 맡겨.)

□ 어쩔 수 없군.

しょうがないなぁ。
쇼-가나이나

A : デパートまで車で連れていってくれる?
(백화점까지 차로 데려다 줄래?)

B : しょうがないなぁ。
(어쩔 수 없군.)

□ 상관없습니다.

まったくかまいませんよ。
맛따꾸 가마이마셍요

117

의뢰를 거절할 때

□ 유감스럽지만 그것은 안돼.

残念だけどそれはできないよ。

　　A : お金を貸してくれる?
　　　　(돈 좀 빌려 줄래?)

　　B : 残念だけどそれはできないよ。
　　　　(안됐지만 그건 안돼.)

□ 미안하지만 도와줄 수가 없어.

悪いけれど力になれないわ。

　　A : 僕の代わりに報告書を書いてくれる?
　　　　(나 대신 보고서를 써줄래?)

　　B : 悪けれど力になれないわ。
　　　　(미안하지만 도와줄 수 없어.)

□ 도와주고 싶지만 그럴 수가 없어.

お役に立ちたいのですが、できません。

□ 미안하지만 지금은 바빠서요.

すみませんが、今は忙しいので。

□ 다른 사람에게 부탁하세요.

ほかの人に頼んでください。

□ 안되는 건 안 되는 거야.

　　ダメなものはダメだね。
　　다메나 모노와 다메다네

□ 절대 싫어!

　　絶対にイヤ!
　　젯따이니 이야

　　A: 中村が君とデートしたがっているよ。
　　　　(나카무라가 너랑 데이트하고 싶어 해.)
　　B: 絶対にイヤ!
　　　　(절대 싫어!)

□ 그것은 무리한 요구야.

　　それは無理な要求だよ。
　　소레와 무리나 요-큐-다요

□ 나에게 부탁하는 것은 실수야.

　　僕に頼むのは間違いだ。
　　보꾸니 다노무노와 마찌가이다

□ 의논할 여지는 없어.

　　議論の余地はないね。
　　기론노 요찌와 나이네

□ 그건 내 일이 아니야.

　　それは私の仕事じゃないわ。
　　소레와 와따시노 시고또쟈 나이와

　　A: この書類をコピーしてくれる?
　　　　(이 서류를 복사해 줄래?)
　　B: それは私の仕事じゃないわ。
　　　　(그것은 내 일이 아니야.)

□ 그렇게 곤란하게 하지 마.

そんなに断らせないでよ。

손나니 고또와라세나이데요

A: お願いだよ。本当に君の助けが必要なんだ。

(부탁이야. 정말 너의 도움이 필요해.)

B: できないわ。そんなに断らせないでよ。

(못해. 그렇게 곤란하게 하지 마.)

□ 그만해 둬!

勘弁してよ!

간벵시떼요

A: 僕の代わりにこの仕事をやってくれる?

(내 대신에 이 일을 해줄래?)

B: 勘弁してよ!

(그만 좀 해.)

□ 내 입장이 되어 봐.

こちらの身にもなってよ。

고찌라노 미니모 낫떼요

A: 取引先に電話して断っておいてよ。

(거래처에 전화해서 거절하겠니?)

B: こちらの身にもなってよ。あなたのミスなのに。

(내 입장이 되어 봐. 네 잘못인데.)

□ 적당히 해라.

いいかげんにしろよ。

이- 카겐니 시로요

□ 안된다고 말했잖아.

ダメだって言ったでしょ。

다메닷떼 잇따데쇼

허락을 구할 때

☐ 들어가도 될까요?

入_{はい}ってもいいですか。

入ってもいいですか。
하잇떼모 이-데스까

☐ 화장실을 좀 써도 될까요?

お手洗_{てあら}いをお借_かりできますか。
오떼아라이오 오까리데끼마스까

☐ 한 가지 물어봐도 됩니까?

ひとつ聞_きいてもいいですか。
히또쯔 기이떼모 이-데스까

☐ 이 책을 빌려도 되겠니?

この本_{ほん}を借_かりてもいい?
고노 홍오 가리떼모 이-

A : この本を借りてもいい?
(이 책을 빌려도 되겠니?)

B : もちろん。読_よみ終_おわるまで持_もっていていいよ。
(물론. 다 읽을 때까지 갖고 있어도 돼.)

☐ 담배를 피워도 됩니까?

タバコを吸_すってもいいですか。
다바꼬오 슷떼모 이-데스까

A : タバコを吸ってもいいですか。
(담배를 피워도 됩니까?)

B : ええ、かまいませんよ。
(예, 피우세요.)

121

□ 함께 가도 되니?

$\overset{\text{いっしょ}}{-緒}$に$\overset{\text{い}}{行}$ってもいい？

잇쇼니 잇떼모 이-

□ 옆에 앉아도 됩니까?

$\overset{\text{となり}}{隣}$に$\overset{\text{すわ}}{座}$ってもいいですか。

도나리이 스왓떼모 이-데스까

□ 여기에 주차해도 됩니까?

ここに$\overset{\text{ちゅうしゃ}}{駐車}$してもいいですか。

고꼬니 츄-샤시떼모 이-데스까

□ 여기 앉아도 됩니까?

ここに$\overset{\text{すわ}}{座}$ってもいいですか。

고꼬니 스왓떼모 이-데스까

A : ここに$\overset{\text{すわ}}{座}$ってもいいですか。
(여기 앉아도 됩니까?)

B : ええ、どうぞ。
(네, 앉으세요.)

□ 여기서 사진을 찍어도 됩니까?

ここで$\overset{\text{しゃしん}}{写真}$を$\overset{\text{と}}{撮}$ってもいいですか。

고꼬데 샤싱오 돗떼모 이-데스까

□ 잠깐 봐도 됩니까?

ちょっと$\overset{\text{み}}{見}$てもいいですか。

춋또 미떼모 이-데스까

□ 가능하면 회의를 내일로 연기하고 싶습니다만.

できれば$\overset{\text{かいぎ}}{会議}$を$\overset{\text{あす}}{明日}$に$\overset{\text{えんき}}{延期}$したいのですが。

데끼레바 카이기오 아스니 엥끼시따이노데스가

□ 가능하면 내일 쉬고 싶습니다만.

できれば明日、休ませてもらいたいのですが。
데끼레바 아스 　　　　　야스마세떼 모라이따이노데스가

□ 지장이 없다면, 이만 가보고 싶은데요.

さしつかえなければ、これで失礼したいのですが。
사시쯔까에나께레바 　　　　고레데 시쯔레-시따이노데스가

□ 가능하면 그만 두었으면 좋겠습니다만.

できればやめてほしいのですが。
데끼레바 야메떼 호시-노데스가

　A: タバコを吸ってもいいですか。
　　　(담배를 피워도 됩니까?)

　B: できればやめてほしいのですが。
　　　(가능하면 그만 두시면 좋겠어요.)

□ 좋고말고!

いいとも!
이-또모

□ 예, 하세요.

ええ、どうぞ。
에- 　　도-조

□ 이제 돌아가도 돼.

もう帰ってもいいよ。
모- 가엣떼모 이-요

□ 무엇이든 가능한 일이라면.

何なりと、できることなら。
난나리또 　　　데끼루 고또나라

변명할 때

□ 변명하지 마.

言い訳するなよ。
이-와께스루나요

> A : ほかのことで忙しくて、それに...。
> (다른 일로 바빠서, 게다가....)
> B : 言い訳するなよ。
> (변명하지 마.)

□ 변명은 듣고 싶지 않아.

言い訳は聞きたくないわ。
이-와께와 기끼따꾸나이와

□ 변명은 이미 충분해.

言い訳はもうたくさん。
이-와께와 모- 닥상

> A : それにはもうひとつ理由があるんです。
> (게다가 또 한 가지 이유가 있어요.)
> B : 言い訳はもうたくさん。
> (변명은 이미 충분해.)

□ 그건 변명이 안 돼.

そんなの言い訳にならないよ。
손나노 이-와께니 나라나이요

> A : 遅刻したのは、道路が混んでいたからなんです。
> (지각한 것은 도로가 막혀서입니다.)

B : そんなの言い訳にならないよ。
(그건 변명이 안 돼.)

□ 적당히 핑계를 댈 거야.

適当に言い訳しておくよ。

데끼또-니 이-와께시떼 오꾸요

A : また遅れたのね。部長が怒っているわよ。
(또 늦었구나. 부장님이 화났어.)

B : 適当に言い訳しておくよ。
(적당히 핑계를 댈 거야.)

□ 저 사람은 핑계를 잘 대.

あいつは言い逃れがうまいんだ。

아이쯔와 이-노가레가 우마인다

□ 말대꾸할 준비를 하는 녀석이야.

ああ言えばこう言うっていう奴なんだ。

아- 이에바 고- 이웃떼 이우 야쯔난다

□ 억지 쓰지 마.

屁理屈を言うなよ。

헤리구쯔오 이우나요

□ 말을 돌리지 마.

話をそらすなよ。

하나시오 소라스나요

□ 변명은 됐으니까, 돈을 갚아요.

言いわけはいいから、お金を返してよ

이이와께와 이-까라　　　　오까네오 가에시떼요

비밀 이야기를 할 때

☐ 여기서만 하는 얘기야.

ここだけの話なんだけどね。
고꼬다께노 하나시난다께도네

A : ここだけの話なんだけどね。
　　(여기서만 하는 얘기야.)

B : 言って。何なの?
　　(말해봐. 뭔데?)

☐ 비밀 이야기야.

秘密の話なんだ。
히미쯔노 하나시난다

☐ 누구에게도 말해서는 안 돼.

誰にも言ってはダメよ。
다레니모 잇떼와 다메요

A : 誰にも言ってはダメよ。
　　(누구에게도 말해서는 안 돼.)

B : 言わないよ。
　　(말 안 할게.)

☐ 이것은 아직 누구에게도 얘기한 적 없어.

これはまだ誰にも言っていないんだけど。
고레와 마다 다레니모 잇떼 이나인다께도

□ 누구에게도 말하지 않겠다고 약속할 수 있어?

誰にも言わないって約束できる?

다레니모 이와나잇떼 약소꾸데끼루

□ 비밀 지킬 수 있어?

秘密を守れる?

히미쯔오 마모레루

□ 그녀는 입이 가벼워.

彼女って口が軽いのよ。

가노죳떼 구찌가 가루이노요

A: 春子に言ってもいい?
(하루코에게 말해도 돼?)

B: やめて、彼女って口が軽いのよ。
(안돼, 그녀는 입이 가벼워.)

□ 이것은 우리 둘 만의 비밀이야.

これは二人だけの秘密だよ。

고레와 후따리다께노 히미쯔다요

□ 나카무라한테는 비밀로 하자.

中村には内緒にしておこう。

나까무라니와 나이쇼니 시떼 오꼬-

□ 이것은 절대로 비밀이야.

これは絶対に秘密だよ。

고레와 젯따이니 히미쯔다요

A: これは絶対に秘密だよ。
(이것은 절대로 비밀이야.)

B: わかった。誰にも言わないから。
(알았어. 누구에게도 말하지 않을게.)

□ 다른 사람에게 누설해서는 안 돼.

人に漏らしてはダメだよ。
히또니 모라시떼와 다메다요

□ 내부 정보야.

内部情報なんだ。
나이부 죠-호-난다

A: どうしてそんなことを知っているの?
(어떻게 그런 것을 알고 있니?)

B: 内部情報なんだ。
(내부 정보야.)

□ 누군가가 비밀을 누설했어.

誰かが秘密を漏らしたのね。
다레까가 히미쯔오 모라시따노네

□ 잠깐 들었어.

ちょっと聞いたのだけど。
촛또 기이따노다께도

A: ちょっと聞いたのだけど、婚約したんですってね。
(잠깐 들었는데, 약혼했다지 아마.)

B: 誰に聞いたの?
(누구에게 들었니?)

□ 그것은 공공연한 비밀이야.

それは公然の秘密だよ。
소레와 고-젠노 히미쯔다요

A: 鈴木と石毛が付き合っているなんて、知らなかったわ。
(스즈키와 이시게가 사귄다니 몰랐어.)

B: それは公然の秘密だよ。
(그것은 공공연한 비밀이야.)

상담할 때

☐ 의논할 게 있어.
そうだん
相談があるんだけど。
소-당가 아룬다께도

☐ 의논하고 싶은 것이 있어.
そうだん
相談したいことがあるんだ。
소-단시따이 고또가 아룬다

☐ 네 의견이 듣고 싶어.
きみ いけん き
君の意見が聞きたいんだ。
기미노 이껭가 기끼따인다

☐ 솔직한 의견을 말해줘.
しょうじき いけん い
正直に意見を言ってほしいんだ。
쇼-지끼니 이껭오 잇떼 호시인다

☐ 조언 좀 해 주시겠습니까?
なに
何かアドバイスしてもらえませんか。
나니까 아도바이스시떼 모라에마셍까

☐ 부장님한테 의논하는 것이 좋겠어.
ぶ ちょう そうだん ほう
部長に相談した方がいいよ。
부쬬-니 소-단시따 호-가 이-요

☐ 누구에게 의논하면 좋을지 모르겠어.
だれ そうだん
誰に相談したらいいか、わからないんだ。
다레니 소-단시따라 이-까　　　와까라나인다

129

A : 誰に相談したらいいか、わからないんだ。
(누구에게 의논하면 좋을지 모르겠어.)

B : 専門家に聞くべきだと思うわ。
(전문가에게 물어봐야 할 것 같아.)

□ 의사에게 물어봐야 해.

医者に相談するべきだよ。

이샤니 소-단스루베끼다요

A : この薬を飲むべきかしら?
(이 약을 먹어야 할까?)

B : 医者に相談するべきだよ。
(의사에게 물어봐야 해.)

□ 부모님과는 의논했니?

親には相談したの?

오야니와 소-단시따노

A : 親には相談したの?
(부모님과는 의논했니?)

B : いや、どう言っていいかわからないんだ。
(아니, 어떻게 말해야 좋을지 모르겠어.)

□ 의논할 수 있는 사람은 너뿐이야.

相談できるのは君だけなんだよ。

소-단데끼루노와 기미다께난다요

□ 그는 무엇이든 아내와 상의해.

彼って何でも奥さんに相談するのよ。

가렛떼 난데모 오꾸상니 소-단스루노요

□ 그것에 대해 의논하자.

そのことについて相談しよう。

소노고또니 쯔이떼 소-단시오-

□ 상의해 줘서 고마워.

相談してくれてうれしいよ。

소-단시떼 구레떼 우레시-요

□ 고마워. 조금 기분이 좋아졌어.

ありがとう。少し気が楽になったわ。

아리가또-　　　　스꼬시 기가 라꾸니 낫따와

□ 언제든지 상담에 응할게.

いつでも相談にのるよ。

이쯔데모 소-단니 노루요

A: 話を聞いてくれてありがとう。
(얘기를 들어줘서 고마워.)

B: うん、いつでも相談にのるよ。
(응, 언제든지 상담에 응할게.)

□ 나라도 괜찮다면 상담에 응할게.

私でよかったら、相談にのるわよ。

와따시데 요깟따라　　　소-단니 노루와요

A: 私でよかったら、相談にのるわよ。
(나라도 괜찮다면 상담에 응할게.)

B: ありがとう。でも、デリケートな問題なんだ。
(고마워. 하지만 민감한 문제야.)

조언할 때

□ 좀 말해주고 싶은데.

ちょっと言わせてもらいたいんだけど。
촛또 이와세떼 모라이따인다께도

A : 私の書いた報告書、どうですか。
(제가 쓴 보고서 어떻습니까?)

B : ちょっと言わせてもらいたいんだけど、これは長すぎるよ。
(좀 말해주고 싶은데 이것은 너무 길어.)

□ 이것은 내 경험에서 하는 말이야.

これは僕の経験から言っているんだよ。
고레와 보꾸노 게-껭까라 잇떼 이룬다요

A : 私はそうは思わないわ。
(나는 그렇게는 생각하지 않아.)

B : これは僕の経験から言っているんだよ。
(이것은 내 경험에서 하는 말이야.)

□ 내 충고가 도움이 되었으면 좋겠어.

私のアドバイスが役に立つといいんだけど。
와따시노 아도바이스가 야꾸니 다쯔또 이인다께도

□ 마지막까지 해야 해.

最後までやるべきだよ。
사이고마데 야루베끼다요

A : 僕はもう諦めるよ。
(나는 이제 포기할래.)

132

B：いや、最後までやるべきだよ。
(안돼, 마지막까지 해야 해.)

□ 그게 가장 중요한 거야.

そこが肝心なんだよ。
소꼬가 간진난다요

□ 잘 기억해 둬.

よく覚えておいてね。
요꾸 오보에떼 오이떼네

A：毎朝8時に来なければならないんですか。
(매일 아침 8시에 와야 합니까?)

B：規則なのよ。よく覚えておいてね。
(규칙이야. 잘 기억해 둬.)

□ 말해 두는데.

言っておくけどね。
잇떼오꾸께도네

A：言っておくけどね。後で後悔するよ。
(말해 두는데. 나중에 후회할거야.)

B：君の忠告はもうたくさんだ。
(네 충고는 이제 충분해.)

□ 생각 해 봐.

考えてみろよ。
강가에떼 미로요

A：なぜ私にその仕事はできないって思うの?
(왜 내가 그 일을 못할 거라고 생각하니?)

B：考えてみろよ。大変な仕事なんだ。
(생각 해 봐. 아주 힘든 일이야.)

☐ 내 충고를 들어.

僕の忠告を聞けよ。

보꾸노 츄-꼬꾸오 기께요

☐ 무리하지 마.

無理しないでね。

무리시나이데네

A: すごく忙しくて、毎日帰りが遅いんだ。
(너무 바빠서 매일 귀가가 늦어.)

B: 無理しないでね。
(너무 무리하지 마.)

☐ 초조해하지 마.

焦らないでね。

아세라나이데네

☐ 서두를 필요는 없어.

あわてる必要はないよ。

아와떼루 히쯔요-와 나이요

A: しまった! もう1時じゃないか。
(안돼! 벌써 1시잖아.)

B: あわてる必要はないよ。会議は1時半からだ。
(서두를 필요는 없어. 회의는 1시 반부터야.)

☐ 그것은 네 자신이 결정할 일이야.

それは君自身が決めることだよ。

소레와 기미 지싱가 기메루 고또다요

A: どうしたらいいの?
(어떻게 하면 좋지?)

B: それは君自身が決めることだよ。
(그것은 네 자신이 결정할 일이야.)

주의를 줄 때

□ 한 가지 주의를 주고 싶은데.

ひとつ注意しておきたいんだけど。

히또쯔 츄-이시떼 오끼따인다께도

□ 너를 비난할 생각은 없어.

あなたを非難するつもりはないのよ。

아나따오 히난스루 쯔모리와 나이노요

□ 불쾌하게 생각하지 말고 들어줘.

気を悪くしないで聞いてね。

기오 와루꾸시나이데 기이떼네

　A: 気を悪くしないで聞いてね。
　　 (불쾌하게 생각하지 말고 들어줘.)

　B: 何だい? 言ってくれよ。
　　 (뭔데? 말해 봐.)

□ 너를 생각해서 하는 말이야.

君のためを思って言っているんだ。

기미노 다메오 오못떼 잇떼 이룬다

□ 친구니까 말하는 거야.

友達だから言うんだよ。

도모다찌다까라 이운다요

□ 너도 조만간 알게 될 거야.

君もそのうちわかるよ。

기미모 소노우찌 와까루요

□ 그러니까 내가 말했잖아.

だから言ったじゃないか。
다까라 잇따쟈 나이까

A : 大失敗したよ。
(크게 실패했어.)

B : だから言ったじゃないか。
(그러니까 내가 말했잖아.)

□ 두 번 다시 이런 일이 없도록 해.

二度とこんなことがないようにね。
니도또 곤나 고또가 나이요-니네

□ 그렇게 발끈하지 마.

そんなにムキになるなよ。
손나니 무끼니 나루나요

A : 何だって? 僕には無理だって言うのかい?
(뭐라고? 나에게는 무리라는 거야?)

B : そんなにムキになるなよ。
(그렇게 발끈하지 마.)

□ 겁먹지 마.

うろたえるなよ。
우로따에루나요

□ 진지하게 해.

まじめにやってよ。
마지메니 얏떼요

□ 웃을 일이 아니야.

笑い事じゃないよ。
와라이 고또쟈 나이요

A : すごくおかしかったんだ。
(너무 웃겼어.)

136

B: 笑い事じゃないよ。君の失敗だろ。
(웃을 일이 아니야. 네 실수야.)

☐ 그건 무리야.

それはやり過ぎだよ。
소레와 야리스기다요

A: 1か月で5キロやせたいの。
(1개월에 5킬로그램을 빼고 싶어.)

B: それはやり過ぎだよ。
(그건 무리야.)

☐ 입 조심해라.

口を慎みなさい。
구찌오 쯔쯔시미나사이

☐ 바보 같은 짓은 그만둬.

ばかな真似はやめなさい。
바까나 마네와 야메나사이

☐ 내버려둬.

放っておきなよ。
호옷떼 오끼나요

A: 彼の私に対する態度、頭にくるわ。
(그가 나를 대하는 태도가 화가 나.)

B: 放っておきなよ。あいつはただのろくでなしだ。
(내버려둬. 그 녀석은 그냥 찌질이야.)

☐ 방심하지 마.

油断するなよ。
유당스루나오

말싸움

□ 떼를 쓰지 마.

わがまま言うなよ。
와가마마 이우나요

A: 私、この仕事はやりたくないわ。
(나, 이 일은 하고 싶지 않아.)

B: わがまま言うなよ。全員でやらなければいけないんだ。
(떼를 쓰지 마. 우리 모두가 해야 해.)

□ 이제 와서 그런 말 하지 마.

今さらそんなこと言わないでよ。
이마사라 손나 고또 이와나이데요

A: 週末のスキー旅行、行かないことにするわ。
(주말의 스키 여행, 안 가기로 할래.)

B: 今さらそんなこと言わないでよ。
(이제 와서 그런 말 하지 마.)

□ 바보 같은 소리 하지 마.

ばかなことを言わないでよ。
바까나 고또오 이와나이데요

A: 君は金が目当てで僕と付き合っているんだな。
(너는 돈을 노리고 나와 사귄 거네.)

B: 何ですって? ばかなことを言わないでよ。
(뭐라고? 바보 같은 소리 하지 마.)

□ 바보스러운 것도 정도가 있어.

> ばかにもほどがあるよ。
> 바까니모 호도가 아루요

A: 中村にお金を貸したんだ。
(나카무라에게 돈을 빌려 줬어.)

B: ばかにもほどがあるよ。あいつは絶対に返さないぞ。
(바보스러운 것도 정도가 있어. 그놈은 절대로 갚지 않을 거야.)

□ 우습게 보지 마.

> ばかにするなよ。
> 바까니 스루나요

□ 그것은 내가 할 소리야.

> それはこっちのセリフだ。
> 소레와 곳찌노 세리후다

A: 君にこの仕事ができるのかな。
(네가 이 일을 할 수 있으려나.)

B: それはこっちのセリフだ。へまをするなよ。
(그건 내가 할 소리야. 바보같은 실수나 하지 마.)

□ 거짓말을 했구나.

> ウソをついていたのね。
> 우소오 쯔이떼 이따노네

□ 속였구나.

> だましたんだな。
> 다마시딴다나

□ 나에게 뭔가를 숨기고 있어.

> 私に何か隠しているわね。
> 와따시니 나니까 가꾸시떼 이루와네

말싸움

139

□ 너를 못 믿겠어.

あなたって信用できないわ。

아나땃떼 싱요-데끼나이와

□ 거만한 얘기하지 마.

偉そうなことを言うなよ。

에라소-나 고또오 이우나요

A : このプロジェクトについては、僕が何もかも知っているから。
(이 계획에 대해서는 내가 모두 알고 있으니까.)

B : 偉そうなことを言うなよ。責任者は僕なんだ。
(거만한 얘기하지 마. 책임자는 나야.)

□ 나에게 지시하지 마.

私に指示しないでよ。

와따시니 시지시나이데요

A : 彼と付き合うのはやめた方がいいよ。
(그와 사귀는 것은 그만두는 것이 좋아.)

B : 私に指示しないでよ。
(내게 지시하지 마.)

□ 분풀이 하지 마.

八つ当たりしないでよ。

얏쯔아따리 시나이데요

□ 도망가지 마!

逃げるなよ!

니게루나요

A : また別のときに話そう。
(다음에 다시 얘기하자.)

B : 逃げるなよ! まだ話は終わっていないんだ。
(도망가지 마! 아직 얘기 끝나지 않았어.)

의뢰할 때

□ 부탁합니다.

お願いします。
오네가이시마스

A : コーヒーはいかがですか。
(커피 드릴까요?)

B : お願いします。
(부탁합니다.)

□ 부탁이 있는데.

お願いがあるんだけど。
오네가이가 아룬다께도

□ 부탁해도 될까?

お願いしてもいい?
오네가이시떼모 이-

□ 좀 도와주겠니?

ちょっと手伝ってくれる?
춋또 데쯔닷떼 구레루

□ 이 짐을 옮겨주세요.

この荷物を運んでください。
고노 니모쯔오 하꼰데 구다사이

□ 내일, 전화주시면 좋겠습니다만.

明日、電話をいただきたいのですが。
아스   뎅와오 이따다끼따이노데스가

□ 내일 아침 7시에 깨워 주겠니?

明日の朝、7時に起こしてくれる?

아시따노 아사 시찌지니 오꼬시떼 구레루

□ 이 소포를 우편으로 보내줄 수 있습니까?

この包を郵便で送ってもらえませんか。

고노 쯔쯔미오 유-빈데 오꿋떼 모라에마셍까

□ 잠깐 시간을 내줄 수 있습니까?

ちょっとお時間をいただけますか。

촛또 오지깡오 이따다께마스까

□ 스테레오 소리를 줄여 주세요.

ステレオの音を小さくしてください。

스떼레오노 오또오 치-사꾸시떼 구다사이

□ 그와 얘기를 나눌 수 있으면 감사하겠습니다만.

彼と話をしてもらえるとありがたいのですが。

가레또 하나시오 시떼 모라에루또 아리가따이노데스가

□ 우리 집까지 자동차로 데려다 주실 수 있습니까?

私の家まで車で送ってもらえますか。

와따시노 이에마데 구루마데 오꿋데 모라에마스까

□ 번거로운 일이라는 건 알지만.

面倒だとは思うのだけど。

멘도-다또와 오모우노다께도

□ 부탁이니까.

お願いだから。

오네가이다까라

142

희망을 나타낼 때

□ 그렇게 하고 싶어.

そうしたいんだ。
소- 시따인다

□ 그렇게 하고 싶습니다.

そうしたいと思います。
소-시따이또 오모이마스

□ 기쁘게 그렇게 하겠습니다.

喜んでそうします。
요로꼰데 소- 시마스

□ 함께 오면 좋겠다.

一緒に来てほしいんだ。
잇쇼니 기떼 호시인다

□ 내 입장을 이해해줘.

私の立場をわかってほしいのよ。
와따시노 다찌바오 와깟떼 호시-노요

□ 연설을 해주셨으면 좋겠습니다.

スピーチをしてほしいのですが。
스피-치오 시떼 호시-노데스가

□ 맥주 한 잔 더 주세요.

ビールをもう1杯ください。
비-루오 모- 입빠이 구다사이

143

□ 다시 뵙고 싶군요.

またお会いしたいですね。
마따 오아이시따이데스네

□ 일본 회사에 취직하면 좋겠어.

日本の会社に就職できればいいのだけど。
니혼노 가이샤니 슈-쇼꾸 데끼레바 이-노다께도

A : 大学を卒業したらどうするの。
(대학을 졸업하면 어떻게 할 거야.)

B : 日本の会社に就職できればいいのだけど。
(일본 회사에 취직하면 좋겠어.)

□ 그렇다면 좋겠는데.

そうだといいのだけど。
소-다또 이-노다께도

A : 彼は来ると思う?
(그가 올 거라고 생각해?)

B : そうだといいのだけど。
(그러면 좋겠는데.)

□ 그렇지 않으면 좋겠는데.

そうではないといいのだけど。
소-데와 나이또 이-노다께도

A : 明日は雨が降るのかな?
(내일 비가 올까?)

B : そうではないといいのだけど。
(그렇지 않으면 좋겠는데.)

□ 곧 나아졌으면 좋겠어.

早くよくなるといいね。
하야꾸 요꾸나루또 이-네

□ 꼭 다시 해보고 싶어.

ぜひもう一度やってみたいわ。
제히 모- 이찌도 얏떼 미따이와

A: ダイビングは気に入った?
(다이빙은 좋았니?)

B: すごく面白かったわよ! ぜひもう一度やってみたいわ。
(너무 재미있었어! 꼭 다시 해보고 싶어.)

□ 꼭 그의 의견을 듣고 싶어.

ぜひ彼の意見を聞いてみたいね。
제히 가레노 이껭오 기이떼 미따이네

□ 그녀를 만나고 싶어 죽겠어.

彼女に会いたくてたまらないよ。
가노죠니 아이따꾸떼 다마라나이요

□ 아, 담배가 피고 싶어.

ああ、タバコが吸いたいなぁ。
아-   다바꼬가 스이따이나

□ 술 마시러 가고 싶어.

飲みに行きたい気分だよ。
노미니 이끼따이 기분다요

A: 仕事は終わったの?
(일은 끝났니?)

B: うん、飲みに行きたい気分だよ。
(응, 술 마시러 가고 싶어.)

□ 고대하고 있어.

楽しみにしているの。
다노시미니 시떼 이루노

145

불평을 할 때

□ 불만스러운 게 있습니다.

苦情を言いたいのですが。

구죠-오 이-따이노데스가

□ 그것에 대하여 불만입니다.

そのことについては不満です。

소노 고또니 쯔이떼와 후만데스

□ 불평 좀 그만해!

文句を言うなよ!

몽꾸오 이우나요

□ 그는 불평만 해.

あいつは文句ばかり言っているんだ。

아이쯔와 몽꾸바까리 잇떼 이룬다

□ 그 녀석에게 잔소리를 좀 할 거야.

あいつに文句を言ってやろう。

아이쯔니 몽꾸오 잇떼 야로-

□ 너한테 할 말이 있어.

君に言いたいことがあるんだ。

기미니 이-따이 고또가 아룬다

□ 무슨 불만 있니?

何か不満があるの?

나니까 후망가 아루노

□ 뭐가 불만이야?

何が不満なの?

나니가 후만나노

□ 진지하게 말하고 있는 거야.

まじめに言っているのよ。

마지메니 잇떼 이루노요

□ 어떻게 좀 해봐!

何とかしてよ!

난또까 시떼요

□ 이건 웃기는 일이야.

こんなこと、ばかげているわ!

곤나 고또   바까게떼 이루와

□ 무슨 생각을 하고 있는 거야?

何考えてるんだよ。

나니 강가에떼룬다요

A: 明日から10間、休暇をとっていいですか。
　(내일부터 10일간 휴가를 내도 됩니까?)

B: 何考えてるんだよ。
　(무슨 생각을 하고 있는 거야?)

□ 불공평해.

不公平だよ

후꼬-헤-다요

□ 말로 하는 것은 쉬워.

口で言うのは簡単だよ。

구찌데 이우노와 간딴다요

A: すぐに新しい仕事に慣れるよ。
　(금방 새 일에 빨리 익숙해질 거야.)

147

B:口で言うのは簡単だよ。
<small>くち　い　　　　　　かんたん</small>
(말이야 쉽지.)

□ 너는 말뿐이야.

君は口ばっかりだ。
<small>きみ　くち</small>

기미와 구찌박까리다

A:ごめん。いつか埋め合わせするよ。
<small>　　　　　　　う　あ</small>
(미안해. 언젠가 보충할게.)

B:君は口ばっかりだ。
<small>きみ　くち</small>
(너는 말뿐이야.)

□ 너는 지나친 요구를 하고 있어.

君は要求が厳しすぎるんだよ。
<small>きみ　ようきゅう　きび</small>

기미와 요-뀨-가 기비시스기룬다요

□ 너는 모든 것에 다 불평이야.

君は何にでも文句をつけるんだな。
<small>きみ　なに　　　もんく</small>

기미와 나니니데모 몽꾸오 쯔께룬다나

□ 서둘러 줄래?

急いでもらえないかな?
<small>いそ</small>

이소이데 모라에나이까나

□ 왜 그렇게 시간이 걸려?

どうしてそんなに時間がかかるんだよ?
<small>じかん</small>

도-시떼 손나니 지깡가 가까룬다요

□ 좀더 조용히 해 주시겠습니까?

もう少し静かにしてもらえませんか。
<small>すこ　しず</small>

모- 스꼬시 시즈까니 시떼 모라에마셍까

148

UNIT 14 명령과 금지할 때

□ 빨리 떠날 준비를 해라.

早く出かける準備をしなさい。

하야꾸 데까께루 줌비오 시나사이

□ 건강에 주의해.

健康に注意しなさい。

겡꼬-니 츄-이시나사이

□ 기다려!

待って!

맛떼

□ 더 빨리 완성하세요.

もっと早く仕上げてください。

못또 하야꾸 시아게떼 구다사이

□ 시간을 지켜.

時間を守りなさい。

지깡오 마모리나사이

□ 출발 진행.

出発進行。

슙빠쯔 싱꼬-

□ 어이, 조용히 해!

こら、静かにしろ!

고라　시즈까니 시로

□ 사담 금지입니다.

私語禁止です。

시고킨시데스

□ 그런 짓을 하면 안돼!

そんなことしちゃダメよ!

손나 고또 시쨔 다메요

□ 이 방에 무단으로 들어가서는 안 돼.

この部屋に無断で入ってはいけない。

고노 헤야니 무단니 하잇떼와 이께나이

□ 큰 소리를 내서는 안 됩니다.

大きな声を出してはいけません。

오-끼나 고에오 다시떼와 이께마셍

□ 전기를 계속 켜두지 마세요.

電気をつけっ放しにしないでください。

뎅끼오 쓰껩빠나시니 시나이데 구다사이

□ 여기는 금연입니다.

ここは禁煙です。

고꼬와 킹엔데스

□ 이 책을 복사하는 것은 금지되어 있습니다.

この本をコピーすることは禁じられています。

고노 홍오 코삐-스루 고또와 긴지라레떼 이마스

□ 차안에서의 휴대전화 사용은 삼가해 주십시오.

車内での携帯電話のご利用はご遠慮ください。

샤나이데노 케-따이뎅와노 고리요-와 고엔료 구다사이

□ 만지면 안 됩니다.

手を触れてはいけません。

데오 후레떼와 이께마셍

150

난처할 때

□ 곤경에 처해 있어.

困^{こま}ったことになった。

고맛따 고또니 낫따

□ 문제가 생겼어.

問題^{もんだい}があるんだ。

몬다이가 아룬다

□ 바로 그게 문제야.

それが問題^{もんだい}なんだよ。

소레가 몬다이난다요

A : 時間^{じかん}が足^たりないよ。
(시간이 부족해.)

B : それが問題^{もんだい}なんだよ。
(바로 그게 문제야.)

□ 어려워.

難^{むずか}しいなぁ。

무즈까시-나

□ 어떻게 해야 할까?

どうしたらいいんだろう。

도-시따라 이인다로-

□ 어떡해야 좋을지 모르겠어.

どうしたらいいかわからないよ。

도-시따라 이-까 와까라나이요

151

□ 포기할 수밖에 없어.

諦_{あきら}めるしかないな。

<small>아끼라메루시까 나이나</small>

□ 그것이 고민거리야

それが悩_{なや}みの種_{たね}なんだ。

<small>소레가 나야미노 다네난다</small>

A：君_{きみ}はお父_{とう}さんを説得_{せっとく}しなければいけないよ。
(너는 아버지를 설득해야 해.)

B：それが悩_{なや}みの種_{たね}なんだ。
(그것이 고민거리야.)

□ 망설이고 있는 중이야.

行_ゆき詰_づまっているんだ。

<small>유끼즈맛떼 이룬다</small>

A：どうするつもりだい?
(어떻게 할 거야?)

B：わからないよ。行_ゆき詰_づまっているんだ。
(모르겠어. 벽에 부딪친 상황이야.)

□ 어떻게 할 수가 없어.

どうしようもないよ。

<small>도-시요-모 나이요</small>

A：どうするの?
(어떻게 할 거야.)

B：どうしようもないよ。
(어떻게 할 수가 없어.)

□ 바보 같은 짓을 해버렸어.

バカなことをしちゃったよ。

<small>바까나 고또오 시쨧따요</small>

□ 실수했어.

失敗(しっぱい)したなぁ。
십빠이시따나

□ 그걸 하지 말았어야 했어.

あんなことするんじゃなかった。
안나 고또 스룬쟈 나깟따

□ 이럴 리가 없는데.

こんなはずじゃなかったのに。
곤나 하즈쟈 나깟따노니

A : 誰(だれ)も迎(むか)えに来(き)ていないわよ。
(아무도 마중 나오지 않았어.)

B : おかしいなぁ。こんなはずじゃなかったのに。
(이상한데. 이럴 리가 없는데.)

□ 혼쭐났어.

ひどい目(め)にあったよ。
히도이 메니 앗따요

□ 그건 너무해.

それはあんまりだ。
소레와 암마리다

A : この仕事(しごと)、今日中(きょうちゅう)に終(お)わらせてほしいのよ。
(이 일, 오늘 중으로 끝내기를 바란다.)

B : それはあんまりだ。
(그건 너무해.)

□ 최악이야.

最悪(さいあく)だ。
사이아꾸다

153

□ 머리가 아파.

頭が痛いよ。

아따마가 이따이요

□ 되는 일이 하나도 없어.

何もかもうまくいかないんだ。

나니모까모 우마꾸 이까나인다

□ 참담한 기분이야.

まったく落ち込んじゃうよ。

맛따꾸 오찌꼰쟈우요

□ 이제 끝장이다.

もうおしまいだ。

모- 오시마이다

A : 山田さんが課長に昇進するんだよ。

(야마다 씨가 과장으로 승진해.)

B : 彼は僕のことが嫌いなんだよ。もうおしまいだ。

(그는 나를 싫어해. 이제 끝장이야.)

화제에 관한 회화

가족에 대해서

□ 저는 결혼했습니다.

私は結婚しています。

와따시와 겍꼰시떼 이마스

□ 독신입니다.

独身です。

도꾸신데스

□ 약혼한 상태입니다.

婚約中です。

곤야꾸쮸-데스

□ 자녀분은 있으세요?

お子さんはいますか。

오꼬상와 이마스까

A: お子さんはいますか。
　　(자녀분은 있습니까?)

B: はい、3人います。
　　(네, 세 명 있습니다.)

□ 아들이 하나, 딸 둘 있습니다.

息子がひとり、娘がふたりいます。

무스꼬가 히또리　　　무스메가 후따리 이마스

□ 아이는 없습니다.

子供はいません。

고도모와 이마셍

□ 가족은 몇 명입니까?

ご家族は何人ですか。
고가조꾸와 난닝데스까

A : ご家族は何人ですか。
(가족은 몇 명입니까?)

B : 4人です。
(네 명입니다.)

□ 부모님과 형, 그리고 저입니다.

両親と弟、それに私です。
료-신또 오또-또 소레니 와따시데스

□ 저희는 대가족입니다.

うちは大家族なんですよ。
우찌와 다이가조꾸난데스요

□ 형제(자매)는 있습니까?

ご兄弟(姉妹)はいますか。
고쿄-다이(시마이)와 이마스까

A : ご兄弟(姉妹)はいますか。
(형제(자매)는 있습니까?)

B : はい、姉がひとりいます。
(네, 여자 형제가 한 명 있습니다.)

□ 형과 여동생이 있습니다.

兄と妹がいます。
아니또 이모-또가 이미스

□ 저는 외동이입니다.

私はひとりっ子です。
와따시와 히또릭꼬데스

☐ 엄마와 나는, 마치 친구 같아요.

母と私は、まるで友達みたいなんですよ。

하하또 와따시와 마루데 도모다찌 미따이 난데스요

☐ 아들은 몇 살입니까?

息子さんはおいくつですか。

무스꼬상와 오이꾸쯔데스까

A : 息子さんはおいくつですか。
(아들은 몇 살입니까?)

B : 7歳です。
(7살입니다.)

☐ 아들은 초등학생입니다.

息子は小学生です。

무스꼬와 쇼-각세-데스

☐ 곧 아이가 태어납니다.

もうすぐ子供が生まれるんです。

모- 스구 고도모가 우마레룬데스

☐ 4월에 태어날 예정입니다.

4月に生まれる予定です。

시가쯔니 우마레루 요떼-데스

☐ 결혼한 지 3년 됐어요.

結婚して3年になります。

겍꼰시떼 산넨니 나리마스

☐ 일본에 누군가 친척 분이 계십니까?

日本にどなたか親戚の人がおありですか。

니혼니 도나따까 신세끼노 히또가 오아리데스까

출신지에 대해서

☐ 어디 출신입니까?

どちらのご出身ですか。

도찌라노 고슛신데스까

☐ 오사카 출신입니다.

大阪出身です。

오-사까 슛신데스

A: どちらのご出身ですか。
(어디 출신입니까?)

B: 大阪出身です。
(오사카 출신입니다.)

☐ 고향은 홋카이도입니다.

生まれは北海道です。

우마레와 혹까이도-데스

☐ 나고야에서 태어나고 자랐습니다.

名古屋で生まれ育ちました。

나고야데 우마레소다찌마시따

A: ご出身は東京ですか。
(도쿄 출신입니까?)

B: いいえ、名古屋で生まれ育ちました。
(아니오, 나고야에서 태어나고 자랐습니다.)

□ 어렸을 때 저의 가족이 도쿄로 이사했습니다.

子供のときに家族で東京に引っ越しました。

고도모노 도끼니 가조꾸데 도-쿄-니 힉꼬시마시따

□ 고등학교까지는 교토에서 살았습니다.

高校までは京都に住んでいました。

고-꼬-마데와 교-또니 슨데 이마시따

A : 東京で育ったのですか。

(도쿄에서 자랐습니까?)

B : いいえ、高校までは京都に住んでいました。

(아니오, 고등학교까지는 교토에서 살았습니다.)

□ 지금까지 간사이 사투리가 있습니다.

いまでも関西なまりがあるんです。

이마데모 간사이 나마리가 아룬데스

□ 부모님은 지금도 그곳에 살고 있습니다.

両親は今もそこに住んでいます。

료-싱와 이마모 소꼬니 슨데 이마스

□ 매년, 신정휴가 때는 고향에 갑니다.

毎年、正月休みには帰省します。

마이넹 쇼-가쯔 야스미니와 기세-시마스

□ 그곳에는 아직도 친구가 많이 있습니다.

そこには今も友達が大勢いるんですよ。

소꼬니와 이마모 도모다찌가 오-제- 이룬데스요

□ 가끔 고향에 성묘하러 갑니다.

ときどき故郷に墓参りに行きます。

도끼도끼 고꾜-니 하까마이리니 이끼마스

☐ 태어나서 지금까지 쭉 도쿄에 살고 있습니다.

生まれてからずっと東京に住んでいます。

우마레떼까라 죳또 도-꾜-니 슨데 이마스

A : 東京にはどれぐらいお住まいなのですか。

(도쿄에서 얼마나 사셨어요?)

B : 生まれてからずっと東京に住んでいます。

(태어나서 쭉 도쿄에 살고 있습니다.)

☐ 우리 가족은 원래 큐슈 출신입니다.

うちはもともと九州出身なんです。

우찌와 모또모또 큐-슈- 슛신난데스

☐ 친척은 거의 큐슈에 있습니다.

親戚はほとんどが九州にいます。

신세끼와 호똔도가 큐-슈-니 이마스

☐ 아내와 나는 동향입니다.

妻と私は同郷なんです。

쓰마또 와따시와 도-꾜-난데스

☐ 은퇴 후에는 고향으로 돌아가고 싶어요.

引退後は故郷に戻りたいです。

인따이 아또와 고꾜-니 모도리따이데스

161

거주지에 대해서

☐ 어디에 사세요?

どちらにお住まいですか。

도찌라니 오스마이데스까

☐ 작년에 오사카에서 이사 왔습니다.

去年、大阪から引っ越してきました。

교넹　　오-사까까라　힉꼬시떼 기마시따

☐ 혼자 살아요.

ひとり暮らしです。

히또리 구라시데스

A: ご家族と住んでいるのですか。
(가족과 함께 사세요?)

B: いいえ、ひとり暮らしです。
(아니오, 혼자 삽니다.)

☐ 연립(주택)에 살고 있어요.

アパートに住んでいます。

아빠-또니 슨데 이마스

☐ 맨션 고층아파트에 살고 있습니다.

マンション住まいです。

만숀 즈마이데스

☐ 집 한 채를 가지고 있습니다.

一軒家を持っています。

익껭 이에오 못떼 이마스

162

□ 사택에 살고 있어요.

しゃたく す
社宅に住んでいます。

샤따꾸니 슨데 이마스

□ 교외에 살고 있어요.

こうがい す
郊外に住んでいます。

코-가이니 슨데 이마스

□ 시내 중심지에 살고 있어요.

まち ちゅうしんぶ す
街の中心部に住んでいます。

마찌노 츄-심부니 슨데 이마스

□ 시골에 살고 있어요.

いなか ず
田舎住まいです。

이나까즈마이데스

□ 이곳에서 산지 5년째입니다.

す ねん
ここに住んで5年になります。

고꼬니 슨데 고넨니 나리마스

□ 이 지역이 마음에 듭니다.

あた き い
この辺りが気に入っているんです。

고노 아따리가 기니 잇떼 이룬데스

□ 조용한 주택가입니다.

しず じゅうたくがい
静かな住宅街なんですよ。

시즈까나 쥬-따꾸가이 난데스요

□ 우리집은 역에서 걸어서 10분정도입니다.

わたし いえ えき ある ぶん
私の家は、駅から歩いて10分ぐらいです。

와따시노 이에와 에끼까라 아루이떼 집뿡구라이데스

□ 가장 가까운 역은 시부야역입니다.

最寄りの駅は渋谷駅です。

모요리노 에끼와 시부야에끼데스

□ 우리 연립(주택)에서는 애완동물을 키울 수 없습니다.

私のアパートではペットを飼うことはできません。

와따시노 아빠-또데와 펫또오 가우 고또와 데끼마셍

□ 우리집은 개 두 마리를 키우고 있습니다.

うちでは犬を2匹飼っています。

우찌데와 이누오 니히끼 갓떼 이마스

□ 목조 일본식 가옥에 살고 있습니다.

木造の日本家屋に住んでいます。

모꾸조-노 니홍카오꾸니 슨데 이마스

□ 30년 된 집입니다.

家は築30年です。

이에와 치꾸 산쥬-넨데스

□ 집을 다시 지을까 생각하고 있습니다.

家の建て直しを考えています。

이에노 다떼나오시오 강가에떼 이마스

□ 어디 다른 곳으로 이사하고 싶습니다.

どこかほかの場所に引っ越したいんです。

도꼬까 호까노 바쇼니 힉꼬시따인데스

UNIT 04 일에 대해서

□ 무슨 일을 하세요?

お仕事は何ですか。

오시고또와 난데스까

　A : お仕事は何ですか。
　　　(무슨 일을 하세요?)

　B : 学校の教師です。
　　　(학교 교사입니다.)

□ ABC 회사에 근무하고 있습니다.

ABC社に勤めています。

에이비씨 샤니 쯔또메떼 이마스

□ 은행원입니다.

銀行員です。

깅꼬-인데스

□ 컴퓨터 기술자입니다.

コンピューター技術者です

콤퓨-따- 기쥬쯔샤데스

□ 공무원입니다.

公務員です。

고-무인데스

□ 컴퓨터관계 일을 하고 있습니다.

コンピューター関係の仕事をしています。

콤퓨-따- 간께-노 시고또오 시떼 이마스

A : どんな種類のお仕事ですか。
(어느 업종에 종사하고 계세요?)

B : コンピューター関係の仕事をしています。
(컴퓨터 관계 일을 하고 있습니다.)

□ 영업을 하고 있습니다.

営業をしています。

에-교-오 시떼 이마스

□ 파트타임으로 일하고 있습니다.

パートタイムで働いています。

파-또타이무데 하따라이떼 이마스

□ 지금은 일하고 있지 않습니다.

今は働いていません。

이마와 하따라이떼 이마셍

□ 일을 찾고 있습니다.

仕事を探しています。

시고또오 사가시떼 이마스

□ 지금 실직 상태입니다.

今、失業中です。

이마 시쯔교-쮸-데스

□ 전직을 생각하고 있습니다.

転職を考えています。

덴쇼꾸오 강가에떼 이마스

□ 패션 업계에서 일하고 싶습니다.

ファッション業界で仕事がしたいんです。

홧숑 교-까이데 시고또가 시따인데스

□ 외국에서 일하고 싶어요.

外国で働きたいんです。

가이꼬꾸데 하따라끼따인데스

□ 회사는 어디에 있습니까?

会社はどこにあるのですか。

가이샤와 도꼬니 아루노데스까

□ 회사는 도쿄역 근처입니다.

会社は東京駅の近くです。

가이샤와 도-꾜-에끼노 치까꾸데스

□ 얼마동안이나 그 일을 하고 계세요?

その仕事に就いてどれぐらいですか。

소노 시고또니 쯔이떼 도레구라이데스까

□ 아직 초보라서 익힐 게 너무 많아요.

まだ新人で、覚えることがたくさんあります。

마다 신진데   오보에루 고또가 닥상 아리마스

□ 지금 하는 일이 좋아요.

今の仕事は気に入っています。

이마노 시고또와 기니 잇떼 이마스

□ 자주 잔업을 합니다.

よく残業をします。

요꾸 장교-오 시마스

□ 앞으로 몇 년 후에 정년입니다.

あと数年で定年です。

아또 스-넨데 데-넨데스

학교에 대해서

□ 저는 학생입니다.
　私は学生です。
　와따시와 각세-데스

□ 저는 대학생입니다.
　私は大学生です。
　와따시와 다이각세-데스

□ 역사를 전공하고 있습니다.
　歴史を専攻しています。
　레끼시오 셍꼬-시떼 이마스

　A : 専攻は何ですか。
　　　(전공은 뭐예요?)
　B : 歴史を専攻しています。
　　　(역사를 전공하고 있어요.)

□ 교사자격증을 따기 위해서 공부하고 있어요.
　教員の資格をとるための勉強をしています。
　교-인노 시까꾸오 도루다메노 벵꾜-오 시떼 이마스

□ 전문학교에 다니고 있어요.
　専門学校へ通っています。
　셈몽각꼬-에 가욧떼 이마스

　A : あなたは大学生ですか。
　　　(당신은 대학생입니까?)

B : いいえ、専門学校へ通っています。
(아니오, 전문학교에 다니고 있어요.)

□ 요리를 공부하고 있어요.

料理を勉強しています。

료-리오 벵꾜-시떼 이마스

□ 학교는 어디입니까?

学校はどちらですか。

각꼬-와 도찌라데스까

□ 하버드대학에 다니고 있습니다.

ハーバード大学へ通っています。

하-바-도 다이가꾸에 가욧데 이마스

□ 몇 학년입니까?

何年生ですか。

난넨세-데스까

□ 4학년입니다.

4年生です。

요넨세-데스

□ 내년에 졸업합니다.

来年卒業します。

라이넨 소쯔교-시마스

□ 대학원생입니다.

大学院生です。

다이가꾸인세-데스

□ 대학원 진학을 생각하고 있어요.

大学院への進学を考えています。

다이가꾸잉에노 싱가꾸오 강가에떼 이마스

□ 고등학생의 가정교사를 하고 있어요.

高校生の家庭教師をしています。

고-꼬-세-노 가떼-쿄-시오 시떼 이마스

A: アルバイトはしていますか。
(아르바이트는 하고 있어요?)

B: ええ、高校生の家庭教師をしています。
(예, 고등학생의 가정교사를 하고 있어요.)

□ ABC대학 출신입니다.

ABC大学出身です。

에이비씨 다이가꾸 슛신데스

A: 出身大学はどちらですか。
(어디 대학 출신입니까?)

B: ABC大学出身です。
(ABC대학 출신입니다.)

□ ABC대학 졸업입니다.

ABC大学卒です。

에이비씨 대이가꾸소쯔데스

□ 히로시마대학에서 석사학위를 취득했습니다.

広島大学で修士号をとりました。

히로시마다이가꾸데 슈-시고-오 도리마시따

□ 외국에 유학가고 싶어요.

外国に留学したいんです。

가이꼬꾸니 류-가꾸시따인데스

□ 일본유학을 계획하고 있어요.

日本留学を計画しています。

니혼 류-가꾸오 게-까꾸시떼 이마스

신체와 용모에 대해서

□ 키는 얼마나 됩니까?

身長はいくつですか。

신쬬-와 이꾸쯔데스까

□ 185센티미터입니다.

185センチです。

햐꾸하찌쥬-고 센치데스

□ 키는 큽니다.

背は高いんです。

세와 다까인데스

□ 키가 조금 더 크면 좋겠어요.

もう少し背が高いといいのですが。

모-스꼬시 세가 다까이또 이-노데스가

□ 몸무게는 어떻게 됩니까?

体重はどれぐらいですか。

다이쥬-와 도레구라이데스까

□ 75킬로그램입니다.

75キロぐらいです。

나나쥬-고키로구라이데스

□ 조금 체중 초과입니다.

少し太り過ぎなんです。

스꼬시 후또리 스기난데스

A: 少し太り過ぎなんです。
(조금 체중 초과입니다.)

B: いいえ、ちょうどいいと思いますよ。
(아니오, 딱 좋은 것 같아요.)

□ 말랐어요.

やせています。
야세떼이마스

□ 다부진 체격입니다.

がっしりした体格です。
갓시리시따 다이까꾸데스

□ 좀 더 날씬한 체형이 되고 싶어.

もっとほっそりした体型になりたいなあ。
못또 홋소리시따 타이께-니 나리따이나-

□ 근시입니다.

近眼です。
긴강데스

□ 안경을 낍니다.

メガネをかけています。
메가네오 가께떼 이마스

□ 콘택트렌즈를 끼고 있어요.

コンタクトレンズを使っています。
콘따꾸또렌즈오 쯔깟떼 이마스

□ 차 운전을 할 때는 안경이 필요합니다.

車の運転をするときにはメガネが必要です。
구루마노 운뗑오 스루 도끼니와 메가네가 히쯔요-데스

□ 화장은 거의 하지 않아요.

お化粧はほとんどしていません。
けしょう

오케쇼-와 호똔도 시떼 이마셍

□ 머리가 길어요.

髪は長いです。
かみ　なが

가미와 나가이데스

□ 원래 곱슬머리입니다.

天然パーマなんです。
てんねん

텐넴 빠-마난데스

□ 머리를 갈색으로 염색했어요.

髪を茶色に染めています。
かみ　ちゃいろ　そ

가미오 챠이로니 소메떼 이마스

□ 최근 흰머리가 부쩍 늘었어요.

最近、めっきり白髪が増えました。
さいきん　　　　しらが　ふ

사이낑　멕끼리 시라가가 후에마시따

□ 콧수염을 기르고 있어요.

口ひげをはやしています。
くち

구찌히게오 하야시떼 이마스

□ 전 어느 쪽이냐면 어머니를 닮았어요.

私はどちらかと言えば母に似ています。
わたし　　　　　　　い　　はは　に

와따시와 도찌라까또 이에바 하하니 니데 이마스

□ 실제 나이보다 젊어 보이는 것 같아요.

実際に年より若く見えるようです。
じっさい　とし　わか　み

짓사이니 도시요리 와까꾸 미에루 요-데스

성격에 대해서

□ 당신은 어떤 성격입니까?

あなたはどのような性格ですか。
아나따와 도노 요-나 세-까꾸데스까

□ 밝고 사교적이에요.

明るくて社交的です。
아까루꾸떼 샤꼬-떼끼데스

□ 그다지 사교적이지 않습니다.

あまり社交的ではありません。
아마리 샤꼬-떼끼데와 아리마셍

□ 예전에 비교하면 꽤 사교적입니다.

以前に比べればずいぶん社交的になりました。
이젠니 구라베레바 즈이붕 샤꼬-떼끼니 나리마시따

□ 내성적인 편입니다.

内気なほうです。
우찌끼나 호-데스

□ 낯가림을 합니다.

人見知りします。
히또미시리시마스

□ 친해지기까지 시간이 걸립니다.

うちとけるのに時間がかかるんです。
우찌토께루노니 지깡가 가까룬데스

□ 좀더 적극적이 되어야 할 것 같아요.

もう少し積極的になったほうがいいと思っています。
모-스꼬시 섹꾜꾸떼끼니 낫따 호-가 이-또 오못떼 이마스

□ 누구와도 허물없이 이야기를 합니다.

誰とでも気軽に話をします。
다레또데모 기가루니 하나시오 시마스

□ 기본적으로 낙천적입니다.

基本的には楽天家です。
기혼떼끼니와 라꾸뎅까데스

□ 이야기하기를 좋아합니다.

話し好きです。
하나시즈끼데스

□ 얌전한 편입니다.

おとなしいほうです。
오또나시- 호-데스

□ 사람 만나는 것을 좋아합니다.

人に会うことが好きです。
히또니 아우 고또가 스끼데스

□ 남을 돌봐주는 것을 좋아합니다.

世話好きなんです。
세와즈끼난데스

□ 외출하는 것 보다 집에 있는 것을 좋아합니다.

出かけるより家にいるほうが好きです。
데까께루요리 이에니 이루 호-가 스끼데스

□ 독립심이 강합니다.

独立心が強いです。

도꾸리쯔싱가 쯔요이데스

□ 조금 성격이 급합니다.

少し気が短いんです。

스꼬시 기가 미지까인데스

□ 태평한 편이에요.

のんびりしています。

놈비리시떼 이마스

□ 끈기 있는 성격입니다.

粘り強い性格です。

네바리즈요이 세-까꾸데스

□ 결정이 빠른 편입니다.

思い切りがいいほうです。

오모이끼리가 이-호-데스

□ 우유부단한 면이 있습니다.

優柔不断なところがあります。

유-쥬-후단나 도꼬로가 아리마스

□ 시간을 지키는 편입니다.

時間を守るほうです。

지깡오 마모루 호-데스

□ 다른 사람이 나를 어떻게 생각하는지 신경이 쓰입니다.

ほかの人にどう思われているかが気になります。

호까노 히또니 도- 오모와레떼 이루까가 기니 나리마스

근황에 대해서

□ 요즘 어떻게 지냈니?

　最近どうしてる?
　사이낑 도-시떼루

□ 그럭저럭 지내고 있어.

　なんとかやってるよ。
　난또까 얏떼루요

□ 드디어 집을 샀어.

　とうとう家を買ったんだ。
　도-도- 이에오 갓딴다

　A : 何か変わったことある?
　　　(별 다른 일 있어?)

　B : 聞いてくれよ。とうとう家を買ったんだ。
　　　(들어봐. 드디어 집을 샀어.)

□ 중대한 결단이었어.

　大きな決断だったよ。
　오-끼나 게쯔단닷따요

□ 지금은 짐정리를 하고 있는 중이야.

　今は荷物の整理をしているところだよ。
　이마와 니모쯔노 세-리오 시떼 이루 도꼬로다요

□ 언제 우리 집에 놀러와.

　いつか家に遊びに来てよ。
　이쯔까 우찌니 아소비니 기떼요

☐ 내가 곧 30세라니 믿어지지 않아.

もうすぐ30歳だなんて信じられない。

모-스구 산쥿사이다 난떼 신지라레나이

☐ 요즘 쉽게 피곤한 것도 당연해.

このごろ疲れやすくなったのも無理ないわ。

고노고로 쯔까레야스꾸 낫따노모 무리나이와

☐ 지루한 일상이 지겨워.

きまりきったつまらない生活には、もううんざり。

기마리킷따 쯔마라나이 세-까쯔니와　　　모- 운자리

☐ 뭔가 새로운 일을 시작해야 해.

何か新しいことを始めるべきね。

나니까 아따라시- 고또오 하지메루 베끼네

☐ 사업은 잘 되십니까?

事業はうまくいっていますか。

지교-와 우마꾸 잇떼 이마스까

☐ 무슨 별다른 일이라도?

何か変わったことは?

나니까 가왓따 고또와

☐ 아니, 별로.

いや、別に。

이야　　베쯔니

취미에 대해서

□ 취미가 무엇입니까?

しゅみ　なん
趣味は何ですか。

슈미와 난데스까

□ 무슨 취미는 있으신가요?

なに　しゅみ
何か趣味はありますか。

나니까 슈미와 아리마스까

　A : なに　しゅみ
　　何か趣味はありますか。
　　(무슨 취미는 있으신가요?)

　B : つ　　す
　　釣りが好きです。
　　(낚시를 좋아합니다.)

□ 한가할 때는 무엇을 합니까?

ひま　　　　なに
暇なときは何をしていますか。

히마나 도끼와 나니오 시떼 이마스까

　A : ひま　　　　なに
　　暇なときは何をしていますか。
　　(한가할 때는 무엇을 합니까?)

　B : カラオケによく行きます。
　　　　　　　　　　　　　い
　　(노래방에는 자주 갑니다.)

□ 어떤 것에 흥미가 있습니까?

きょうみ　　も
どんなことに興味を持っていますか。

돈나 고또니 쿄-미오 못떼 이마스까

　A : きょうみ　　も
　　どんなことに興味を持っていますか。
　　(어떤 것에 흥미가 있습니까?)

B: コンピューターに興味を持っています。
（컴퓨터에 흥미를 가지고 있습니다.）

☐ 여행을 좋아합니다.

旅行が好きです。

료꼬-가 스끼데스

☐ 매년 해외여행을 갑니다.

毎年のように海外旅行に行くんですよ。

마이넨노 요-니 카이가이료꼬-니 이꾼데스요

☐ 내년에는 일본 여행을 계획하고 있습니다.

来年は日本旅行を計画しています。

라이넹와 니혼 료꼬-오 케-까꾸시떼 이마스

☐ 온천에는 자주 갑니다.

温泉にはよく行きます。

온센니와 요꾸 이끼마스

☐ 온천욕을 하면 정말 피로가 풀립니다.

温泉につかると本当にリラックスします。

온센니 쯔까루또 혼또-니 리락꾸스시마스

☐ 최근에는 정원가꾸기에 빠져있습니다.

最近はガーデニングに凝っています。

사이낑와 가-데닝구니 곳떼 이마스

☐ 가족 채소밭을 가꾸고 있어요.

家庭菜園をつくっているんですよ。

가떼-사이엥오 쯔꿋떼 이룬데스요

☐ 정원가꾸기는 정말 재미있습니다.

ガーデニングは本当に楽しいです。

가-데닝구와 혼또-니 다노시-데스

180

□ 골동품 수집이 취미입니다.
骨董品の収集が趣味です。
곳또-힌노 슈-슈-가 슈미데스

□ 골동품 가게를 구경하는 것을 좋아합니다.
骨董品店を見て回ることが好きです。
곳또-힌뗑오 미떼 마와루 고또가 스끼데스

□ 맛집 탐방을 제일 좋아합니다.
食べ歩きが大好きです。
다베아루끼가 다이스끼데스

□ 요리하는 것을 좋아합니다.
料理が好きです。
료-리가 스끼데스

□ 주말에는 내가 가족을 위해 요리를 합니다.
週末は私が家族のために料理をするんですよ。
슈-마쯔와 와따시가 가조꾸노 다메니 료-리오 스룬데스요

□ 사진에 흥미를 가지고 있습니다.
写真に興味を持っています。
샤신니 쿄-미오 못떼 이마스

□ 이렇다할 취미는 없습니다.
これといった趣味はありません。
고레또 잇다 슈미와 아리마셍

스포츠에 대해서

☐ 어떤 스포츠를 좋아합니까?

どんなスポーツが好きですか。

돈나 스뽀-쯔가 스끼데스까

A : どんなスポーツが好きですか。
(어떤 스포츠를 좋아합니까?)

B : テニスがいちばん好きです。
(테니스를 가장 좋아합니다.)

☐ 골프는 치십니까?

ゴルフはやりますか。

고루후와 야리마스까

A : ゴルフはやりますか。
(골프는 치십니까?)

B : ええ、大好きです。
(예, 아주 좋아합니다.)

☐ 골프는 10년 이상 치고 있습니다.

ゴルフは10年以上やっています。

고루후와 쥬-넹 이죠- 얏떼 이마스

☐ 좀처럼 게임할 시간을 낼 수가 없네요.

なかなかプレーする時間がとれないのですが。

나까나까 뿌레-스루 지깡가 도레나이노데스가

182

□ 한 달에 한 번은 골프를 치고 싶어요.

月に一度はゴルフをしたいですね。

쯔끼니 이찌도와 고루후오 시따이데스네

□ 언제 한번 함께 칩시다.

いつか一緒にプレイしましょう。

이쯔까 잇쇼니 뿌레-시마쇼-

□ 가능한 한 운동을 하려고 마음먹고 있습니다.

できるだけ運動をするように心がけています。

데끼루다께 운도-오 스루요-니 고꼬로가께떼 이마스

□ 운동삼아 매일 산책을 하고 있습니다.

運動のために毎日散歩をしています。

운도-노 다메니 마이니찌 삼뽀오 시떼 이마스

□ 최근에 조깅을 시작했어요.

最近、ジョギングを始めました。

사이낑 죠깅구오 하지메마시따

□ 매일 아침 조깅을 합니다.

毎朝ジョギングをしています。

마이아사 죠깅구오 시떼 이마스

□ 언젠가 마라톤 대회에 참가하고 싶다고 생각합니다.

いつかマラソン大会に出たいと思っているんです。

이쯔까 마라송 다이까이니 데따이또 오못떼 이룬데스

□ 근처 테니스 클럽에 가입했습니다.

近所のテニスクラブに入っています。

긴죠노 테니스쿠라부니 하잇떼 이마스

□ 젊었을 때는 진지하게 테니스를 했습니다.

若_{わか}い頃_{ごろ}は真剣_{しんけん}にテニスをやっていました。

와까이 고로와 싱껜니 테니스오 얏떼 이마시따

□ 꽤 잘 했었어요.

かなり上手_{じょうず}だったんですよ。

가나리 죠-즈닷딴데스요

□ 겨울 스포츠를 아주 좋아해요.

ウィンタースポーツが大好_{だいす}きです。

윈타- 스뽀-쯔가 다이스끼데스

□ 겨울이 되면 매주 스키를 타러 갑니다.

冬_{ふゆ}になると、毎週_{まいしゅう}のようにスキーに行_いくんですよ。

후유니 나루또 마이슈-노 요-니 스끼-니 이꾼데스요

□ 이번 겨울에는 스노보드를 시작할 생각입니다.

今度_{こんど}の冬_{ふゆ}はスノーボードを始_{はじ}めるつもりです。

곤도노 후유와 스노-보-도오 하지메루 쯔모리데스

□ 단체로 하는 스포츠보다 혼자서 하는 스포츠를 좋아합니다.

チームでやるスポーツより、個人_{こじん}でやるスポーツの方_{ほう}が
好_すきです。

치-무데 야루 스뽀-쯔요리 고진데 야루 스뽀-쯔노 호-가 스끼데스

□ 스포츠는 전혀 못합니다.

スポーツはまるでダメなんです。

스뽀-쯔와 마루데 다메난데스

□ 운동신경이 둔합니다.

運動神経_{うんどうしんけい}が鈍_{にぶ}いんです。

운도-싱께-가 니부인데스

스포츠 관전에 대해서

☐ 스포츠 관전을 좋아해요.

スポーツ観戦が好きです。
스뽀-쯔 간센가 스끼데스

☐ 스포츠는 직접 하는 것보다 보는 것을 좋아합니다.

スポーツは自分でやるより観る方が好きです。
스뽀-쯔 지분데 야루 요리 미루 호-가 스끼데스

A : スポーツは好きですか。
(스포츠를 좋아합니까?)

B : スポーツは自分でやるより観る方が好きです。
(스포츠는 직접 하는 것보다 보는 걸 좋아합니다.)

☐ 특히 야구와 축구 보는 것을 좋아합니다.

特に野球とサッカーを観るのが好きです。
도꾸니 야큐-또 삭까-오 미루노가 스끼데스

A : どんなスポーツが好きなのですか。
(어떤 스포츠를 좋아하나요?)

B : 特に野球とサッカーを観るのが好きです。
(특히 야구와 축구 보는 것을 좋아합니다.)

☐ 가끔 경기장으로 시합을 보러 갑니다.

ときどき球場へ試合を観に行きます。
도끼도끼 규-죠-에 시아이오 미니 이끼마스

□ 경기장의 분위기를 무척 좋아합니다.

球場の雰囲気が大好きなんです。
큐-죠-노 훙이끼가 다이스끼난데스

□ 텔레비전의 스포츠 중계는 자주 봅니다.

テレビのスポーツ中継はよく見ます。
테레비노 스뽀-쯔 츄-께-와 요꾸 미마스

□ J리그 축구경기 보는 것을 무척 좋아합니다.

Jリーグの試合を観るのが大好きです。
제이리-구노 시아이오 미루노가 다이스끼데스

A: どんなスポーツを観るのが好きですか。
(무슨 스포츠 관전을 좋아합니까?)
B:Jリーグの試合を観るのが大好きです。
(제이리그 축구 경기 보는 것을 무척 좋아합니다.)

□ 멋진 플레이를 봐서 즐거워요

すばらしいプレーがたくさん見られて楽しいです。
스바라시- 뿌레-가 닥상 미라레떼 다노시-데스

□ 자이언츠의 열렬한 팬입니다.

ジャイアンツの大ファンなんです。
쟈이안쯔노 다이환난데스

□ 어젯밤에 텔레비전에서 축구중계를 보느라 밤샜어.

ゆうべはテレビのサッカー中継を見ていて、夜更かししちゃったよ。
유-베와 테레비노 삭까- 츄-께-오 미떼이떼 요후까시시쨧따요

□ 정말 접전이었어.

とても接戦だったんだよ。
도떼모 셋센닷딴다요

□ 내일은 테니스 경기를 보기위해 빨리 일어나야 해.

明日はテニスの試合を観るために早起きしなくちゃ。

아스와 테니스노 시아이오 미루 다메니 하야오끼시나꾸쨔

□ 테니스의 4대 토너먼트는 놓치지 않아.

テニスの4大トーナメントは見逃さないんだ。

테니스노 욘다이 토-나멘또와 미노가사나인다

□ 스모를 본 적은 있습니까?

相撲を観たことはありますか。

스모-오 미따 고또와 아리마스까

□ 안타깝게도 스모를 실제로 본 적은 없습니다.

残念ながら相撲を実際に観たことはありません。

잔넹나가라 스모-오 짓사이니 미따 고또와 아리마셍

□ 텔레비전에서 스모를 보는 것은 즐겁습니다.

テレビで相撲観戦をすることは楽しいですね。

테레비데 스모-간셍오 스루 고또와 다노시-데스네

□ 기회가 있으면 꼭 가서 보고 싶습니다만.

機会があれば、ぜひ観に行きたいのですが。

기까이가 아레바　　　제히 미니 이끼따이노데스가

□ 실제로 스모를 보면 흥분되겠지요.

実際に相撲を観たら、ワクワクするでしょうね。

짓사이니 스모-오 미따라　　　와꾸와꾸스루데쇼-네

음악과 영화에 대해서

□ 영화 보는 것을 좋아합니다.

映画を観るのが好きです。

에-가오 미루노가 스끼데스

□ 한 달에 두세 편은 봅니다.

月に2~3本は観ます。

쯔끼니 니산봉와 미마스

A : 映画はよく観に行くのですか。

(영화는 자주 보러 가나요?)

B : ええ、月に2~3本は観ます。

(네, 한 달에 두세 편은 봅니다.)

□ 어떤 영화를 좋아하세요?

どんな映画が好きですか。

돈나 에-가가 스끼데스까

□ 액션 영화를 좋아합니다.

アクション映画が好きです。

아꾸숑 에-가가 스끼데스

□ 보는 것은 주로 할리우드 영화군요.

観るのはほとんどがハリウッド映画ですね。

미루노와 호똔도가 하리웃도 에-가데스네

□ 최근에 재미있는 영화를 봤니?

最近、面白い映画を観た?

사이낑 오모시로이 에-가오 미따

A : 最近、面白い映画を観た?
(최근에 재미있는 영화를 봤니?)

B : うん、先週すごく面白いのを観たよ。
(응, 지난주에 아주 재미있는 것을 봤어.)

□ 한동안 영화를 안 봤네.

しばらく映画を観ていないなぁ。
시바라꾸 에-가오 미떼이나이나-

A : しばらく映画を観ていないなぁ。
(한동안 영화를 안 봤네.)

B : 本当? 最後に観たのは何?
(정말? 마지막으로 본 것은 뭐야?)

□ 예전에는 자주 갔었는데 요즘은 시간이 없어서.

以前はよく行ったのだけど、今は時間がなくて。
이젱와 요꾸 잇따노다께도   이마와 지깡가 나꾸떼

□ 최근에는 영화를 DVD로 봐.

最近はもっぱらDVDで映画を観ているよ。
사이낑와 몹빠라 디-브이디-데 에-가오 미떼이루요

□ 음악 듣는 것을 좋아합니다.

音楽を聴くことが好きです。
옹가꾸오 기꾸 고또가 스끼데스

□ 집에 있을 때는 늘 음악을 들어요.

家にいるときは、いつも音楽を聴いています。
이에니 이루 도끼와   이쯔모 옹가꾸오 기이떼 이마스

□ 어릴 적부터 음악을 무척 좋아했습니다.

子供の頃から音楽が大好きなんです。
고도모노 고로까라 옹가꾸가 다이스끼난데스

189

□ 온갖 종류의 음악을 들어요.

あらゆる種類の音楽を聴きます。
아라유루 슈루이노 옹가꾸오 기끼마스

A: どんな音楽が好きなのですか。
(어떤 음악을 좋아합니까?)

B: あらゆる種類の音楽を聴きます。
(온갖 종류의 음악을 들어요.)

□ 클래식을 좋아합니다.

クラシックが好きです。
쿠라식꾸가 스끼데스

□ 재즈를 무척 좋아합니다.

ジャズが大好きなんです。
쟈즈가 다이스끼난데스

□ 가끔 라이브 연주를 들으러 재즈클럽에 갑니다.

ときどき生の演奏を聴きにジャズクラブへ行くんですよ。
도끼도끼 나마노 엔소-오 기끼니 쟈즈쿠라부에 이꾼데스요

□ 당신은 무슨 악기를 연주합니까?

あなたは何か楽器を弾きますか。
아나따와 나니까 각끼오 히끼마스까

□ 피아노를 칩니다.

ピアノを弾きます。
삐아노오 히끼마스

□ 어릴 때 바이올린을 배웠습니다.

子供の頃、バイオリンを習っていました。
고도모노 고로 바이오링오 나랏떼 이마시따

신문과 독서에 대해서

☐ 무슨 신문을 보세요?

新聞は何を読んでいますか。

심붕와 나니오 욘데 이마스까

☐ 일반 신문과 경제 신문을 매일 읽고 있습니다.

一般紙と経済紙を毎日読んでいます。

입빤시또 게-자이시오 마이니찌 욘데 이마스

☐ 스포츠 신문도 가끔 봅니다.

スポーツ新聞もときどき読みますよ。

스뽀-쯔 심붕모 도끼도끼 요미마스요

☐ 특히 자이언츠가 이긴 다음날 아침에는요.

特にジャイアンツが勝った翌朝はね。

도꾸니 쟈이안쯔가 갓따 요꾸아사와네

☐ 신문은 구독하지 않습니다.

新聞はとっていません。

심붕와 돗떼 이마셍

☐ 신문은 매일아침, 역 매점에서 삽니다.

新聞は毎朝、駅の売店で買います。

심붕와 마이아사 에끼노 바이뗑데 가이마스

☐ 경제면은 주의 깊게 봅니다.

経済面はじっくり読みます。

게이자이멘와 직꾸리 요미마스

191

□ 1면만 대충 훑어봅니다.

第一面にざっと目を通すだけです。

다이이찌멘니 잣또 메오 도오스다께데스

□ 스포츠면과 텔레비전 시간표만 봅니다.

スポーツ面とテレビしか読みませんね。

스뽀-쯔멘또 테레비시까 요미마셍네

□ 책은 자주 읽으세요?

本はよく読みますか。

홍와 요꾸 요미마스까

A : 本はよく読みますか。
(책은 자주 읽으세요?)

B : ええ、読書は大好きなんです。
(예, 독서는 무척 좋아합니다.)

□ 주말에는 자주 서점에 갑니다.

週末はよく本屋へ行きます。

슈-마쯔와 요꾸 홍야에 이끼마스

□ 서점에 있으면 금방 몇 시간이 지나가버려요.

本屋にいると、すぐに何時間も過ぎてしまいますよ。

홍야니 이루또　　　스구니 난지깜모 스기떼 시마이마스요

□ 도서관도 이용해요.

図書館も利用します。

도쇼깜모 리요-시마스

□ 읽고 싶은 책을 전부 살 수 없으니까요.

読みたい本を全部買うことはできませんからね。

요미따이 홍오 젬부 가우 고또와 데끼마셍까라네

□ 무슨 책 읽는 걸 좋아하세요?

どんな本を読むのが好きですか。
돈나 홍오 요무노가 스끼데스까

A: どんな本を読むのが好きですか。
(무슨 책 읽는 것을 좋아하세요?)

B: 歴史小説が好きです。
(역사소설을 좋아합니다.)

□ 닥치는 대로 읽어요.

乱読なんです。
란도꾸난데스

□ 좋아하는 작가는 누구세요?

好きな作家は誰ですか。
스끼나 삭까와 다레데스까

□ 바빠서 책을 읽을 시간이 없습니다.

忙しくて本を読んでいる時間がありません。
이소가시꾸떼 홍오 욘데이루 지깡가 아리마셍

□ 업무를 위해 읽어야 할 것이 많이 있습니다.

仕事のために読まなければならないものがたくさんあるん
です。
시고또노 다메니 요마나께레바 나라나이 모노가 닥상 아룬데스

□ 독서는 통근전철 안에서만 합니다.

読書は通勤電車の中でするだけです。
도꾸쇼와 쯔-낑뎅샤노 나까데 스루다께데스

□ 만화책 같은 가벼운 것을 읽을 때가 많습니다.

マンガのような、気楽なものを読むことが多いですね。
망가노 요-나   기라꾸나 모노오 요무 고또가 오-이데스네

193

텔레비전에 대해서

□ 텔레비전은 자주 봅니까?

テレビはよく見ますか。

테레비와 요꾸 미마스까

A: テレビはよく見ますか。
(텔레비전은 자주 봅니까?)

B: そうしないように心がけています。
(그러지 않으려고 마음먹고 있습니다.)

□ 텔레비전은 평균적으로 하루에 2~3시간 봅니다.

テレビは平均で1日2~3時間見ます。

테레비와 헤-낀데 이찌니찌 니 산 지깐 미마스

□ 일본 드라마를 자주 봅니다.

日本のドラマをよく見ます。

니혼노 도라마오 요꾸 미마스

□ 집에 돌아오면 우선 제일 먼저 텔레비전을 켭니다.

家に帰ると、まず最初にテレビをつけます。

우찌니 가에루또   마즈 사이쇼니 테레비오 쯔께마스

□ 실제로 보는 것이 아니라 습관입니다.

実際に見ているわけではないけれど、習慣なんです。

짓사이니 미떼이루 와께데와 나이께레도   슈-깡난데스

□ 어떤 프로를 좋아합니까?

どんな番組が好きですか。

돈나 방구미가 스끼데스까

194

A: どんな番組が好きですか。
(어떤 프로를 좋아합니까?)

B: バラエティー番組が好きです。
(예능 프로를 좋아합니다.)

□ 리모컨은 어디에 뒀지?

리モコンはどこに置いたっけ?
리모꽁와 도꼬니 오이딱께

□ 이 연속극을 매번 반드시 봐.

この連続ドラマは毎回必ず見ているの。
고노 렌조꾸 도라마와 마이까이 가나라즈 미떼이루노

□ 오늘밤엔 외출하니까 녹화해 둬야 해.

今夜は出かけるから、録画しておかなくちゃ。
공야와 데까께루까라   로꾸가시떼 오까나꾸쨔

□ 예약녹화 조작은 정말 복잡해요.

予約録画の操作って、すごく複雑だわ。
요야꾸 로꾸가노 소-삿떼   스고꾸 후꾸자쯔다와

□ 좀처럼 제대로 설정 안 돼요.

絶対にうまく設定できないのよ。
젯따이니 우마꾸 셋떼-데끼나이노요

□ 또 녹화를 못할지 몰라.

また録画を失敗しちゃうかもしれない。
마따 로꾸가오 십빠이시짜우까모 시레나이

□ 오늘밤 음악프로그램을 녹화해 줄래?

今夜、音楽番組を録画しておいてくれる。
공야   옹가꾸 방구미오 로꾸가시떼 오이떼 구레루

195

□ 1채널에서 밤 9시부터야.

1チャンネルで夜9時からだよ。

이찌 짠네루데 요루 구지까라다요

□ 이 프로 정말 재미있고 유익해.

この番組、すごく面白くてためになるんだ。

고노 방구미 스고꾸 오모시로꾸떼 다메니나룬다

□ 텔레비전을 그다지 보지 않아.

テレビはあまり見ないんだ。

테레비와 아마리 미나인다

□ 뉴스 프로만 봐.

ニュース番組を見るだけだよ。

뉴스 방구미오 미루 다께다요

□ 심한 프로그램이 많아서야.

ひどい番組が多いからね。

히도이 방구미가 오-이까라네

□ 이런 프로그램을 계속 보고 있으면 바보가 되고 말거야.

こんな番組をずっと見ていたら、バカになっちゃうよ。

곤나 방구미오 즛또 미떼이따라 바까니 낫쨔우요

□ 이런 프로그램을 보는 건 시간 낭비야.

こんな番組を見るなんて、時間のムダだわ。

곤나 방구미오 미루난떼 지깡노 무타다와

A : この番組、本当にくだらないね。
(이 프로그램 정말 시시하다.)

B : こんな番組を見るなんて、時間のムダだわ。
(이런 프로그램을 보는 건 시간낭비야.)

패션에 대해서

☐ 패션에 관심 있어요.

ファッションに興味を持っています。

홧숀니 코-미오 못떼 이마스

☐ 시간만 있으면 패션잡지를 읽어.

暇さえあればファッション雑誌を読んでいるのよ。

히마사에 아레바 홧숀 잣시오 욘데 이루노요

☐ 나는 옷 입는데 까다로워.

私、着るものにはうるさいの。

와따시 기루 모노니와 우루사이노

　A : そのワンピース、とてもステキね。
　　　(그 원피스 정말 멋지다.)

　B : ありがとう。私、着るものにはうるさいの。
　　　(고마워. 나는 옷 입는 데 까다로워.)

☐ 매일 아침 입을 것을 고르는 데 시간이 걸려요.

毎朝、着るものを選ぶのに時間がかかるのよ。

마이아사 기루 모노오 에라부노니 지깡가 가까루노요

☐ 멋있게 보이고 싶어.

おしゃれに見せたいもの。

오샤레니 미세따이모노

☐ 유명 브랜드 제품에는 흥미가 없어.

ブランド品にはあまり興味がないの。

부란도힝니와 아마리 코-미가 나이노

☐ 너무 비싸서 나는 살 수 없어.

高すぎて私には買えないもの。

다까스기떼 와따시니와 가에나이모노

☐ 심플하고 적당한 가격의 옷을 사는 것이 좋아.

シンプルで手頃な値段の服を買うほうがいいわ。

심뿌루데 데고로나 네단노 후꾸오 가우 호-가 이-와

☐ 올 겨울에는 무슨 색이 유행할까?

今年の冬は何色がはやるの?

고또시노 후유와 나니이로가 하야루노

☐ 빨간색은 안 어울려.

赤は似合わないのよ。

아까와 니아와나이노요

☐ 이 원피스, 내가 생각해도 잘 어울려.

このワンピース、我ながらよく似合うわ。

고노 왐삐-스　　　와레나가라 요꾸 니아우와

☐ 약간 비싸지만 그만한 가치는 있어.

少し高かったけれど、それだけの価値はあるわね。

스꼬시 다까깟따께레도　　　소레다께노 가찌와 아루와네

☐ 이 드레스에 어울리는 핸드백을 사야해.

このドレスに合うハンドバックを買わなくちゃ。

고노 도레스니 아우 한도박꾸오 가와나꾸쨔

☐ 계절이 바뀔 때 뭘 입어야 좋을지 모르겠어.

季節の変わりめは、何を着ていいのかわからないよ。

기세쯔노 가와리메와　　　나니오 기떼 이-노까 와까라나이요

☐ 데이트 할 때마다 똑같은 옷을 입을 수도 없고 말이지.

デートのたびに同じ服っていうわけにはいかないしね。
데-또노 다비니 오나지 후꾸떼 이우 와께니와 이까나이시네

☐ 이 셔츠, 너무 화려할까?

このシャツ、ちょっと派手すぎるかな?
고노 샤쓰　　　　촛또 하데스기루까나

☐ 촌스러워 보이지 않을까?

ダサく見えないかな?
다사꾸 미에나이까나

☐ 맵시 있게 입을 자신이 없어.

着こなしに自信がないんだ。
기꼬나시니 지싱가 나인다

☐ 옷에는 그다지 신경 쓰지 않아.

着るものにはあまり構わないんだ。
기루 모노니와 아마리 가마와나인다

☐ 깨끗하기만 하면 돼.

清潔でさえあればいいよ。
세-께쯔데 사에 아레바 이-요

자동차 운전에 대해서

□ 운전면허증 있습니까?

運転免許は持っていますか。

운뗑멩꾜와 못떼 이마스까

□ 회사는 차로 다니고 있어.

会社へは車で通っているんだ。

가이샤에와 구루마데 가욧떼 이룬다

□ 운전은 잘한다고 생각해.

運転は上手だと思うよ。

운뗑와 죠-즈다또 오모우요

□ 무사고 무위반이야.

無事故無違反だよ。

무지꼬 무이한다요

A : **運転は得意なの?**

(운전은 잘하니?)

B : **不事故不違反だよ。**

(무사고 무위반이야.)

□ 갓 면허를 땄어.

免許を取ったばかりなんだ。

멩꾜오 돗따바까리난다

□ 운전할 때는 아직도 긴장돼.

運転するときは、いまだに緊張するよ。

운뗑스루 도끼와   이마다니 긴쬬-스루요

□ 차 운전은 별로 안 해.

車の運転はあまりしないんだ。

구루마노 운뗑와 아마리 시나인다

□ 교통체증으로 꼼짝도 못하는 게 싫어서야.

渋滞にはまるのがイヤだからね。

쥬-따이니 하마루노가 이야다까라네

□ 새 차를 막 샀어.

新車を買ったばかりなんだ。

신샤오 갓따바까리난다

□ 자동차 관리에 시간이 들여.

車の手入れには時間をかけるんだ。

구루마노 데이레니와 지깡오 가께룬다

□ 차를 바꾸려고 생각중이야.

車の買い替えを考えているんだ。

구루마노 가이까에오 강가에떼 이룬다

□ 소형차를 살 생각이야.

小型車を買うつもりだよ。

고가따샤오 가우 쯔모리다요

A: どんな車を探しているの?
(어떤 차를 찾고 있니?)

B: 小型車を買うつもりだよ。
(소형차를 살 생각이야.)

□ 영업소에서 다양한 차를 보는 것은 즐거워.

ディーラーで色々な車を見るのは楽しいよ。

디-라-데 이로이로나 구루마오 미루노와 다노시-요

☐ 이 근처에서 주차할 장소를 찾는 것은 어려워.

この辺りで駐車する場所を見つけるのは難しいなあ。

고노 아따리데 츄-샤스루 바쇼오 미쯔께루노와 무즈까시-나-

☐ 주차위반으로 딱지를 뗐어.

駐車違反で切符を切られちゃった。

츄-샤이한데 김뿌오 기라레쨧따

☐ 주차위반으로 벌금을 받았어.

駐車違反で罰金を取られたよ。

츄-샤이한데 박낑오 도라레따요

☐ 주차시간 자동표시기 시간이 다됐어.

パーキングメーターが時間切れになっていたんだ。

파-낑구메-따-가 지깡기레니 낫떼 이딴다

☐ 무엇 때문에 이렇게 차가 막힐까?

なんでこんなに渋滞してるんだろう?

난데 곤나니 쥬-따이시떼룬다로-

☐ 전방 30킬로 정체래.

この先30キロ渋滞だって。

고노사끼 산쥬-끼로 쥬-따이닷떼

☐ 오늘 자동차로 외출하는 것이 실수였어.

今日、車で出かけたのが間違いだったんだな。

쿄- 구루마데 다까께따노가 마찌가이닷딴다나

202

강습에 대해서

☐ 뭔가 배우는 것이 있습니까?

何か習い事はしていますか。

나니까 나라이 고또와 시떼 이마스까

☐ 꽃꽂이를 배우고 있어요.

生け花を習っています。

이께바나오 나랏떼 이마스

☐ 일주일에 한 번 강습이 있어요.

週に一度、お稽古があります。

슈-니 이찌도 오케-꼬가 아리마스

☐ 지금까지 몰랐던 것을 배우는 것은 즐겁습니다.

今まで知らなかったことを覚えるのは楽しいです。

이마마데 시라나깟따 고또오 오보에루노와 다노시-데스

A: お稽古は楽しいですか。
(강습은 재미있습니까?)

B: ええ、今まで知らなかったことを覚えるのは楽しいです。
(예, 지금까지 몰랐던 것을 배우는 게 재미있어요.)

☐ 배울 게 많아요.

覚えることがたくさんあります。

오보에루 고또가 닥상 아리마스

☐ 수영교실에 다니기 시작했습니다.

水泳教室に通い始めました。

스이에-쿄-시쯔니 가요이 하지메마시따

□ 더 일찍 시작했어야 했어요.

もっと早く始めるべきでしたよ。

못또 하야꾸 하지메루 베끼데시따요

□ 수영강습을 다니고 있어.

スイミングスクールに通っている。

스이밍구 스꾸-루니 가욧떼 이루

□ 댄스교실에 다니기로 결정했습니다.

ダンス教室に通うことを決めました。

단스 쿄-시쯔니 가요- 고또오 기메마시따

□ 사교댄스를 배우는 것이 오랜 꿈이었습니다.

社交ダンスを習うことが長年の夢だったんです。

샤꼬-단스오 나라우 고또가 나가넨노 유메닷딴데스

연월일에 대해서

□ 생일이 언제니?

お誕生日はいつ?

오딴죠-비와 이쯔

□ 5월 26일입니다.

5月26日です。

고가쯔 니쥬-로꾸니찌데스

□ 딸의 생일은 2000년 3월 3일입니다.

娘の誕生日は2000年3月3日です。

무스메노 탄죠-비와 니센넨 상가쯔 믹까데스

□ 나는 1971년 10월 16에 태어났습니다.

私は1971年10月16日生まれです。

와따시와 센뀨-햐꾸나나쥬-이찌넨 쥬-가쯔 쥬-로꾸니찌 우마레데스

□ 나는 1985년에 대학을 졸업했습니다.

私は1985年に大学を卒業しました。

와따시와 센뀨-햐꾸하찌쥬-고넨니 다이가꾸오 소쯔교-시마시따

□ 다음 회의는 6월 28일 금요일입니다.

次の会合は6月28日、金曜日です。

쯔기노 가이고-와 로꾸가쯔 니쥬-하찌니찌 깅요-비데스

□ 매달 두 번째, 네 번째 수요일에는 수영교실이 있습니다.

毎月第2・第4水曜日には水泳教室があります。

마이쯔끼 다이니 다이용 스이요-비니와 스이에-교-시쯔가 아리마스

□ 이번 일요일에는 하루 종일 집에 있어.

今度の日曜日は、一日中家にいるよ。

곤도노 니찌요-비와   이찌니찌쥬-우찌니 이루요

□ 수요일 오후에 시간 있니?

水曜日の午後、時間ある?

스이요-비노 고고   지깡 아루

□ 토요일 아침에 테니스 칠래?

土曜日の朝、テニスをしない?

도요-비노 아사   테니스오 시나이

□ 6월 상순은 바빠.

6月の上旬は忙しいんだ。

로꾸가쯔노 죠-쥰와 이소가시인다

□ 중순이라면 시간이 있어.

中旬なら時間があるよ。

츄-쥰나라 지깡가 아루요

□ 6월 하순에 서울에 갑니다.

6月の下旬にソウルへ行きます。

로꾸가쯔노 게쥰니 소우루에 이끼마스

□ 오늘은 며칠이지?

今日は何日だっけ?

교-와 난니찌닥께

□ 오늘은 무슨 요일이야?

今日は何曜日?

교-와 낭요-비

UNIT 19 시간에 대해서

□ 지금 몇 시입니까?

今、何時 ですか。
이마   난지데스까

□ 7시입니다.

7時 です。
시찌지데스

□ 정각 10시입니다.

ちょうど10時 です。
쵸-도 쥬-지데스

□ 8시 35분입니다.

8時35分 です。
하찌지 산쥬-고훈데스

□ 10시 5분입니다.

10時5分 です。
쥬-지 고훈데스

□ 3시 15분 전입니다.

3時15分前 です。
산지 쥬-고훈 마에데스

□ 곧 정오입니다.

もうすぐ正午 です。
모- 스구 쇼-고데스

□ 내 시계는 5시 반이야.

僕の時計では5時半だ。

보꾸노 도께-데와 고지한

□ 9시 지났습니다.

9時過ぎです。

구지 스기데스

□ 벌써 6시가 넘었어.

もう6時を過ぎたよ。

모- 로꾸지오 스기따요

A : もう6時を過ぎたよ。
(벌써 6시가 지났어.)

B : あら、家に帰らなくちゃ。
(어머, 집에 가야겠어.)

□ 그 시계는 5분 빨라.

その時計は5分進んでいるよ。

소노 도께-와 고훈 스슨데 이루요

A : その時計は5分進んでいるよ。
(그 시계는 5분 빨라.)

B : そうだね。直しておこう。
(맞아. 고쳐 놓을게.)

□ 그 시계는 2~3분 느려.

その時計は2~3分遅れているよ。

소노 도께-와 니 삼뿡 오꾸레떼 이루요

□ 저 시계는 맞니?

あの時計、合ってる?

아노 도께- 앗떼루

208

□ 몇 시에?

何時に?
난지니

A: 明日のテニスコートを予約したよ。
(내일 테니스코트를 예약했어.)

B: 何時に?
(몇 시에?)

□ 이제 갈 시간입니다.

そろそろ失礼する時間です。
소로소로 시쯔레-스루 지깡데스

□ 시간이 없어요.

時間がないのよ。
지깡가 나이노요

□ 시간이 다 됐어.

時間がなくなってきたよ。
지깡가 나꾸낫떼기따요

□ 이제 시간 됐어.

もう時間だ。
모- 지깐다

A: あと5分待ってくれる?
(앞으로 5분만 기다려 줄래?)

B: ダメだよ。もう時間だ。
(안 돼. 이제 시간 됐어.)

□ 시간이 돈이다.

時は金なり。
도끼와 가네나리

209

날씨에 대해서

□ 거기 날씨는 어때?

そちらの天気はどう?
소찌라노 뎅끼와 도-

A : そちらの天気はどう?
　　(거기 날씨는 어때?)

B : とてもいい天気だよ。
　　(너무 좋은 날씨야.)

□ 날씨가 좋구나.

いい天気だね。
이- 뎅끼다네

□ 너무 좋은 날씨야!

何ていい天気なんだろう!
난떼 이- 뎅끼난다로-

□ 이런 날씨가 계속되면 좋겠군.

この天気が続くといいね。
고노 뎅끼가 쯔즈꾸또 이-네

□ 오후에는 개일 거야.

午後には晴れるよ。
고고니와 하레루요

□ 지독한 날씨다.

ひどい天気だね。
히도이 뎅끼다네

□ 오늘 비가 내릴까?

今日、雨が降るかな?
쿄- 아메가 후루까나

A : 今日、雨が降るかな?
   (오늘 비가 내릴까?)

B : 降るかもね。傘を持っていきなさい。
   (내릴지도 몰라. 우산을 가지고 가.)

□ 일기예보를 보자.

天気予報を見てみよう。
뎅끼요호-오 미떼 미요-

□ 한차례 비가 올 것 같아.

ひと雨きそうだよ。
히또아메 기소-다요

□ 점점 흐려진다.

だんだん曇ってきたね。
당당 구못떼 기따네

□ 갑자기 구름이 끼었어.

急に曇ってきたよ。
규-니 구못떼 기따요

□ 비가 오지 않았으면 좋겠어.

雨にならないといいんだけど。
아메니 나라나이또 이인다께도

□ 금방이라도 비가 쏟아질 것 같아.

いまにも雨が降り出しそうだ。
이마니모 아메가 후리다시소-다

☐ 비가 내리기 시작했어.

雨が降り始めたよ。
아메가 후리 하지메따요

A: 雨が降り始めたよ。
(비가 내리기 시작했어.)

B: しまった! 洗濯物を取り込まなくちゃ。
(안돼! 빨래를 걷어야 하는데.)

☐ 비가 오고 있어.

雨が降っているわ。
아메가 훗떼이루와

☐ 소나기를 만났어.

夕立に遭っちゃったよ。
유-다찌니 앗깟따요

☐ 바람이 세다.

風が強いね。
가제가 쯔요이네

☐ 날씨에 달려 있어.

天気次第だよ。
뎅끼시다이다요

A: 明日、海に行くの?
(내일 바다에 가니?)

B: 天気次第だよ。
(날씨에 달렸어.)

☐ 일기예보가 빗나갔어.

天気予報がはずれたわ。
뎅끼요호-가 하즈레따와

기후에 대해서

□ 따뜻해졌어요.

暖_{あたた}かくなってきたね。

아따따까꾸낫떼 기따네

□ 따뜻하고 좋은 날씨야.

暖_{あたた}かくていい天気_{てんき}だ。

아따따까꾸떼 이- 뎅끼다

□ 이제 곧 봄이야.

もうすぐ春_{はる}だね。

모- 스구 하루다네

□ 오늘은 코트가 필요 없어.

今日_{きょう}はコートはいらないよ。

교-와 코-또와 이라나이요

□ 무척 덥군.

すごく暑_{あつ}いね。

스고꾸 아쯔이네

□ 무더워.

蒸_むし暑_{あつ}いよ。

무시아쯔이요

□ 오늘도 더울 것 같아.

今日_{きょう}も暑_{あつ}くなりそうだ。

교-모 아쯔꾸나리소-다

213

A: 日差しがすごく強いわ。
(햇볕이 너무 강해.)

B: 今日も暑くなりそうだ。
(오늘도 더울 것 같아.)

☐ 더위는 싫어.

暑いのは苦手なの。

아쯔이노와 니가떼나노

☐ 이 더위는 못 견디겠어.

この暑さには耐えられないよ。

고노 아쯔사니와 다에라레나이요

☐ 이 더위, 언제까지 계속될까.

この暑さ、いつまで続くんだろう。

고노 아쯔사　　이쯔마데 쯔즈꾼다로-

☐ 서늘해져서 좋아.

涼しくなってきてうれしいわ。

스즈시꾸 낫떼 기떼 우레시-와

☐ 오늘은 약간 쌀쌀하군.

今日は少し肌寒いね。

쿄-와 스꼬시 하다자무이네

☐ 4월이라는데 너무 추워.

4月だというのに、すごく寒いね。

시가쯔다또이우노니　　스고꾸 사무이네

☐ 얼 정도로 추워.

凍えそうに寒いよ。

고고에소-니 사무이요

□ 올 겨울은 여느 때보다 추워.

今年の冬はいつもより寒いよ。

고또시노 후유와 이쯔모요리 사무이요

□ 그런 차림으로 춥지 않니?

そんな格好で寒くないの?

손나 각꼬-데 사무꾸나이노

□ 기온은 몇 도니?

気温は何度?

기옹와 난도

□ 서울의 겨울은 춥니?

ソウルの冬は寒いの?

소우루노 후유와 사무이노

□ 기온이 영하로 떨어지는 날도 있어.

気温が氷点下になることもあるんだ。

기옹가 효-뗑까니 나루 고또모 아룬다

A : 12月のソウルはどれぐらい寒いの?

(12월의 서울은 어느 정도 춥니?)

B : 気温が氷点下になることもあるんだ。

(기온이 영하로 떨어지는 날도 있어.)

□ 장마가 시작되었습니다.

梅雨に入りました。

쯔유니 하이리마시따

□ 환절기에는 날씨가 변덕스러워.

季節の変わり目は天気が不安定だね。

기세쯔노 가와리메와 뎅끼가 후안떼-다네

좋은 성격에 대해서

□ 그는 어떤 사람이니?

かれ　　　　　　ひと
彼ってどんな人?

가렛떼 돈나 히또

□ 느낌이 좋은 사람이야.

かん　　　　　　ひと
感じがいい人よ。

간지가 이- 히또요

□ 누구에게나 친절해.

だれ　　　　　しんせつ
誰にでも親切なの。

다레니데모 신세쯔나노

□ 성격이 좋아.

せいかく
性格がいいのよ。

세-까꾸가 이-노요

□ 성실한 사람이야.

せいじつ　　ひと
誠実な人よ。

세-지쯔나 히또요

□ 상냥한 녀석이야.

き　　　　　やっ
気さくな奴だよ。

기사꾸나 야쯔다요

□ 예의바른 사람이야.

れいぎただ　　　　ひと
礼儀正しい人よ。

레-기타다시- 히또요

□ 믿을 만해.

頼りになるのよ。
다요리니 나루노요

□ 배려심이 있어.

思いやりがあるのよ。
오모이야리가 아루노요

□ 인기가 많은 사람이야.

人気者だよ。
닝끼모노다요

□ 존경할 만한 사람이야.

尊敬できる人だ。
손께데끼루 히또다

□ 노력하는 사람이야.

努力家だよ。
도료꾸까다요

□ 그녀에 대해 어떻게 생각해?

彼女のこと、どう思う?
가노죠노고또   도- 오모우

□ 매력적이야.

魅力的だよ。
미료꾸떼끼야

□ 붙임성이 좋아.

愛想がいいね。
아이소-가 이-네

217

□ 친절한 사람이야.

優しい人よ。
야사시- 히또요

□ 마음이 따뜻한 사람이야.

心の暖かい人よ。
고꼬로노 아따따가이 히또요

□ 친해지기 쉬운 사람이야.

付き合いやすい人だよ。
쯔끼아이야스이 히또다요

□ 유머센스가 있어.

ユーモアのセンスがあるんだ。
유-모아노 센스가 아룬다

A : 中村先生の講義はいつも楽しいね。
(나카무라 선생님의 강의는 언제나 재미있어.)

B : うん、彼女にはユーモアのセンスがあるんだ。
(응, 그녀에게는 유머센스가 있어.)

□ 머리가 잘 돌아가.

頭が切れるんだ。
아따마가 기레룬다

□ 매우 머리가 좋아.

とても頭がいいのよ。
도떼모 아따마가 이-노요

□ 사고방식이 유연해.

考え方が柔軟だよ。
강가에카따가 쥬-난다요

☐ 그녀는 발이 넓어.

彼女は顔が広いんだ。
가뇨죠와 가오가 히로인다

A : 春子はここにいるみんなを知っているみたいだね。
(하루코는 여기에 있는 모두를 알고 있는 것 같아.)

B : ああ、彼女は顔が広いんだ。
(아, 그녀는 발이 넓어.)

☐ 책임감이 강한 사람이야.

責任感が強い人だよ。
세끼닝깡가 쯔요이 히또다요

☐ 너그러운 사람이야.

おおらかな人よ。
오-라까나 히또요

☐ 삶을 즐기는구나.

生活を楽しんでいるわね。
세-까쯔오 다노신데 이루와네

나쁜 성격에 대해서

□ 그는 심술궂어.

彼って意地悪なのよ。
かれ　いじわる

가렛떼 이지와루나노요

□ 싫은 녀석이야.

嫌な奴なんだ。
いや　やつ

이야나 야쯔난다

□ 지루한 사람이야.

退屈な人よ。
たいくつ　ひと

다이꾸쯔나 히또요

□ 그는 이상한 사람이야.

彼って変な人ね。
かれ　へん　ひと

가렛떼 헨나 히또네

□ 그 녀석 아주 고집이 세.

あいつ、すごく頑固なんだ。
がんこ

아이쯔　　스고꾸 강꼬난다

A : あいつ、すごく頑固なんだ。
がんこ
(그는 아주 고집이 세.)

B : そうよね。きっと融通をきかせるべきだわ。
ゆうづう
(그래. 반드시 융통성이 있어야 해.)

□ 성격이 급해.

短気なのよ。
たんき

당끼나노요

220

□ 우유부단해.

優柔不断だよ。
유-쥬-후단다요

□ 거친 녀석이야.

がさつな奴だよ。
가사쯔나 야쯔다요

□ 무례한 사람이야.

無礼な人よ。
부레-나 히또요

□ 그 녀석은 뻔뻔해.

あいつは図々しい。

□ 상식이 부족해.

常識が欠けているんだ。
죠-시끼가 가께떼 이룬다

A: 佐々木って変な人だと思わない?
(사사키는 이상하다고 생각하지 않니?)

B: 同感だよ。常識が欠けているんだ。
(동감이야. 상식이 부족해.)

□ 저 녀석은 골치 아파.

あいつには頭が痛いよ。
아이쯔니와 아따마가 이따이요

□ 그녀는 버릇없어.

彼女ってわがままなのよ。
가노죳떼 와가마마나노요

□ 자기중심적이야.

自己中心的だよ。
지꼬쮸-신떼끼다요

221

□ 수다쟁이야.

おしゃべりだわ。
오샤베리다와

□ 캐묻기 좋아해.

せんさく好きなんだ。
센사꾸즈끼난다

□ 감정을 금방 얼굴에 드러내.

感情をすぐ顔に出すのよ。
간죠-오 스구 가오니 다스노요

□ 어린애 같아.

子供っぽいわ。
고도몹뽀이와

□ 자의식이 너무 강해.

自意識過剰だよ。
지이시끼가죠-다요

□ 자부심이 강해.

うぬぼれているのよ。
우누보레떼 이루노요

□ 속이 좁아.

心が狭いんだ。
고꼬로가 세마인다

□ 그녀는 인색해.

彼女ってケチだわ。
가노죳떼 게찌다와

222

일상에 관한 회화

일어날 때

□ 일어날 시간이야!

起きる時間よ!

오끼루 지깡요

□ 일어났니?

起きているの?

오끼떼 이루노

A : 起きているの?

(일어났니?)

B : うん、ベッドから出たくないだけだよ。

(응, 침대에서 나가기가 싫을 뿐이야.)

□ 당장 일어나지 않으면 늦어.

すぐに起きないと遅れるよ。

스구니 오끼나이또 오꾸레루요

□ 아직 졸려.

まだ眠いよ。

마다 네무이요

□ 어젯밤에는 몇 시에 잤어?

昨夜は何時に寝たの?

사꾸야와 난지니 네따노

A : 昨夜は何時に寝たの?

(어젯밤에는 몇 시에 잤니?)

B：1時頃だったと思うよ。
(1시쯤이었던 것 같아.)

□ 어젯밤 늦게까지 자지 않고 있었어.

昨夜、遅くまで起きていたんだ。
사꾸야　오소꾸마데 오끼떼 이딴다

□ 밤샜어.

徹夜しちゃったよ。
데쯔야시짯따요

A：目が赤いよ。
(눈이 빨갛다.)

B：うん、徹夜しちゃったよ。
(응, 밤을 샜거든.)

□ 아침에 일찍 못 일어나.

朝は弱いんだ。
아사와 요와인다

□ 이런, 늦잠을 잤네!

うわっ、寝過ごした!
우왓　네스고시따

□ 자명종이 울리지 않았어.

目覚まし時計が鳴らなかったんだ。
메자마시 도께-가 나라나깟딴다

□ 자명종을 끄고 다시 잠이 들었어.

目覚まし時計を止めて、また寝ちゃったよ。
메자마시 도께-오 도메떼　마따 네짯따요

□ 왜 나를 깨우지 않았어?

なぜ起こしてくれなかったの?
나제 오꼬시떼 구레나깟따노

225

□ 일하러 가는데 지각하면 안돼.

仕事に遅刻するわけにはいかないんだ。

시고또니 치꼬꾸스루 와께니와 이까나인다

□ 어젯밤에는 잘 잤어.

昨夜はよく眠れたなぁ。

사꾸야와 요꾸 네무레따나

□ 악몽을 꿨어.

悪い夢をみたんだ。

와루이 유메오 미딴다

□ 어젯밤에 코 골더라.

昨夜、いびきをかいていたよ。

사꾸야　이비끼오 가이떼 이따요

□ 잠을 잘 못 자서 목이 아파.

寝違えて、首が痛い。

네치가에떼　구비가 이따이

□ 아직 잠이 덜 깬 얼굴이지?

まだ寝ぼけた顔してる?

마다 네보께따 가오 시떼루

외출할 때

☐ 세수를 하고 잠을 깨야 해.

顔を洗って目を覚まさなくちゃ。

가오오 아랏떼 메오 사마사나꾸쨔

☐ 이를 닦는 데는 시간을 들여.

歯磨きには時間をかけるんだ。

하미가끼니와 지깡오 가께룬다

☐ 매일 아침 이 사이도 깨끗이 해.

毎朝、歯の間もきれいにするんだよ。

마이아사 하노 아이다모 기레이니 스룬다요

☐ 누군가가 화장실에 있네.

誰かがトイレに入っているな。

다레까가 토이레니 하잇떼이루나

☐ 오늘 아침에는 머리감을 시간이 없어.

今朝はシャンプーする時間がないわ。

게사와 샴뿌-스루 지깡가 나이와

☐ 머리를 빗어야 해.

髪の毛をとかさなくちゃ。

가미노께오 도까사나꾸쨔

☐ 신문을 가져올래?

新聞を取ってきてくれる?

심붕오 돗떼 기떼 구레루

□ 슬슬 이발할 때야.

そろそろ散髪にいかなくちゃ。
소로소로 삼빠쯔니 이까나꾸쨔

□ 커피를 마시면 잠이 깬다.

コーヒーを飲むと目が覚めるんだ。
코-히-오 노무또 메가 사메룬다

□ 이런, 커피가 다 떨어졌네.

しまった、コーヒーを切らしちゃったよ。
시맛따　　코-히-오 기라시쨧따요

□ 대신에 홍차를 끓일게.

代わりに紅茶を入れよう。
가와리니 코-쨔오 이레요-

□ 아침밥은 거르지 않고 먹어.

朝食は欠かさずに食べるんだ。
쵸-쇼꾸와 가까사즈니 다베룬다

□ 오늘 아침에는 밥을 먹고 싶지 않아.

今朝は朝食を食べる気になれないなぁ。
게사와 쵸-쇼꾸오 다베루 기니 나레나이나-

□ 어젯밤에 술을 너무 마셨어.

昨夜、飲みすぎたよ。
사꾸야　　노미스기따요

□ 숙취가 있어.

二日酔いなんだ。
후쯔까요이난다

228

☐ 화장을 해야 해.

お化粧をしなくちゃ。

오케쇼-오 시나꾸쨔

☐ 오늘은 무엇을 입을까?

今日は何を着ようかな?

쿄-와 나니오 기요-까나

☐ 무슨 넥타이를 할까?

どのネクタイにしようかな?

도노 네꾸따이니 시요-까나

☐ 서둘러서 준비해라!

急いで支度をしなさい!

이소이데 시따꾸오 시나사이

☐ 도시락을 잊지 않도록.

お弁当を忘れないようにね。

오벤또-오 와스레나이요-니네

☐ 오늘은 몇 시에 들어올 거야?

今日は何時に帰るの?

쿄-와 난지니 가에루노

A: 今日は何時に帰るの?
　　(오늘은 몇 시에 들어올 거야?)

B: わからないな。電話するよ。
　　(모르겠어. 전화할게.)

☐ 다녀오겠습니다.

行ってきます。

잇떼 기마스

집안일에 대해서

□ 오늘은 쓰레기 수거일이야.

今日はゴミの回収日だわ。

교-와 고미노 카이슈-비다와

□ 쓰레기를 버려주겠니?

ゴミを出してきてくれない?

고미오 다시떼 기떼 구레나이

□ 세탁물은 세탁기에 넣어줘.

洗濯物は洗濯機の中に入れておいてね。

센따꾸모노와 센따꾸끼노 나까니 이레떼 오이떼네

□ 빨래가 쌓여 있어.

洗濯物がたまっちゃったなぁ。

센따꾸모노가 다맛짯따나

□ 오늘은 빨래를 해야 해.

今日は洗濯をしなくちゃ。

교-와 센따구오 시나꾸쨔

□ 빨래를 널어 줄래?

洗濯物を干しておいてくれる?

센따꾸모노오 호시떼 오이떼 구레루

□ 이 셔츠는 건조기에 건조해서는 안돼요.

このシャツは乾燥機で乾かしてはダメだよ。

고노 샤쯔와 간소-끼데 가와까시떼와 다메다요

□ 이것은 쉽게 줄어들어.

これは縮みやすいんだ。

고레와 치지미야스인다

□ 빨래를 건조기에서 꺼내서 개 줘.

洗濯物を乾燥機から出して、たたんでちょうだい。

센따꾸모노오 간소-끼까라 다시떼　　　다딴데 쵸-다이

□ 이 옷은 세탁소에 가져 갈 거야.

この服はクリーニング屋に持っていこう。

고노 후꾸와 쿠리-닝구야니 못떼 이꼬-

□ 양복을 찾아와야 해.

スーツを引き取ってこなくちゃ。

스-쯔오 히끼돗떼 고나꾸쨔

□ 다림질을 해야 할 옷이 많아.

アイロンをかけなければいけない服がたくさんあるわね。

아이롱오 가께나께레바 이께나이 후꾸가 닥상 아루와네

□ 다림질은 시간이 걸려.

アイロンがけって時間がかかるわ。

아이롱가겟떼 지깡까 가까루와

□ 방이 어질러져 있네.

部屋が散らかっているなぁ。

헤야가 치라깟떼 이루나-

□ 방 좀 치워라.

部屋をかたづけなさい。

헤야오 가따즈께나사이

231

□ 청소기로 밀어야 해.

掃除機をかけなくちゃ。

소-지끼오 가께나꾸쨔

□ 청소기로 밀고 있으면 아무것도 안 들려.

掃除機をかけていると、何も聞こえないわ。

소-지끼오 가께떼 이루또　나니모 기꼬에나이와

□ 바닥에 먼지가 많아.

床が埃っぽいな。

유까가 호꼬립뽀이나

□ 걸레질을 하자.

雑巾がけをしよう。

조-낑가께오 시요-

□ 욕실 청소는 중노동이야.

お風呂の掃除は重労働だなぁ。

오 후로노 소-지와 쥬-로-도-다나

□ 좀더 강력한 세제가 필요해.

もっと強力な洗剤が必要だな。

못또 교-료꾸나 센자이가 히쯔요-다나

□ 땀에 흠뻑 젖었어.

汗だくになっちゃったよ。

아세다꾸니 낫쨧따요

□ 청소를 끝내면 아주 상쾌해.

掃除をした後って、すごく気持ちがいいね。

소-지오 시따 아똣떼　스고꾸 기모찌가 이-네

집에 돌아올 때

□ 아이들이 돌아올 때까지 낮잠을 자야지.

子供たちが帰ってくるまで昼寝をしよう。

고도모다찌가 가엣떼구루마데 히루네오 시요-

□ 아이들을 데리러 갈 시간이야.

子供たちを迎えに行く時間だわ。

고도모다찌오 무까에니 이꾸 지깡다와

□ 돌아가는 도중에 쇼핑을 해야 해.

帰る途中で買い物をしなくちゃ。

가에루 도쮸-데 가이모노오 사나꾸쨔

□ 저녁 식사는 무엇을 할까?

夕食は何にしようかな。

유-쇼꾸와 나니니 시요-까나

□ 살 것을 메모해 두는 것이 좋아.

買うものをメモしておいたほうがいいわね。

가우모노오 메모시떼 오이따 호-가 이-와네

□ 광고를 체크하자.

広告をチェックしよう。

고-꼬꾸오 첵꾸시요-

□ 오늘은 무엇을 세일하나?

今日は何が特売なのかしら?

교-와 나니가 도꾸바이나노까시라

233

□ 설탕이 이제 없어.

砂糖がもうないわ。

사또-가 모- 나이와

□ 다녀왔습니다.

ただいま。

다다이마

□ 오늘은 어땠니?

今日はどうだった?

쿄-와 도-닷따

□ 오늘, 학교는 어땠니?

今日、学校はどうだった?

쿄-　　　각꼬-와 도-닷따

□ 간식은 어디 있어요?

おやつはどこ?

오야쯔와 도꼬

A: おやつはどこ?
(간식은 어디 있어요?)

B: 冷蔵庫の中よ。
(냉장고 안에 있다.)

□ 먼저 손 씻어라.

先に手を洗いなさい。

사끼니 데오 아라이나사이

□ 학원 갔다 올게요.

塾に行ってくるね。

쥬꾸니 잇떼 구루네

234

□ 오늘은 축구 연습이 있어.

今日はサッカーの練習があるんだ。
쿄-와 삭까-노 렌슈-가 아룬다

A: 今日はサッカーの練習があるんだ。
(오늘은 축구 연습이 있어.)

B: 暗くなる前に帰ってくるのよ。
(어두워지기 전에 돌아와라.)

□ 좋아, 오늘은 일이 빨리 끝났네.

よし、今日は早く仕事が終わったぞ。
요시   쿄-와 하야꾸 시고또가 오왓따조

□ 곧장 집에 갈까?

まっすぐ家に帰ろうかな。
맛스구 이에니 가에로-까나

□ 오늘은 마시러 안 갈 거야.

今日は飲みには行かないぞ。
쿄-와 노미니와 이까나이조

□ 가끔 빨리 집에 가는 것도 좋은 일이야.

たまには早く家に帰るのもいいものだな。
다마니와 하야꾸 이에니 가에루노모 이- 모노다나

□ 지금은 퇴근 정체 시간이야.

今は夕方のラッシュだな。
이마와 유-가따노 랏슈다나

□ 전철이 매우 붐벼.

電車がすごく混んでいるなぁ。
덴샤가 스고꾸 곤데이루나-

235

저녁을 먹을 때

□ 오늘은 귀가가 빠르네.

今日は帰りが早いのね。

쿄-와 가에리가 하야이노네

□ 저녁 먹을래? 아니면 먼저 목욕할래?

夕食にする? それとも先にお風呂?

유-쇼꾸니 스루   소레또모 사끼니 오후로

□ 외투는 옷걸이에 걸어두어라.

上着はハンガーにかけておいてね。

우와기와 항가-니 가께떼 오이떼네

□ 너무 배고파.

すごくお腹がすいているんだ。

스고꾸 오나까가 스이떼 이룬다

□ 좋은 냄새가 난다.

いいにおいだね。

이- 니오이다네

□ 오늘 저녁식사는 뭐야?

今日の夕食は何?

쿄-노 유-쇼꾸와 나니

□ 네가 제일 좋아하는 거야.

あなたの大好きなものよ。

아나따노 다이스끼나 모노요

□ 저녁식사는 곧 준비될 거야.

夕食はすぐにできるわ。

유-쇼꾸와 스구니 데끼루와

□ 그릇을 차려 줄래?

食器を並べてくれる?

쇽끼오 나라베떼 구레루

□ 저녁 식사가 다 됐어!

夕食ができたわよ!

유-쇼꾸가 데끼따와요

□ 지금 갈게.

いま行くよ。

이마 이꾸요

□ 맛있니?

おいしい?

오이시-

□ 맛이 어때?

味はどう?

아지와 도-

A : 味はどう?
(맛이 어때?)

B : おいしいよ。
(맛있어.)

□ 수프는 조금 소금이 부족해.

スープは少し塩が足りないわね。

스-프와 스꼬시 시오가 다리나이와네

A : スープは少し塩が足りないわね。
(수프는 조금 소금이 부족해.)

B : 僕はこれでいいと思うよ。
(난 그냥 괜찮은데.)

□ 야채는 몸에 좋으니까.

野菜は体にいいんだから。

야사이와 가라다니 이인다까라

□ 음식을 가려서는 안 돼.

食べ物の好き嫌いはいけないよ。

다베모노노 스끼기라이와 이께나이요

□ 남기지 말고 먹어라.

残さずに食べなさい。

노꼬사즈니 다베나사이

□ 수프를 좀더 줄래?

スープをもう少しもらえる?

스-프오 모- 스꼬시 모라에루

□ 다시 데울게.

温め直すわ。

아따따메나오스와

□ 밥 좀 더 먹을래?

ご飯のお代わりは?

고항노 오까와리와

□ 다 먹었니?

もうすんだの?

모- 슨다노

□ 배불러.

お腹がいっぱいだ。

오 나까가 입빠이다

□ 식탁 좀 치워 줄래?

テーブルを片付けてくれる?
테-부루오 가따즈께떼 구레루

□ 식기를 개수대에 가져다 놓아라.

食器を流しに運んでね。
속끼오 나가시니 하꼰데네

□ 설거지는 내가 할게.

皿洗いは僕がするよ。
사라아라이와 보꾸가 스루요

□ 식기세척기를 삽시다.

食器洗濯機を買いましょうよ。
속끼센따꾸끼오 가이마쇼-요

□ 내가 욕조 물을 데울까?

お風呂をわかそうかな。
오후로오 와까소-까나

□ 목욕할 거야.

お風呂に入ろう。
오후로니 하이로-

□ 뜨거운 물로 목욕하면 피로가 풀려.

熱いお風呂に入るとホッとするなぁ。
아쯔이 오후로니 하이루또 홋또스루나-

239

□ 목욕물이 미지근해.

お湯がぬるいな。

오유가 누루이나

□ 목욕 후에 맥주는 최고야.

風呂上がりのビールって最高だなぁ。

후로아가리노 비-룻떼 사이꼬-다나-

□ 텔레비전에서 야구경기를 중계하고 있어.

テレビで野球中継をやっているぞ。

테레비데 야뀨-츄-께-오 얏떼 이루조

□ 무슨 재미있는 프로그램을 하니?

何か面白いテレビをやってる?

나니까 오모시로이 테레비오 얏떼루

□ 이 프로그램, 너무 심하다.

この番組、ひどいなぁ。

고노 방구미 히도이나-

□ 더 이상 못 보겠어.

これ以上見ていられないよ。

고레 이죠- 미떼 이라레나이요

□ 리모컨을 집어줄래?

リモコンを取ってくれる?

리모콩오 돗떼 구레루

□ 채널을 여기저기 돌리지 마라.

やたらにチャンネルを変えないでよ。

야따라니 챤네루오 가에나이데요

□ 이제 텔레비전을 꺼라.

もうテレビを消しなさい。
모- 테레비오 게시나사이

□ 숙제 끝났니?

宿題は終わったの?
슈꾸다이와 오왓따노

A: 宿題は終わったの?
(숙제는 끝났니?)

B: 今日、宿題はでてないよ。
(오늘, 숙제는 없어요.)

□ TV게임은 이제 그만 해라.

テレビゲームはもう終わりにしなさい。
테레비게-무와 모- 오와리니 시나사이

A: テレビゲームはもう終わりにしなさい。
(TV게임은 이제 그만 해라.)

B: このゲームが終わるまでだよ。
(이 게임이 끝날 때까지야.)

□ TV게임은 하루 1시간만이야.

テレビゲームは1日1時間だけよ。
테레비게-무와 이찌니찌 이찌지깡다께요

□ 내일 준비는 다했니?

明日の用意はできているの?
아스노 요-이와 데끼떼이루노

□ 석간은 어디 있나?

夕刊はどこかな?
유-깡와 도꼬까나

241

휴일을 보낼 때

□ 일요일 정도는 푹 자고 싶어.
日曜日ぐらいはゆっくり寝ていたいよ。
니찌요-비구라이와 육꾸리 네떼 이따이요

□ 주중에 계속 바빠서 피곤해.
1週間ずっと忙しかったから疲れたよ。
잇슈-깡 즛또 이소가시깟따까라 쯔까레따요

□ 좀 쉬어야겠어.
少し休まなくちゃ。
스꼬시 야스마나꾸쨔

□ 날씨가 좋군.
いい天気だなぁ。
이- 뎅끼다나

□ 오늘은 어떻게 보낼까?
今日はどうやって過ごそうかな。
쿄-와 도-얏떼 스고소-까나

□ 개를 산책하는데 데리고 가자.
犬を散歩に連れていこう。
이누오 삼뽀니 쯔레떼 이꼬-

□ 서점에 들를까?
本屋に寄ろうかな。
홍야니 요로-까나

□ 서서 책 읽는 것을 아주 좋아해.

立ち読みは大好きなんだ。

다찌요미와 다이스끼난다

□ 매번 뭔가 재미있는 것을 발견해서 말야.

いつだって何か面白いものが見つかるからね。

이쯔닷떼 나니까 오모시로이 모노가 미쯔까루까라네

□ 이 책을 살까 아니면 도서관에서 빌릴까?

この本を買おうかな、それとも図書館で借りようかな。

고노 홍오 가오-까나   소레또모 도쇼깡데 가리요-까나

□ 이 DVD 오늘 중으로 반납해야 해.

このDVD 今日中に返さなくちゃ。

고노 디-브이디-   쿄-쮸-니 가에사나꾸쨔

□ DVD를 빌릴 거야.

DVDを借りようっと。

디-브이디-오 가리요옷또

□ 새로 나온 DVD가 많이 있어.

新作DVDがたくさんあるなぁ。

신사꾸 디-브이디-가 닥상 아루나-

□ 어느 것부터 먼저 빌릴까?

どれから先に借りようかな。

도레까라 사끼니 가리요-까나

□ 이렇게 많은 것 중에 한 개를 고르는 것은 어려워.

こんなにたくさんの中から1本を選ぶのは難しいよ。

곤나니 닥상노 나까까라 입뽕오 에라부노와 무즈까시-요

□ 주말에는 공원에 매우 사람들이 많아.

公園って週末はすごく人が多いんだね。

고-엔ㅅ떼 슈-마쯔와 스고꾸 히또가 오-인다네

□ 캐치볼을 할 장소가 있을까?

キャッチボールをする場所があるかなぁ。

캇찌보-루오 스루 바쇼가 아루까나-

□ 오늘밤은 외식하자.

今夜は外食しよう。

공야와 가이쇼꾸시요-

□ 어딘가 가고 싶은 식당이 있니?

どこか行きたい店はある?

도꼬까 이끼따이 미세와 아루

□ 오늘은 데이트야

今日はデートなんだ。

쿄-와 데-또난다

□ 옷을 차려입고 가자.

おしゃれして行こう。

오샤레시떼 이꼬-

□ 이 셔츠, 바지에 어울리지 않아.

このシャツ、ズボンに合わないなぁ。

고노 샤쯔　　　즈봉니 아와나이나-

□ 괜찮아 보이나?

決まっているかな

기맛떼 이루까나

244

□ 오늘밤에는 빨리 자자.

今夜は早く寝よう。

공야와 하야꾸 네요-

□ 잠자리에 누워서 텔레비전을 보는 것을 좋아해.

ベッドに入ってテレビを見るのが好きなんだ。

벳도니 하잇떼 테레비오 미루노가 스끼난다

□ 아직 안 자니?

まだ起きているの?

마다 오끼떼 이루노

A: まだ起きているの?
(아직 안 자고 있니?)

B: もうすぐ寝るよ。
(이제 곧 잘 거야.)

□ 이렇게 늦게까지 뭐하니?

こんなに遅くまで何をしているの?

곤나니 오소꾸마데 나니오 시떼 이루노

□ 이제 잘 시간이야.

もう寝る時間だよ。

모- 네루 지깡다요

□ 아이들을 재워 줘요.

子供たちを寝かせてちょうだい。

고도모타찌오 네까세떼 쵸-다이

□ 아이들에게 책을 읽어줄 거야.

子供たちに本を読んであげよう。

고도모타찌니 홍오 욘데 아게요-

□ 소파에서 자면 안돼.

ソファーで寝てはダメだよ。

소화-데 네떼와 다메다요

□ 불을 계속 켜 놓았어.

電気がつけっぱなしだよ。

뎅끼가 쯔껩빠나시다요

□ 내일은 일찍 일어나야 해.

明日は早く起きなくちゃいけないんだ。

아스와 하야꾸 오끼나꾸쨔 이께나인다

□ 자명종은 7시에 맞춰 놓았어.

目覚まし時計は7時にセットしたよ。

메자마시 도께-와 시찌지니 셋또 시따요

□ 전등을 꺼 줄래?

電気を消してくれる?

뎅끼오 게시떼 구레루

사고에 관한 회화

권유할 때

☐ 이번 주말에 시간 있니?

今度の週末、ひま?
곤도노 슈-마쯔   히마

☐ 일 끝난 후에 시간 있니?

仕事の後、あいてる?
시고또노 아또   아이떼루

A : 仕事の後、あいてる?
(일 끝난 후에 시간 있니?)

B : うん、あいてるよ。
(응, 비어 있어.)

☐ 내일 무슨 계획 있니?

明日、何か予定ある?
아시따   나니까 요떼- 아루

☐ 내일은 바빠?

明日は忙しい?
아시따와 이소가시-

☐ 점심 먹으러 가자.

昼食を食べに行こうよ。
츄-쇼꾸오 다베니 이꼬-요

☐ 커피는 어때?

コーヒーでもどう?
코-히-데모 도-

□ 같이 저녁 식사하는 거 어때?

夕食を一緒にどう?

유-쇼꾸오 잇쇼니 도-

□ 오늘 밤에 술 한 잔 하러 가자.

今晩、一杯飲みに行こうよ。

곰방　　　입빠이 노미니 이꼬-요

□ 기분 전환하러 맥주라도 마시러 갈래?

気分転換にビールでも飲みに行かない?

기분텡깐니 비-루데모 노미니 이까나이

A: 気分転換にビールでも飲みに行かない?

(기분 전환하러 맥주라도 마시러 갈까?)

B: いいよ。

(좋아.)

□ 같이 갈까요?

一緒に行きませんか。

잇쇼니 이끼마셍까

□ 함께 하는 게 어때?

一緒にどう?

잇쇼니 도-

A: 一緒にどう?

(함께 하는 게 어때?)

B: もちろん。喜んでそうするよ。

(물론. 기꺼이 할게.)

□ 우리 집에 오지 않을래?

家に来ない?

우찌니 고나이

249

☐ 네가 와주면 좋겠어.

君に来てもらいたいんだ。

기미니 기떼 모라이따인다

☐ 조만간 같이 모이자.

そのうち集まろうよ。

소노우찌 아쯔마로-요

☐ 데이트 신청하고 싶은데.

デートに誘いたいのだけど。

데-또니 사소이따이노다께도

☐ 같이 영화 보러 안 갈래?

一緒に映画を観に行かない?

잇쇼니 에-가오 미니 이까나이

☐ 이번 주말에 테니스 치자.

今度の週末、テニスをしようよ。

곤도노 슈-마쯔　　　테니스오 시요-요

☐ 노래방에 가서 재미있게 놀자.

カラオケへ行って楽しくやろうよ。

가라오께에 잇떼 다노시꾸 야로-요

　A: カラオケへ行って楽しくやろうよ。
　　（노래방에 가서 즐겁게 놀자.）

　B: いい考えだね。
　　（좋은 생각이야.）

권유에 응하거나 거절할 때

☐ 예, 기꺼이.

ええ、喜んで。
에- 요로꼰데

A: 家に遊びに来ない?
(우리 집에 놀러 안 올래?)

B: ええ、喜んで。
(그래, 기꺼이.)

☐ 물론이야.

もちろん。
모찌롱

A: 一緒にお昼に行かない?
(함께 점심 먹으러 갈래?)

B: もちろん。
(물론이야.)

☐ 좋지.

いいよ。
이-요

A: 飲みに行こうよ。
(술 마시러 가자.)

B: いいよ。
(좋아.)

☐ 그거 좋지.

それはいいね。
소레와 이-네

251

A: 新しいイタリア料理のレストランに行って見ようよ。
(새로운 이탈리아 요리 레스토랑에 가보자.)

B: うん、それはいいね。
(응, 그거 좋지.)

□ 그러자.

そうしよう。
소-시요-

A: ひと休みしようよ。
(좀 쉬자.)

B: そうしよう。
(그러자.)

□ 나도 끼워줘.

私も入れて。
와따시모 이레떼

A: 土曜日にバーベキューをするのだけど。
(토요일에 바비큐를 할 거야.)

B: 私も入れて。
(나도 끼워줘.)

□ 재미있겠다.

面白そうだね。
오모시로소-다네

□ 모처럼이지만 안 되겠어.

せっかくだけどダメなんだ。
섹까꾸다께도 다메난다

□ 함께 할 수 있으면 좋겠는데.

ご一緒できればいいんだけど。
고잇쇼데끼레바 이인다께도

□ 계획이 있어.

予定があるんだよ。

요떼-가 아룬다요

□ 지금은 좀 바빠.

今、ちょっと忙しいのよ。

이마 춋또 이소가시-노요

□ 지금은 시간이 없어.

今、時間がないんだよ。

이마 지깡가 나인다요

□ 이번에는 빠질게.

今回はやめておくわ。

공까이와 야메떼 오꾸와

□ 다음 기회에 하자.

またの機会にするよ。

마따노 기까이니 스루요

A : 一杯やっていこう。
(한잔 하고 가자.)

B : そうだな。またの機会にするよ。
(글쎄. 다음 기회에 하자.)

□ 지금은 그럴 기분이 아니야.

今はその気になれないんだ。

이마와 소노 기니 나레나인다

□ 물어봐 줘서 고마워.

誘ってくれてありがとう。

사솟떼 구레떼 아리가또-

253

일정을 조정할 때

☐ 언제 만날까?

いつ会おうか。

이쯔 아오우까

☐ 언제라면 비어 있니?

いつならあいてる?

이쯔나라 아이떼루

☐ 언제가 편하니?

都合がいいのはいつ?

쓰고-가 이-노와 이쯔

☐ 오늘 오후는 어때?

今日の午後はどう?

쿄-노 고고와 도-

A : 今日の午後はどう?
　　(오늘 오후는 어때?)

B : 私はそれでいいわよ。
　　(나는 그때도 괜찮아.)

☐ 네 사정에 맞춰 줄게.

君の都合に合わせるよ。

기미노 쓰고-니 아와세루요

A : いつ会おうか。
　　(언제 만날까?)

B : 君の都合に合わせるよ。
(네 사정에 맞출게.)

☐ 언제든 좋아.

いつでもいいよ。
이쯔데모 이-요

A : 君は何時がいい?
(너는 몇 시가 좋니?)

B : いつでもいいよ。
(언제든지 좋아.)

☐ 네가 시간이 있을 때.

あなたの時間があるときに。
아나따노 지깡가 아루 도끼니

☐ 화요일만 빼고는 다 괜찮아.

火曜日以外ならいつでもいいよ。
가요-비 이가이나라 이쯔데모 이-요

A : いつならあいてる?
(언제라면 시간이 있니?)

B : 火曜日以外ならいつでもいいよ。
(화요일만 빼고는 다 괜찮아.)

☐ 다음주에는 바빠.

来週は忙しいんだ。
라이슈-와 이소가시인다

☐ 다음주에는 일정이 빡빡해.

来週は予定がぎっしりなんだよ。
라이슈-와 요떼-가 깃시리난다요

☐ 그날은 안돼.

その日はダメなのよ。
소노 히와 다메나노요

255

A: 金曜日<ruby>きんようび</ruby>に会<ruby>あ</ruby>える?
(금요일에 만날 수 있니?)

B: その日<ruby>ひ</ruby>はダメなのよ。
(그날은 안돼.)

☐ 가능한 빨리 만나고 싶은데.

できるだけ早<ruby>はや</ruby>く会<ruby>あ</ruby>いたいんだけど。

데끼루다께 하야꾸 아이따인다께도

☐ 가능한 이번주 중에 만나고 싶어.

できれば今週中<ruby>こんしゅうちゅう</ruby>に会<ruby>あ</ruby>いたいんだ。

데끼레바 곤슈-쮸-니 아이따인다

☐ 어떻게 시간을 내 줄 수 있어?

なんとか時間<ruby>じかん</ruby>をつくってくれないかな?

난또까 지깡오 쯔꿋데 구레나이까나

A: 明日<ruby>あした</ruby>はずっと忙<ruby>いそが</ruby>しいんだ。
(내일은 계속 바빠.)

B: なんとか時間<ruby>じかん</ruby>をつくってくれないかな?
(어떻게 시간 좀 내줄 수 있어?)

☐ 스케줄을 확인해 볼게.

予定<ruby>よてい</ruby>を確<ruby>たし</ruby>かめてみるわ。

요떼-오 다시까메떼 미루와

☐ 유감스럽게도 지금은 일정표를 안 갖고 있어.

あいにく、今<ruby>いま</ruby>は予定表<ruby>よていひょう</ruby>を持<ruby>も</ruby>っていないんだ。

아이니꾸   이마와 요떼-효-오 못떼 이나인다

☐ 스케줄을 확인해 보고 전화해 줄게.

予定<ruby>よてい</ruby>がわかったら電話<ruby>でんわ</ruby>するよ。

요떼-가 와깟따라 뎅와스루요

256

약속할 때

☐ 약속할게.

約束するよ。
약소꾸스루요

A : 暗くなる前に帰ってくるのよ。
(어두워지기 전에 집에 돌아 와라.)

B : うん、約束するよ。
(응, 약속할게.)

☐ 약속해?

約束する?
약소꾸스루

☐ 약속은 못해.

約束はできないよ。
약소꾸와 데끼나이요

A : 両親を説得してくれる?
(부모님을 설득해 줄래?)

B : できるだけやってみるけれど、約束はできないよ。
(최선은 다하겠지만 약속은 못해.)

☐ 약속은 지킬게.

約束は守るよ。
약소꾸와 마모루요

□ 믿어줘.

信用_{しんよう}してよ。

싱요-시떼요

A : 確_{たし}かに間_まに合_あうの?
(확실히 시간 맞춰서 올 수 있니?)

B : もちろん。信用_{しんよう}してよ。
(물론. 믿어줘.)

□ 약속을 어기는 일 따윈 하지 않을게.

約束_{やくそく}を破_{やぶ}るようなことはしないよ。

약소꾸오 야부루요-나 고또와 시나이요

A : 君_{きみ}の手伝_{てつだ}いをあてにしているからね。
(너의 도움에 의지하고 있어.)

B : わかった。約束_{やくそく}を破_{やぶ}るようなことはしないよ。
(알았어. 약속을 어기는 일 따윈 하지 않을게.)

□ 맹세할 수 있어.

誓_{ちか}ってもいいよ。

치깟떼모 이-요

A : このカメラ、気_きをつけて使_{つか}ってね。
(이 카메라, 조심해서 다뤄라.)

B : 絶対_{ぜったい}に壊_{こわ}さない。誓_{ちか}ってもいいよ。
(절대로 고장 내지 않아. 맹세해.)

□ 그것은 확실해.

それは確_{たし}かだよ。

소레와 다시까다요

□ 100% 틀림없어.

100%間違_{まちが}いないよ。

햐꾸파-센또 마찌가이나이요

□ 약속을 어기고 말았어.

約束を破っちゃった。
약소꾸오 야붓쨧따

A : またタバコを吸っているの?
(또 담배를 피우니?)

B : ごめんね。約束を破っちゃった。
(미안해. 약속 어기고 말았어.)

□ 약속했잖아!

約束したじゃない!
약소꾸시따쟈나이

A : 今度の週末、スキーに行けなくなったんだ。
(이번 주말에 스키 타러 못가.)

B : どうして? 約束したじゃない!
(왜? 약속했잖아!)

□ 약속은 약속이야.

約束は約束よ。
약소꾸와 약소꾸요

A : 飲みたくてたまらないよ。
(술 마시고 싶어 죽겠어.)

B : やめると言ったでしょ。約束は約束よ。
(끊겠다고 말했잖아. 약속은 약속이야.)

□ 아들과 약속했어.

息子に約束したんだ。
(무스꼬니 약소꾸시딴다)

A : 一杯どう?
(한 잔 어때?)

B : まっすぐ帰るよ。息子に約束したんだ。
(곧장 집으로 가야 해. 아들과 약속했거든.)

259

☐ 정말이야.

本当^{ほんとう}だよ。

혼또-다요

A : 誰^{だれ}が私^{わたし}の車^{くるま}を使^{つか}ったのか、本当^{ほんとう}に知^しらないの?

(누가 내 차를 탔는지 정말로 모르니?)

B : 知^しらない。本当^{ほんとう}だよ。

(몰라. 정말이야.)

☐ 틀림없어.

間違^{まちが}いないよ。

마찌가이나이요

☐ 확실하니까 안심해.

確^{たし}かだから安心^{あんしん}して。

다시까다까라 안신시떼

A : それは確^{たし}かなの?

(그것 확실하니?)

B : うん、確^{たし}かだから安心^{あんしん}して。

(응, 확실하니까 안심해.)

약속을 정할 때

□ 어디서 만날까?

どこで会おうか。

도꼬데 아오-까

□ 어디가 가장 편하니?

どこがいちばん便利なの?

도꼬가 이찌방 벤리나노

A : どこがいちばん便利なの?
(어디가 가장 편하니?)

B : 僕は銀座で会えれば都合がいいんだけど。
(나는 긴자에서 만날 수 있으면 괜찮겠는데.)

□ 네 회사 근처에서 만나자.

君の会社の近くで待ち合わせをしよう。

기미노 가이샤노 치까꾸데 마찌아와세오 시요-

□ 7시에 네 회사 앞에서 기다릴게.

7時に君の会社の前で待っているよ。

시찌지니 기미노 가이샤노 마에데 맛떼 이루요

□ 역 정면에 있는 다방에서 만나자.

駅の正面にある喫茶店で待ち合わせをしよう。

에끼노 쇼-멘니 아루 깃싸뗀데 마찌아와세오 시요-

□ 네가 장소를 정해.

あなたが場所を決めてよ。

아나따가 바쇼를 기메떼요

261

A: あなたが場所を決めてよ。
(네가 장소를 정해.)

B: それなら、2階のバーで会おう。
(그렇다면 2층 바에서 만나자.)

☐ 너만 괜찮다면 아무래도 좋아.

君さえよければそれでいいよ。
기미사에 요께레바 소레데 이-요

A: 渋谷で会うのはどう?
(시부야에서 만나는 게 어때?)

B: 君さえよければそれでいいよ。
(너만 괜찮다면 아무래도 좋아.)

☐ 친구를 데리고 가도 돼?

友達を連れて行ってもいい?
도모다찌오 쯔레떼 잇떼모 이-

☐ 레스토랑까지의 약도를 팩스로 보낼게.

レストランまでの地図をファックスで送るわ。
레스토람마데노 치즈오 확꾸스데 오꾸루와

A: あの辺はよく知らないんだ。
(그 근처는 잘 몰라.)

B: レストランまでの地図をファックスで送るわ。
(레스토랑까지 약도를 팩스로 보낼게.)

☐ 큰 건물이니까 금방 알 거야.

大きな建物だから、すぐにわかるよ。
오-끼나 다떼모노다까라   스구니 와까루요

A: ひとりでそこに行けるかしら。
(혼자서 거기를 갈 수 있을지 몰라.)

B: 大きな建物だから、すぐにわかるよ。
(큰 건물이니까 금방 알 거야.)

□ 너를 못 만나면 어떻게 하지?

あなたに会えなかったらどうしよう?

아나따니 아에나깟따라 도-시오-

A : あなたに会えなかったらどうしよう?
(너를 못 만나면 어떻게 하지?)

B : そのときは僕の携帯に電話してよ。
(그 때는 내 휴대폰으로 연락해.)

□ 늦을 때는 네 휴대폰으로 연락할게.

遅れるときは君の携帯に連絡するよ。

오꾸레루 도끼와 기미노 게-따이니 렌라꾸스루요

□ 늦지 마.

遅れないでね。

오꾸레나이데네

A : 遅れないでね。
(늦지 마.)

B : できるだけ努力するよ。
(가능한 노력할게.)

□ 차로 마중나와 줄래?

車で迎えに来てくれる?

구루마데 무까에니 기떼 구레루

□ 좋아, 전부 정해졌어.

よし、全部決まったね。

요시   젬부 기맛따네

□ 그럼, 그때 만나자.

じゃあ、そのときに会おう。

자-   소노 도끼니 아오-

사람과의 관계

☐ 그를 잘 알아?

彼のことはよく知っているの?

가레노 고또와 요꾸 싯떼이루노

☐ 좋은 친구야.

いい友達だよ。

이- 도모다찌다요

☐ 우리들은 사이가 좋아요.

私たち、仲がいいのよ。

와따시다찌 나까가 이-노요

☐ 그녀는 내 친구야.

彼女は私の親友なの。

가노죠와 와따시노 싱유-나노

☐ 고등학교 때부터 친구사이야.

高校のときからの友人なんだ。

고-꼬-노 도끼까라노 유-진난다

A: 彼のことはずっと前から知っているの?

(그와는 훨씬 전부터 알고 있었니?)

B: うん、高校のときからの友人なんだ。

(응, 고등학교 때부터 친구야.)

☐ 그는 언제부터 알고 있었니?

彼のことはいつから知っているの?

가레노 고또와 이쯔까라 싯떼 이루노

A: 彼のことはいつから知っているの?
(그는 언제부터 알고 있었니?)
B: もう10年以上になると思うよ。
(벌써 10년 이상 되는 것 같아.)

□ 고등학교 때 동급생이었어.
高校の同級生なんだよ。
고-꼬-노 도-뀨-세-난다요

A: 中村とはどういう知り合いなの?
(나카무라와는 어떻게 아는 사이야?)
B: 高校の同級生なんだよ。
(고등학교 때 동급생이었어.)

□ 나카무라와는 무척 마음이 잘 맞아.
中村とはすごく気が合うの。
마카무라또와 스고꾸 기가 아우노

□ 우리들 이전에는 지금보다 훨씬 친했어.
私たち、以前は今よりずっと親しくしていたのよ。
와따시다찌 이젱와 이마요리 즛또 시따시꾸 시떼 이따노요

□ 벌써 몇 년이나 안 만났어.
もう何年も会っていないわ。
모- 난넴모 앗떼 이나이와

□ 그녀는 내 어릴 적 친구였어.
彼女は幼馴染みなんだ。
가노죠와 오사나나지미난다

□ 그와는 그다지 친한 건 아니야.
彼とはそれほど親しいわけじゃないんだ。
가레또와 소레호도 시따시- 와께쟈 나인다

□ 그저 알고 지내는 사람이야.

ほんの知り合いだよ。

혼노 시리아이다요

A: 田中はあたなの友達なの?

(다나카는 네 친구니?)

B: そうとは言えないね。ほんの知り合いだよ。

(그렇지는 않아. 그저 알고 지내는 사이야.)

□ 그녀는 사업상 아는 사이야.

彼女は仕事上の知り合いなんだ。

가노죠와 시고또죠-노 시리아이난다

□ 개인적으로는 몰라.

個人的には知らないよ。

고진떼끼니와 시라나이요

□ 미에코는 다케시를 통해서 알게 됐어.

美恵子は武石と通じて知り合ったのよ。

미에꼬와 다께시또 쓰-지떼 시리앗따노요

□ 다나카와 사귀고 있어.

田中と付き合っているんだ。

다나까또 쯔끼앗떼 이룬다

□ 오래 전에 헤어졌어.

ずっと前に別れたのよ。

즛또 마에니 와까레따노요

□ 이시게와 화해했어.

石毛と仲直りしたよ。

이시게또 나까나오리시따요

266

소식을 물을 때

□ 나카무라가 어떻게 지내는지 아니?

中村がどうしているか、知ってる?
<ruby>中村<rt>なかむら</rt></ruby>がどうしているか、<ruby>知<rt>し</rt></ruby>ってる?
나까무라가 도-시떼 이루까　싯떼루

□ 하루코는 어떻게 지내는지?

<ruby>春子<rt>はるこ</rt></ruby>はどうしているのかなぁ。
하루코와 도-시떼 이루노까나

□ 나카무라한테서는 몇 년이나 소식이 없어.

<ruby>中村<rt>なかむら</rt></ruby>からは、<ruby>何年<rt>なんねん</rt></ruby>も<ruby>音沙汰<rt>おとさた</rt></ruby>なしだよ。
나까무라까라와　난넴모 오또사따나시다요

□ 최근에 하루코와 얘기했니?

<ruby>最近<rt>さいきん</rt></ruby>、<ruby>春子<rt>はるこ</rt></ruby>と<ruby>話<rt>はな</rt></ruby>した?
사이낑　하루꼬또 하나시따

A: <ruby>最近<rt>さいきん</rt></ruby>、<ruby>春子<rt>はるこ</rt></ruby>と<ruby>話<rt>はな</rt></ruby>した?
(최근에 하루코와 얘기했니?)

B: ええ、<ruby>何週間<rt>なんしゅうかん</rt></ruby>か<ruby>前<rt>まえ</rt></ruby>に<ruby>電話<rt>でんわ</rt></ruby>をかけてきたよ。
(응, 몇 주 전엔가 전화가 왔어.)

□ 그녀에게는 사귀는 사람이 있다고 들었어.

<ruby>彼女<rt>かのじょ</rt></ruby>には<ruby>付<rt>つ</rt></ruby>き<ruby>合<rt>あ</rt></ruby>っている<ruby>人<rt>ひと</rt></ruby>がいるって<ruby>聞<rt>き</rt></ruby>いたわ。
가노죠니와 쯔끼앗떼 이루 히또가 이룻떼 기이따와

□ 하루코가 이혼한 거 알고 있었어?

<ruby>春子<rt>はるこ</rt></ruby>が<ruby>離婚<rt>りこん</rt></ruby>したって<ruby>知<rt>し</rt></ruby>っていた?
하루꼬가 리꽁시땃떼 싯떼이따

A：春子が離婚したって知っていた?
(하루코가 이혼한 거 알고 있었어?)

B：いや、初耳だね。
(아니, 금시초문인걸.)

□ 단지 소문이야.

ただの噂だよ。
다다노 우와사다요

A：中村が異動になるって本当?
(나카무라가 전임될 거라는 게 사실이야?)

B：いや、ただの噂だよ。
(아니, 단지 소문이야.)

□ 그는 요즘 어떻게 지내니?

彼はこのごろどうしているの?
가레와 고노고로 도-시떼 이루노

□ 그 분은 어떻게 지내시는지 아십니까?

あの方はどうしていらっしゃるか、ご存じですか。
아노카따와 도-시떼 이랏샤루까　　　　　고존지데스까

집으로의 초대

□ 우리 집에 안 올래?

私の家に来ない?

와따시노 우찌니 고나이

□ 들어와서 커피라도 마시고 안 갈래?

あがってコーヒーでも飲んでいかない?

아갓떼 코-히-데모 논데 이까나이

□ 당신을 우리 집에 초대하고 싶은데요.

あなたを家にお招きしたいのですが。

아나따오 우찌니 오마네끼시따이노데스가

□ 우리 집에 식사하러 오겠어요?

私の家に食事に来ませんか。

와따시노 우찌니 쇼꾸지니 기마셍까

□ 나카무라도 올 거야.

中村も来るよ。

나까무라모 구루요

□ 나카무라와 스즈키도 초대했어.

中村と鈴木も誘っているんだ。

나까무라또 스즈끼모 사솟떼 이룬다

□ 가끔은 모두 모이는 것도 즐겁지.

たまにはみんなで集まるのもいいよね。

다마니와 민나데 아쯔마루노모 이-요네

269

□ 우리 집은 메구로 역에서 걸어서 10분 정도 걸려.

家は目黒駅から歩いて10分ぐらいのところなんだ。

우찌와 메구로에끼까라 아루이떼 집뿡구라이노 도꼬로난다

□ 역으로 마중 갈게.

駅まで迎えに行くよ。

에끼마데 무까에니 이꾸요

□ 역에 도착하면 전화해.

駅に着いたら電話してね。

에끼니 쯔이따라 뎅와시떼네

□ 6시 반 쯤 와주겠니?

6時半頃来てくれる?

로꾸지항고로 기떼 구레루

A: 何時に行けばいいかな?
(몇 시에 가면 될까?)

B: 6時半頃来てくれる?
(6시 반 쯤 와주겠니?)

□ 초대해 줘서 고마워.

ご招待ありがとう。

고쇼-따이 아리가또-

□ 기꺼이 갈게.

喜んでうかがうわ。

요로꼰데 우까가우와

A: 私の家に来ない?
(우리 집에 안 올래?)

B: ええ、喜んでうかがうわ。
(응, 기꺼이 갈게.)

□ 물론 갈게.

もちろん行くよ。

모찌롱 이꾸요

□ 나 외에 누가 오니?

私のほかに誰が来るの?

와따시노 호까니 다레가 구루노

□ 뭔가 가져갈까?

何か持っていこうか。

나니까 못떼 이꼬-까

A: 何か持っていこうか。
(뭔가 가져갈까?)

B: ワインを1本持ってきてくれたらうれしいわ。
(와인 한 병 가져오면 좋겠어.)

□ 디저트를 가져갈게.

デザートを持っていくわ。

데자-또오 못떼 이꾸와

□ 빈손으로 와.

手ぶらで来てね。

데부라데 기떼네

A: 何か持っていこうか。
(뭘 가져갈까?)

B: いいのよ。手ぶらで来てね。
(괜찮아. 그냥 와.)

□ 일본 가정요리를 대접할게.

日本の家庭料理をごちそうするよ。

니혼노 가떼-료-리오 고찌소-스루요

집으로의 방문

□ 와줘서 기뻐.

来てくれてうれしいわ。
기떼 구레떼 우레시-와

A : お招きありがとう。
(초대해 줘서 고마워.)

B : 来てくれてうれしいわ。
(와줘서 기뻐.)

□ 이 집은 금방 찾을 수 있었니?

この家はすぐに見つけられた?
고노 이에와 스구니 미쯔께라레따

A : この家はすぐに見つけられた?
(이 집은 금방 찾았니?)

B : ええ、問題なくここまで来られたわ。
(응, 문제없이 여기까지 왔어.)

□ 외투는 여기에 걸어.

上着はここに掛けてね。
우와기와 고꼬니 가께떼네

□ 내 아내 구미코와는 전에 만난 적이 있지?

妻の久美子には前に会っているよね?
쯔마노 구미꼬니와 마에니 앗떼 이루요네

A : 妻の久美子には前に会っているよね?
(내 아내 구미코는 전에 만난 적이 있지?)

B : ええ。久美子さん、また会えてうれしいです。
(예. 구미코 씨, 다시 만나서 기뻐요.)

□ 아들 타로와 딸 하나코야.

息子の太郎と娘の花子だよ。
무스꼬노 타로-또 무스메노 하나꼬다요

□ 이건 선물이야.

これ、おみやげだよ。
고레　오미야게다요

A : これ、おみやげだよ。
(이건 선물이야.)

B : ありがとう。今、開けていいかな?
(고마워. 지금 열어봐도 될까?)

□ 이런 거 갖고 싶었어.

こんなのを欲しいと思っていたのよ。
곤나노오 호시-또 오못떼 이따노요

□ 마음에 든다니 기뻐.

気に入ってもらえてうれしいよ。
기니 잇떼 모라에떼 우레시-요

□ 자 편하게 있어.

どうぞ楽にしてね。
도-조 라꾸니 시떼네

□ 자, 앉아.

どうぞ、座って。
도-조　스왓떼

□ 타쿠야와 이시게도 곧 올 거야.

拓也と石毛もすぐに来るはずだよ。
타꾸야또 이시게모 스구니 구루 하즈다요

☐ 좋은 집이군요.

いいお住_すまいですね。

이- 오스마이데스네

☐ 멋진 방이야.

素敵_{すてき}なお部屋_{へや}ね。

스떼끼나 오헤야네

A : 素敵_{すてき}なお部屋_{へや}ね。
(멋진 방이야.)

B : ほめてくれてありがとう。
(칭찬해 줘서 고마워.)

☐ 가족사진이 많이 있구나.

ご家族_{かぞく}の写真_{しゃしん}がたくさんあるわね。

고가조꾸노 샤싱가 닥상 아루와네

☐ 이 사진은 어디서 찍었니?

この写真_{しゃしん}はどこで撮_とったの?

고노 샤싱와 도꼬데 돗따노

A : この写真_{しゃしん}はどこで撮_とったの?
(이 사진은 어디서 찍었니?)

B : この前_{まえ}の夏_{なつ}、北海道_{ほっかいどう}で撮_とったんだよ。
(지난여름에 훗카이도에서 찍은 거야.)

☐ 사진에 찍힌 이 사람은 누구야?

写真_{しゃしん}に写_{うつ}っているこの人_{ひと}は誰_{だれ}?

샤신니 우쯧떼 이루 고노 히또와 다레

A : 写真_{しゃしん}に写_{うつ}っているこの人_{ひと}は誰_{だれ}?
(사진에 있는 이 사람은 누구야?)

B : 僕_{ぼく}の母_{はは}だよ。
(우리 엄마야.)

방문객을 대접할 때

□ 뭐 좀 마실래요?

何か飲み物はいかが?
나니까 노미모노와 이까가

A: 何か飲み物はいかが?
(뭐 좀 마실래요?)

B: ええ、ビールをもらえますか。
(응, 맥주를 주실 수 있습니까?)

□ 뭐 마실래?

何を飲む?
나니오 노무

A: 何を飲む?
(뭐 마실래?)

B: まず白ワインをいただくよ。
(우선 백포도주를 마실게.)

□ 맥주 한 잔 더 할래?

ビールをもう一杯どう?
비-루와 모- 입빠이 도-

□ 이것은 전형적인 일본 가정요리야.

これは典型的な日本の家庭料理よ。
고레와 뎅께-떼끼나 니혼노 가떼-료-리요

A: これは典型的な日本の家庭料理よ。
(이것은 전형적인 일본 가정요리야.)

B: すばらしいね!
(근사하다.)

275

□ 맛있어 보여.

おいしそうだね。
오이시소-다네

□ 이것을 전부 만들다니 힘드셨겠네요.

これを全部つくるのは大変だったでしょうね。
고레오 젬부 쯔꾸루노와 다이헨닷따데쇼-네

□ 어느 것이나 무척 맛있어.

どれもすごくおいしいわ。
도레모 스고꾸 오이시-와

□ 좀 더 먹을래요?

もう少しいかが?
모- 스꼬시 이까가

　A : もう少しいかが?
　　(좀 더 먹을래요?)

　B : ええ、いただきます。
　　(예, 더 주세요.)

□ 튀김은 이 소스에 찍어서 먹는 거야.

天ぷらはこのつゆにつけて食べるんだよ。
뎀뿌라와 고노 쯔유니 쯔께떼 다베룬다요

□ 취향에 따라 간장에 무 갈은 것을 넣어도 돼.

好みでつゆに大根おろしを入れてもいいんだ。
고노미데 쯔유니 다이꽁오로시오 이레떼모 이인다

□ 이렇게 먹는 거야.

こうやって食べるんだよ。
고- 얏떼 다베룬다요

□ 일본 음식은 좋아하세요?

日本の食べ物は好きですか。
니혼노 다베모노와 스끼데스까

□ 일본 음식으로는 무엇을 가장 좋아해?

日本の食べ物では、何がいちばん好き?
니혼노 다베모노데와　　　나니가 이찌방 스끼

□ 뭐 못 먹는 것은 있니?

何か食べられないものはある?
나니까 다베라레나이 모노와 아루

□ 만드는 방법을 가르쳐 줄게.

作り方を教えてあげるわ。
쯔꾸리가따오 오시에떼 아게루와

A: この料理はどうやって作るの?
(이 요리는 어떻게 만드니?)

B: 作り方を教えてあげるわ。
(만드는 방법을 가르쳐 줄게.)

□ 만드는 법을 적어줄게

作り方を書いてあげよう。
쯔꾸리 가따오 가이떼 아게요-

□ 많이 먹었니?

十分に食べた?
쥬-분니 다베따

A: 十分に食べた?
(많이 먹었니?)

B: うん、お腹いっぱいだよ。
(응, 배불러.)

집에서의 파티

□ 이번 주말에 집에서 파티를 할 거야.

今度の週末、家でパーティーをするんだ。
곤도노 슈-마쯔   우찌데 파-티-오 스룬다

□ 마당에서 바비큐를 할 거야.

庭でバーベキューをやるんだ。
니와데 바-베뀨-오 야룬다

□ 조촐한 모임이야.

ちょっとした集まりだよ。
촛또시따 아쯔마리다요

A: どんなパーティーなの?
(무슨 파티야?)
B: ちょっとした集まりだよ。
(조촐한 모임이야.)

□ 부담없는 모임이야.

気楽な集まりだよ。
기라꾸나 아쯔마리다요

□ 평상복 차림으로 와.

普段着で来てね。
후당기데 기떼네

□ 각자 음식을 조금씩 가져오는 파티야.

持ち寄り制パーティーなの。
모찌요리세- 파-티나노

□ 요리나 음료를 가져와.

料理や飲み物を持ってきてね。
료-리야 노미모노오 못떼기떼네

A: 料理や飲み物を持ってきてね。
(요리나 음료를 가져와.)

B: わかった。僕の得意料理を持っていくよ。
(알았어. 나의 특별 요리를 가져갈게.)

□ 뭔가 특별히 가져왔으면 하는 것은 있니?

何か特に持ってきてほしいものはある?
나니까 도꾸니 못떼 기떼 호시- 모노와 아루

A: 何か特に持ってきてほしいものはある?
(뭔가 특별히 가져왔으면 하는 것은 있니?)

B: できればサラダを持ってきてほしいな。
(가능하다면 샐러드를 가져왔으면 해.)

□ 어이, 들어와.

やあ、入ってよ。
야   하잇떼요

□ 다들 벌써 와 있어.

みんな、もう来ているよ。
민나   모- 기떼이루요

□ 모두 너를 기다리고 있었어.

みんな、君を待っていたんだよ。
민나   기미오 맛떼 이딴다요

A: みんな、君を待っていたんだよ。
(모두 너를 기다리고 있었어.)

B: えっ、僕、遅刻したの?
(어머, 내가 늦은 거야?)

□ 음료는 마음껏 마셔.

飲_のみ物_{もの}は自由_{じゆう}にとってね。

노미모노와 지유-니 돗떼네

□ 음료는 다 있어.

飲_のみ物_{もの}は何_{なん}でもあるよ。

노미모노와 난데모 아루요

□ 알코올이 없는 음료도 있어.

アルコールの入_{はい}っていない飲_のみ物_{もの}もあるわよ。

아루코-루노 하잇떼 이나이 노미모노모 아루와요

A：残念_{ざんねん}だけど私_{わたし}、飲_のめないのよ。
(유감스럽지만 나는 술을 못 마셔.)

B：アルコールの入_{はい}っていない飲_のみ物_{もの}もあるわよ。
(알코올이 없는 음료도 있어.)

□ 여기에 네가 아는 사람은 있니?

ここに君_{きみ}の知_しり合_あいはいる?

고꼬니 기미노 시리아이와 이루

A：ここに君_{きみ}の知_しり合_あいはいる?
(여기에 네가 아는 사람은 있니?)

B：いないんだ。誰_{だれ}か紹介_{しょうかい}してくれる?
(없어. 누군가 소개시켜 줄래?)

□ 대화에 끼워 줄래요?

話_{はなし}に入_いれてもらえますか。

하나시니 이레떼 모라에마스까

□ 제 소개를 할게요. 사사끼 이치로입니다.

自己紹介_{じこしょうかい}させてください。佐々木一郎_{ささきいちろう}です。

지꼬쇼-까이사세떼 구다사이　　사사끼 이찌로-데스

방문을 마치고 돌아갈 때

□ 이만 가봐야겠어.

そろそろ失礼しなくちゃ。

소로소로 시쯔레-시나꾸쨔

□ 이제 그만 갈 시간이야.

そろそろ失礼する時間だ。

소로소로 시쯔레-스루 지깡다

□ 늦은 시간이 되었으니까.

遅くなってきたからね。

오소꾸낫떼 기따까라네

□ 좀더 오래 있으면 좋겠지만.

もっと長くいられたらいいのだけど。

못또 나가꾸 이라레따라 이-노다께도

A: 本当にもう帰るの?

(정말 벌써 가는 거야?)

B: もっと長くいられたらいいのだけど。

(좀더 있고 싶지만 안돼.)

□ 너와 얘기 나눌 수 있어서 즐거웠어.

あなたと話ができて楽しかったわ。

아나따또 하나시가 데끼떼 다노시깟따와

□ 무척 즐거웠어.

とても楽しかったよ。

도떼모 다노시깟따요

281

□ 즐거운 저녁을 보냈어, 고마워.

楽しい夜を過ごせたわ、ありがとう。

다노시- 요루오 스고세따와　　아리가또-

□ 환대해 줘서 고마워.

おもてなしをありがとう。

오모떼나시오 아리가또-

□ 와 줘서 고마워.

来てくれてありがとう。

기떼 구레떼 아리가또-

□ 이번에는 꼭 우리집에 와.

今度はぜひ、家に来てね。

곤도와 제히　　와따시노 우찌니 기떼네

　A : **今度はぜひ、家に来てね。**
　　(이번에는 꼭 우리집에 와.)

　B : **ありがとう、そうさせてもらうわ。**
　　(고마워. 그렇게 할게.)

한국을 방문한 일본인과의 대화

□ 어느 나라에서 오셨습니까?

どこの国からいらしたのですか。
도꼬노 구니까라 이라시따노데스까

A: どこの国からいらしたのですか。
(어느 나라에서 오셨습니까?)

B: 日本です。
(일본입니다.)

□ 한국은 처음이신가요?

韓国は初めてですか。
캉꼬꾸와 하지메떼데스까

A: 韓国は初めてですか。
(한국은 처음이신가요?)

B: いいえ、前にも何度か来たことがあります。
(아니오, 전에도 몇 번인가 온 적이 있습니다.)

□ 한국은 어떻습니까?

韓国はいかがですか。
캉꼬꾸와 이까가데스까

□ 한국의 인상은 어떻습니까?

韓国の印象はどうですか。
캉꼬꾸노 인쇼-와 도-데스까

283

□ 일 때문에 오셨습니까?

お仕事でいらしているのですか。
오시고또데 이라시떼 이루노데스까

A: お仕事でいらしているのですか。
(일 때문에 오셨습니까?)

B: いいえ、遊びでです。
(아니오, 놀러 왔습니다.)

□ 어디에 묵고 계세요?

どこにお泊まりですか。
도꼬니 오또마리데스까

A: どこにお泊まりですか。
(어디에 묵고 계세요?)

B: ABCホテルに泊まっています。
(ABC호텔에 묵고 있습니다.)

□ 한국에는 언제까지 계십니까?

韓国にはいつまでご滞在ですか。
캉꼬꾸니와 이쯔마데 고타이자이데스까

A: 韓国にはいつまでご滞在ですか。
(한국에는 언제까지 계십니까?)

B: 来月までここにいます。
(다음달까지 여기에 있습니다.)

□ 일본 어디에서 오셨어요?

日本のどちらからいらしたのですか。
니혼노 도찌라까라 이라시따노데스까

A: 日本のどちらからいらしたのですか。
(일본 어디에서 오셨어요?)

B: 大阪です。
(오사카에서 왔습니다.)

284

□ 저는 작년에 일본에 갔었어요.

私は去年、日本に行ったんですよ。
와따시와 교넹   니혼니 잇딴데스요

A : 日本から来ました。
(일본에서 왔습니다.)

B : そうですか。私は去年、日本に行ったんですよ。
(그래요? 저는 작년에 일본에 갔었어요.)

□ 일본에는 친구가 있어요.

日本には友人がいます。
니혼니와 유-징가 이마스

□ 한국 생활에는 적응되셨어요?

韓国の暮らしには慣れましたか。
캉꼬꾸노 구라시니와 나레마시따까

A : 韓国の暮らしには慣れましたか。
(한국 생활에는 적응되셨어요?)

B : そうですね。ある程度は。
(글쎄요. 어느 정도는.)

□ 한국에서는 뭘 하실 계획이세요?

韓国ではどんなご予定ですか。
캉꼬꾸데와 돈나 고요떼-데스까

A : 韓国ではどんなご予定ですか。
(한국에서는 뭘 하실 계획이세요?)

B : ブサンとグァンジュへ行きます。
(부산과 광주에 갈 겁니다.)

□ 계시는 동안 즐겁게 보내세요.

楽しいご滞在を。
다노시- 고타이자이오

한국에서의 관광

□ 한국에서는 어디에 가보셨어요?

韓国ではどこに行きましたか。

캉꼬쿠데와 도꼬니 이끼마시따까

A : 韓国ではどこに行きましたか。
(한국에서는 어디에 갔습니까?)

B : ミョンドンへ行きました。
(명동에 갔습니다.)

□ 남산은 올라간 적이 있습니까?

ナムサンは登ったことがありますか。

나무상와 노봇따 고또가 아리마스까

□ 날씨가 좋으면 여기서 인천이 보입니다.

天気が良ければ、ここからインチョンが見えますよ。

뎅끼가 요께레바   고꼬까라 인청가 미에마스요

□ 일본에서는 여러 곳에 가보셨어요?

韓国ではいろいろなところへ行きましたか。

캉꼬꾸데와 이로이로나 도꼬로에 이끼마시따까

A : 韓国ではいろいろなところへ行きましたか。
(한국에서는 여러 곳에 가보셨어요?)

B : いいえ、まだなんです。
(아니오, 아직에요.)

□ 경주에는 가보실 거예요?

ギョンジュへは行くのですか。

공쥬에와 이꾸노데스까

A : ギョンジュへは行くのですか。
(경주에는 가보실 거예요?)

B : ええ、来週行きます。
(예, 다음주에 갑니다.)

□ 경주에는 흥미 있는 장소가 많이 있어요.

ギョンジュには面白い場所がとてもたくさんありますよ。

공쥬니와 오모시로이 바쇼가 도떼모 닥상 아리마스요

□ 옛 사원이나 왕궁을 가보시면 좋을 겁니다.

古いお寺や王宮を訪ねるのはいいものです。

후루이 오떼라야 오규-오 다즈네루노와 이-모노데스

□ 경주는 언제나 관광객으로 붐빕니다.

ギョンジュはいつも観光客でにぎわっています。

공쥬와 이쯔모 강꼬-까꾸데 니기왓떼 이마스

□ 민속촌에 간 적은 있어요?

民俗村へ行ったことはありますか。

민조꾸무라에 잇따 고또와 아리마스까

A : 民俗村へ行ったことはありますか。
(민속촌에 간 적은 있어요?)

B : いいえ、でも行きたいと思っています。
(아니오, 하지만 가고 싶어요.)

□ 온양에는 좋은 온천이 있어요.

オニャンには、いい温泉がありますよ。

오냥니와   이- 온셍가 아리마스요

□ 꼭 보셔야 해요.

必見ですよ。
_{ひっけん}

힉껜데스요

A: 昨夜のミュージカルはどうでしたか。
_{さくや}

(어젯밤 뮤지컬은 어땠어요?)

B: すごくよかったです。必見ですよ。
_{ひっけん}

(정말 훌륭했어요. 꼭 보세요.)

□ 서울에서 전철로 1시간정도 걸립니다.

ソウルから電車で1時間ぐらいです。
_{でんしゃ} _{じかん}

소우루까라 덴샤데 이찌지깡 구라이데스

A: ここからスウォンまで、どれぐらいですか。

(여기서 수원까지 어느 정도 걸립니까?)

B: ソウルから電車で1時間ぐらいです。
_{でんしゃ} _{じかん}

(서울에서 전철로 1시간정도 걸립니다.)

□ 버스투어를 권하고 싶습니다.

バスツアーがお勧めです。
_{すす}

바스쯔아-가 오스스메데스

□ 버스투어로는 많은 명소를 방문할 수가 있어요.

バスツアーでは、たくさんの名所を訪ねることができますよ。
_{めいしょ} _{たず}

바스쯔아-데와 닥상노 메-쇼오 다즈네루 고또가 데끼마스요

288

UNIT 15

관광안내를 할 때

□ 괜찮으시다면 내가 이 주변을 안내할게.

よかったら、僕がこの辺りを案内するよ。

요깟따라　　　　보꾸가 고노 아따리오 안나이스루요

□ 이번 일요일에 관광 안 할래?

今度の日曜日、観光をしない?

곤도노 니찌요-비　　　강꼬-오 시나이

□ 특별히 가보고 싶은 곳은 있니?

特に行ってみたいところはある?

도꾸니 잇떼 미따이 도꼬로와 아루

A : 特に行ってみたいところはある?

(특별히 가보고 싶은 곳은 있니?)

B : 韓国の古い建物を見たいな。

(한국의 오래된 건물을 보고 싶어.)

□ 이 공원은 연못으로 유명해.

この公園は、池で有名なのよ。

고노 고-엥와　　　이께데 유-메-나노요

□ 날씨가 좋을 때는 너무 혼잡해.

天気のいいときは、とても混雑するの。

텡끼노 이- 또끼와　　　도떼모 곤자쓰스루노

□ 여기서 표를 사고 안으로 들어가자.

ここで入場券を買って中に入ろう。

고꼬데 뉴-죠-껭오 갓떼 나까니 하이로-

289

□ 입장료는 천원이야.

入場料は千ウォンだ。

뉴-죠-료-와 셍원다

□ 여기에 사찰의 역사가 적혀 있어.

ここにお寺の歴史が書いてあるよ。

고꼬니 오떼라노 레끼시가 가이떼 아루요

□ 잘됐다, 일본어 설명도 있어.

よかった、日本語の説明もあるよ。

요깟따   니홍고노 세쯔메-모 아루요

□ 여기서는 신발을 벗게 되어 있어.

ここで靴を脱ぐことになっているんだ。

고꼬데 구쯔오 누구 고또니 낫떼 이룬다

□ 절 안에서는 큰 소리로 말해서는 안 돼.

お寺の中では大声で話をしてはいけないんだ。

오떼라노 나까데와 오-고에데 하나시오 시떼와 이께나인다

□ 부적을 사갖고 갈래?

お守りを買っていく?

오마모리오 갓떼 이꾸

□ 사진을 찍어 줄게.

写真を撮ってあげるよ。

샤싱오 돗떼 아게루요

□ 함께 사진 찍자.

一緒に写真を撮ろう。

잇쇼니 샤싱오 도로-

전화에 관한 회화

전화를 걸 때

☐ 여보세요, 저는 마리코입니다.

もしもし、こちらは真利子です。
모시모시　　고찌라와 마리꼬데스

☐ 나, 나카무라야.

僕、中村だよ。
보꾸　나까무라다요

☐ ABC사의 다카기 고이치입니다.

ABC社の高木高一です。
에이비씨샤노 다까기 고이찌데스

☐ 유지 씨입니까?

裕司さんですか。
유-지상데스까

☐ 여보세요, 사이토씨?

もしもし、斎藤さん?
모시모시　　사이또-상

☐ 사이토 아이코 씨 댁입니까?

斎藤愛子さんのお宅ですか。
사이또-아이꼬 산노 오따꾸데스까

☐ 이시게 씨 사무실입니까?

石毛さんのオフィスですか。
이시게상노 오휘스데스까

□ 나카무라 씨를 부탁드리고 싶은데요.

中村さんをお願いしたいのですが。

나까무라상오 오네가이시따이노데스가

□ 나카무라 씨를 부탁합니다.

中村さんをお願いします。

나까무라상오 오네가이시마스

□ 하루코는 있나요?

春子はいますか。

하루꼬와 이마스까

□ 나카무라 씨에게 연결해 주십시오.

中村さんにつないでください。

나카무라산니 쯔나이데 구다사이

□ 다나까 씨와 연락을 취하고 싶은데요.

田中さんと連絡をとりたいのですが。

다나까상또 렌라꾸오 도리따이노데스가

□ 내선 번호 516번을 부탁합니다.

内線516をお願いします。

나이센 고이찌로꾸오 오네가이시마스

□ 수출부에 계신 분과 통화하고 싶습니다.

輸出部の方をお願いします。

유슈쯔부노 가따오 오네가이시마스

□ 지불에 대한 문의는 이 번호로 됩니까?

支払いについての問い合わせは、この番号でよろしいですか。

시하라이니 쯔이떼노 도이아와세와 고노 방고-데 요로시-데스까

293

전화를 받을 때

□ 전화벨이 울린다.

でん わ な
電話が鳴っているわ。

뎅와가 낫떼이루와

□ 내가 받을게.

ぼく で
僕が出るよ。

보꾸가 데루요

□ 너 전화 받아 주겠니?

で
あなた出てくれない?

아나따 데떼 구레나이

□ 나는 지금 받을 수 없어.

わたし いま で
私は今、出られないのよ。

와따시와 이마 데라레나이노요

きみ で
A : 君、出てくれる?
(너 받아 주겠니?)

わたし いま で
B : 私は今、出られないのよ。
(나는 지금 받을 수 없어.)

□ ABC사입니다. 용건을 말씀하십시오.

しゃ ようけん
ABC社です。ご用件をどうぞ。

에이비씨샤데스　　고요-껭오 도-조

□ 네, 접니다.

わたし
はい、私です。

하이　　와따시데스

A: もしもし、裕美子さんはいますか。
(여보세요, 유미코 씨는 있습니까?)

B: はい、私です。
(네, 접니다.)

□ 전화 바꿨습니다, 나카무라입니다.

代わりました、中村です。
가와리마시따   나까무라데스

□ 죄송합니다만, 잘 들리지 않는데요.

すみません、よく聞こえないのですが。
스미마셍   요꾸 기꼬에나이노데스가

□ 누구십니까?

どちらさまですか。
도찌라사마데스까

A: 鈴木さんをお願いします。
(스즈키 씨를 부탁합니다.)

B: どちらさまですか。
(누구십니까?)

□ 이름 철자를 부탁합니다.

お名前のスペルをお願いします。
오나마에노 스페루오 오네가이시마스

□ XYZ사의 나카무라 씨죠?

XYZ社の中村様ですね。
엑스와이지샤노 나까무라 사마데스네

□ 어느 쪽 마에다를 찾으세요?

どちらの前田にご用でしょうか。
도찌라노 마에다니 고요-데쇼-까

295

□ 마에다라는 분이 두 분 계시거든요.

前田という者は二人いるのですが。

마에다또 이우 모노와 후따리 이루노데스가

A: 前田さんをお願いしたいのですが。

(마에다 씨를 부탁합니다.)

B: 前田という者は二人いるのですが。前田神と前田靖史です。

(마에다라는 분이 두 분 계시는데, 마에다 신과 마에다 야스시입니다.)

□ 용건이 뭔지 여쭤봐도 될까요?

ご用件をうかがえますか。

고요-껭오 우가가에마스까

A: 社長をお願いします。

(사장님을 부탁합니다.)

B: ご用件をうかがえますか。

(용건이 뭔지 여쭤봐도 될까요?)

□ 잠시만 기다리십시오.

少々お待ちください。

쇼-쇼- 오마찌구다사이

□ 영업부 아무나 통화를 하고 싶은데요.

営業部のどなたかとお話ししたいんですが。

에-교-부노 도나따까또 오하나시 시따인데스가

□ 편집부로 연결해 주시겠어요?

編集部へつないでいただけませんか。

헨슈-부에 쓰나이데 이따다께마셍까

□ 내선 10번을 부탁합니다.

内線の10番をお願いします。

나이센노 쥬-방오 오네가이시마스

전화를 연결할 때

□ 히로미를 바꿔줄게요.

浩美に代わります。

히로미니 가와리마스

□ 잠깐만 기다려요. 이치로를 불러올게요.

ちょっと待ってね。一郎を呼んでくるから。

춋또 맛떼네　　　　　이찌로-오 욘데쿠루까라

□ 나카무라, 전화 왔어.

中村、君にだよ。

나까무라　기미니다요

　A : 中村、君にだよ。
　　　(나카무라 전화 왔어.)

　B : 誰から?
　　　(누구한테?)

□ 하루미한테 전화 왔어.

春美から電話だよ。

하루미까라 뎅와다요

□ 나중에 다시 전화할게.

後でかけ直すことにする。

아또데 가께나오스고또니 스루

　A : 今、シャワーを浴びているんだ。
　　　(지금 샤워 중인데.)

B：後でかけ直すことにする。
(나중에 다시 전화할게.)

□ XYZ사의 사이토 씨께서 전화하셨습니다.

XYZ社の斎藤さんからお電話です。
엑스와이지샤노 사이또-상까라 오뎅와데스

□ 1번에 전화가 와있습니다.

1番に電話が入っています。
이찌반니 뎅와가 하잇떼 이마스

□ 나카무라 씨가 2번으로 전화하셨습니다.

中村さんから2番にお電話です。
나까무라 상까라 니반니 오뎅와데스

□ 연결해 드리겠습니다.

おつなぎします。
오쯔나기시마스

□ 내선 458로 연결해 드리겠습니다.

内線458におつなぎします。
나이센 욘고하찌니 오쯔나기시마스

□ 사사키 씨께 연결해 드릴게요.

佐々木におつなぎします。
사사끼니 오쯔나기시마스

□ 담당자 분과 연결해 드리겠습니다.

担当の者におつなぎします。
단또-노 모노니 오쯔나기시마스

A：御社からの請求書についてうかがいたいのですが。
(귀사의 청구서에 대해 문의 드리고 싶은데요.)

B：担当の者におつなぎします。
(담당자 분과 연결해 드리겠습니다.)

□ 전화를 돌려 드릴게요.
電話をお回しします。
뎅와오 오마와시시마스

□ 고객 담당자에게 전화를 돌려 드리겠습니다.
お客様係に電話をお回しします。
오캬꾸사마가까리니 뎅와오 오마와시시마스

□ 영업부는 번호가 다릅니다.
営業部は番号が別になっています。
에이교-부와 방고-가 베쯔니 낫떼 이마스

A : 営業部につないでください。
(영업부와 연결해 주세요.)
B : 営業部は番号が別になっています。
(영업부는 번호가 다릅니다.)

□ 그 문제에 대해서는 경리부와 통화하세요.
その件については、経理部におかけください。
소노 껜니 쯔이떼와　　　게-리부니 오까께구다사이

A : 御社の銀行口座をうかがいたいのですが。
(귀사의 은행 계좌번호를 알고 싶은데요.)
B : その件については、経理部におかけください。
(그 문제에 대해서는 경리부로 전화하세요.)

□ 번호를 알려드릴게요.
番号を申し上げます。
방고-오 모-시아게마스

□ 일단 전화를 끊고, 그 번호로 다시 전화해 보세요.
一度電話を切って、その番号におかけ直しください。
이찌도 뎅와오 깃떼　　　소노 방고-니 오까께나오시구다사이

299

전화를 받을 수 없을 때

□ 그녀는 지금 집에 없는데요.

彼女は今、留守なんですが。
かのじょ いま る す

가노죠와 이마　루스난데스가

A : 洋子さんをお願いします。
ようこ　　　　　ねが
(요코 씨를 부탁합니다.)

B : 彼女は今、留守なんですが。
かのじょ いま る す
(그녀는 지금 집에 없는데요.)

□ 언제쯤 돌아오나요?

いつ頃戻られますか。
ごろもど

이쯔고로 모도라레마스까

□ 이제 곧 돌아올 거예요.

もうすぐ戻るはずです。
もど

모- 스구 모도루 하즈데스

□ 전화 드리라고 할까요?

折り返し電話をさせましょうか。
お かえ でんわ

오리까에시 뎅와오 사세마쇼-까

□ 돌아오는 대로 전화하라고 할게요.

帰り次第、電話をさせます。
かえ しだい でんわ

가에리 시다이　뎅와오 사세마스

□ 지금 다른 전화를 받고 있습니다.

ただいま、別の電話に出ております。
べつ でんわ で

다다이마　　베쯔노 뎅와니 데떼오리마스

A: 三浦さんをお願いします。
(미우라 씨를 부탁합니다.)

B: すみません。ただいま、別の電話に出ております。
(죄송합니다. 지금 다른 전화를 받고 있습니다.)

□ 죄송합니다만, 지금 통화 중입니다.

すみませんが、ただいま話し中です。
스미마셍가   다다이마 하나시쮸-데스

□ 이대로 기다리시겠습니까?

このままお待ちになりますか。
고노마마 오마찌니 나리마스까

A: このままお待ちになりますか。
(이대로 기다리시겠습니까?)

B: わかりました。待つことにします。
(알겠습니다. 기다리겠습니다.)

□ 죄송합니다만, 지금 너무 바쁘신 것 같은데요.

すみません、ただいま手が離せないようなのですが。
스미마셍   다다이마 데가 하나세나이요-나노데스가

□ 지금 자리에 안 계십니다.

ただいま席をはずしております。
다다이마 세끼오 하즈시떼 오리마스

□ 사내에는 있는데, 자리에 없습니다.

社内にいるのですが、席を離れています。
샤나이니 이루노데스가   세끼오 하나레떼 이마스

□ 지금 외출 중입니다.

ただいま外出しております。
다다이마 가이슈쯔시떼 오리마스

☐ 지금 회의 중입니다.

ただいま会議中です。

다다이마 카이기쮸-데스

☐ 점심 식사하러 나가셨는데요.

昼食に出ておりますが。

츄-쇼꾸니 데떼 오리마스가

☐ 1시간 정도 후에 돌아오실 겁니다.

1時間ほどで戻るはずです。

이찌지깡 호도데 모도루 하즈데스

A : 午後には戻るはずです。

(오후에는 돌아올 겁니다.)

B : 3時頃には戻るはずです。

(3시경에는 돌아올 겁니다.)

☐ 이번 주는 출장 중이십니다.

今週は出張に出ています。

곤슈-와 슛쬬-니 데떼이마스

☐ 죄송하지만 아직 출근하지 않았습니다.

すみませんが、まだ出社しておりません。

스미마셍가　　마다 슛샤시떼 오리마셍

☐ 오늘은 이미 귀가하셨습니다.

今日はもう帰宅しました。

쿄-와 모- 기따꾸 시마시따

☐ 휴가 중입니다.

休暇中です。

규-까쮸-데스

302

메시지를 남기거나 받을 때

☐ 메모 전해드릴까요?

何か伝言はありますか。

나니까 뎅공와 아리마스까

☐ 나중에 다시 걸겠습니다.

あとでまたかけます。

아또데 마따 가께마스

☐ 메모를 부탁해도 될까요?

伝言をお願いできますか。

뎅공오 오네가이 데끼마스까

A : 伝言をお願いできますか。
(메모를 부탁해도 될까요?)

B : ええ、どうぞ。
(예, 그러세요.)

☐ 나카무라라고 하는데요, 전화 왔었다고 전해주세요.

中村と申しますが、電話があったことをお伝えください。

나까무라또 모-시마스가   뎅와가 앗따 고또오 오쯔따에구다사이

☐ 전해 드리겠습니다.

伝えておきます。

쯔따에떼 오끼마스

☐ 전화가 왔었다고 전해 드릴게요.

電話があったことを伝えておきます。

뎅와가 앗따 고또오 쯔따에떼 오끼마스

303

□ 전화를 해달라고 전해 주세요.

電話をくださるようお伝えください。

뎅와오 구다사루 요- 오쯔따에 구다사이

□ 전화번호를 알려 주시겠어요?

あなたの電話番号を教えていただけますか。

아나따노 뎅와방고-오 오시에떼 이따다께마스까

□ 싱고는 당신 전화번호를 알고 있습니까?

慎吾はあなたの電話番号を知っていますか。

싱고와 아나따노 뎅와방고-오 싯떼 이마스까

□ 당신 연락처는 어디입니까?

あなたの連絡先はどこですか。

아나따노 렌라꾸사끼와 도꼬데스까

□ 만약을 위해 제 전화번호를 남겨 놓겠습니다.

念のため、私の電話番号を言っておきます。

넨노다메　　와따시노 뎅와방고-오 잇떼 오끼마스

□ 제 전화번호는 889-0011입니다.

私の電話番号は889-0011です。

와따시노 뎅와방고-와 하찌하찌큐-노 제로제로이찌이찌데스

□ 다시 불러 보겠습니다. 889-0011지요?

繰り返します。889-0011ですね。

구리까에시마스 하찌하찌큐-노 제로제로이찌이찌데스네

□ 밤늦게 전화해도 괜찮습니다.

電話は遅くなっても構いません。

뎅와와 오소꾸낫떼모 가마이마셍

A: 今夜は帰りが遅くなるかもしれません。

(오늘밤은 귀가가 늦어질지도 모릅니다.)

B: 電話は遅くなっても構いません。
(밤늦게 전화해도 괜찮습니다.)

□ 제 휴대폰으로 전화해 달라고 전해주세요.
私の携帯に電話をくださるようお伝えください。
와따시노 게-따이니 뎅와오 구다사루 요- 오쯔따에구다사이

□ 외출 중에 전화가 왔었다고 해서.
留守中にお電話をいただきましたので。
루스쮸-니 오뎅와오 이따다끼마시따노데

A: すみません。亜由美はただいま外出中です。
(죄송합니다. 아유미는 지금 외출중입니다.)

B: 留守中にお電話をいただきましたので。またあとでかけ
ます。
(제가 외출 중에 전화가 왔었다고 해서요. 나중에 다시 전화하겠습
니다.)

□ 그녀에게 지금 당장 연락해야 하는데요.
彼女に至急、連絡をとりたいのですが。
가노죠니 시뀨- 렌라꾸오 도리따이노데스가

□ 어떻게 연락할 방법은 없습니까?
何とか連絡する方法はありませんか。
난또까 렌라꾸스루 호-호-와 아리마셍까

메시지를 전할 때

□ 전화 있었니?

電話はあった?

뎅와와 앗따

□ 나카무라가 전화했었어.

中村から電話があったよ。

나까무라까라 뎅와가 앗따요

□ 외출한 사이에 하루코가 전화했었어.

留守の間に、春子から電話があったわよ。

루스노 아이다니   하루코까라 뎅와가 앗따와요

□ 그녀가 뭐라고 말했니?

彼女、何か言ってた?

가노죠   나니까 잇떼따

□ 또 전화한다고 말했어.

また電話するって言ってたよ。

마따 뎅와스룻떼 잇떼따요

□ 전화해달라고 했어.

電話がほしいって言ってたよ。

뎅와가 호시잇떼 잇떼따요

□ 메시지를 남겼어요.

伝言があったわよ。

뎅공가 앗따와요

□ 그가 오늘 너와 통화하고 싶대.

彼、今日中にあなたと話がしたいそうよ。
가레 쿄-쮸-니 아나따또 하나시가 시따이소-요

A: 彼、今日中にあなたと話がしたいそうよ。
(그가 오늘 너와 통화하고 싶대.)

B: わかった、今すぐ電話するよ。
(알았어. 지금 바로 전화할게.)

□ 자동 응답기가 깜박이고 있어.

留守番電話が点滅しているぞ。
루스방 뎅와가 뎀메쯔시떼 이루조

□ 그런데 메시지가 없네.

でも、メッセージは残っていないな。
데모   멧세-지와 노꼿떼 이나이나

□ 누가 전화한 거지.

誰が電話してきたんだろう。
다레가 뎅와시떼 기딴다로-

□ 회의 중에 전화 왔습니까?

会議中に電話はありましたか。
가이기쮸-니 뎅와와 아리마시따까

□ 나카무라 씨의 전화를 기다리고 있는데.

中村さんからの電話を待っているんだけど。
나까무라상까라노 뎅와오 맛떼이룬다께도

□ 전화는 몇 건 있었습니다.

電話は何件かありました。
뎅와와 난껭까 아리마시따

307

□ 책상 위에 메모를 남겨 두었습니다.

机の上にメモを置いておきました。

쯔꾸에노 우에니 메모오 오이떼 오끼마시따

□ 급한 용무라고 하셨습니다.

緊急の用件だそうです。

깅뀨-노 요-껭다 소-데스

□ 그의 비서에게 연락해 달라고 했습니다.

彼の秘書に連絡してほしいとのことです。

가레노 히쇼니 렌라꾸시떼 호시- 또노고또데스

A: どうすれば彼と連絡がとれるのかな?
(어떻게 하면 그와 연락할 수 있나?)

B: 彼の秘書に連絡してほしい、とのことです。
(그의 비서에게 연락해 달라고 했습니다.)

□ 내일 면담 약속을 확인하기 위해 전화했습니다.

明日の面会の約束を確認するための電話でした。

아시따노 멩까이노 약소꾸오 가꾸닝스루 다메노 뎅와데시따

□ 휴대폰으로 연락해 달라고 했습니다.

携帯に連絡してほしいとのことです。

게-따이니 렌라꾸시떼 호시- 또노고또데스

□ 번호는 이것입니다.

番号はこちらです。

방고-와 고찌라데스

A: 彼の携帯の番号は知らないんだ。
(그의 휴대 전화 번호는 모르는데.)

B: 番号はこちらです。
(번호는 이것입니다.)

□ 지금 얘기해도 괜찮니?

今、話してもいい?

이마 하나시떼모 이-

□ 방해가 되지 않으면 좋겠어.

お邪魔にならないといいのだけど。

오쟈마니 나라나이또 이-노다께도

　A : お邪魔にならないといいのだけど。
　　　(방해가 되지 않으면 좋겠어.)

　B : いや、構わないよ。
　　　(아니, 괜찮아.)

□ 일하는데 방해해서 미안해.

お仕事中、お邪魔してごめんなさい。

오시고또쮸- 　　 오쟈마시떼 고멘나사이

□ 이렇게 아침 일찍 전화해서 미안해.

こんなに朝早く電話してごめんなさい。

곤나니 아사 하야꾸 뎅와시떼 고멘나사이

□ 잠을 깨운 거니?

起こしてしまったかな?

오꼬시떼 시맛따까나

　A : 起こしてしまったかな?
　　　(잠을 깨운 거니?)

　B : いや、起きていたよ。
　　　(아니, 일어나 있었어.)

309

☐ 얘기해 본지 오래간만이다.

話をするのは久しぶりだね。
하나시오 스루노와 히사시부리다네

A : 話をするのは久しぶりだね。
(얘기해 본지 오래간만이다.)

B : そうだね。元気だった?
(그래. 잘 지냈니?)

☐ 어제 다시 전화하지 못해서 미안해.

昨日、電話をかけ直さなくてごめんね。
기노-   뎅와오 가께나오사나꾸떼 고멘네

☐ 자동 응답기에 남겨진 것 들었어.

留守番電話を聞いたよ。
루스방 뎅와오 기-따요

☐ 메시지를 받았어.

メッセージを受け取ったよ。
멧세-지오 우께톳따요

☐ 미안하지만 지금 무척 바빠.

悪いけど、今、手が離せないの。
와루이께도   이마   데가 하나세나이노

☐ 30분 정도 후에 다시 전화해도 될까?

30分ぐらい後でかけ直していいかしら?
산집뿡구라이 아또데 가께나오시떼 이-까시라

A : 30分ぐらい後でかけ直していいかしら?
(30분 정도 후에 다시 전화해도 될까?)

B : わかった。電話を待ってるよ。
(알았어. 전화 기다릴게.)

□ 어디서 전화하는 거야?

どこからかけているの?
도꼬까라 가께떼 이루노

□ 전화를 기다리고 있었어.

電話を待っていたんだよ。
뎅와오 맛떼 이딴다요

□ 다음주 파티 일로 전화했는데.

来週のパーティーの件で電話しているんだけど。
라이슈-노 파-띠-노 껜데 뎅와시떼 이룬다께도

□ 잠깐 기다려. 누가 왔어.

ちょっと待って。誰か来たわ。
춋또 맛떼　　　　　다레까 기따와

□ 이제 그만 통화해야겠어.

そろそろ失礼しなくては。
소로소로 시쯔레-시나꾸떼와

□ 통화하게 되서 좋았어요.

お話しできてよかったです。
오하니시데끼떼 요깟따데스

□ 전화해 주셔서 고맙습니다.

お電話ありがとうございました。
오뎅와 아리가또- 고자이마시따

□ 전화를 다시 주셔서 고맙습니다.

電話をかけ直していただき、ありがとうございました。
뎅와오 가께나오시떼 이따다끼　　　　　아리가또- 고자이마시따

전화 트러블

□ 전화 잘못 거셨어요.

番号をお間違えですよ。

방고-오 오마찌가에데스요

□ 몇 번으로 전화하셨어요?

何番におかけですか。

남방니 오까께데스까

□ 그런 이름을 가진 사람은 없는데요.

そのような名前の者はおりませんが。

소노요-나 나마에노 모노와 오리마셍가

A: 荒井さんをお願いします。

(아라이 씨를 부탁합니다.)

B: そのような名前の者はおりませんが。

(그런 이름을 가진 사람은 없는데요.)

□ 이 회사에는 나까이라는 사람은 없습니다.

当社には中井という者はおりません。

도-샤니와 나까이또 이우 모노와 오리마셍

□ 죄송합니다, 잘못 걸었습니다.

すみません、間違えました。

스미마셍   마찌가에마시따

□ 전화 감이 멀어.

電話が遠いね。

뎅와가 도-이네

☐ 잡음이 들려.

雑音が入るんだ。
자쓰옹가 하이룬다

A : 私の声、聞こえる?
(내 목소리 들리니?)

B : あまりよく聞こえないよ。雑音が入るんだ。
(잘 들리지 않아. 잡음이 들려.)

☐ 연결이 안 좋은 것 같아.

接続がよくないみたいだね。
세쯔조꾸가 요꾸나이 미따이다네

☐ 실례했습니다. 전화가 끊어져 버렸습니다.

失礼しました。電話が切れてしまいました。
시쯔레-시마시따   뎅와가 기레떼 시마이마시따

☐ 일본어를 할 줄 아는 분으로 바꾸겠습니다.

日本語が話せる者に代わります。
니홍고가 하나세루 모노니 가와리마스

☐ 좀 전화가 먼데요.

ちょっと電話が遠いのですが。
촛또 뎅와가 도오이노데스가

☐ 아, 다른 전화가 걸려왔습니다.

あっ、ほかの電話が入ってしまいました。
앗   호까노 뎅와가 하잇떼 시마이마시다

☐ 이제 카드가 다 되어 끊어지겠습니다.

もうカードがないんで切れちゃいます。
모- 카-도가 나인데 기레쨔이마스

313

휴대폰

□ 휴대폰으로 전화하는 겁니까?

携帯からですか。
게-따이까라데스까

□ 앗, 이제 지하로 들어가 버리네.

あっ、これから地下に入っちゃうわ。
앗　　　고레까라 치까니 하잇짜우와

□ 여보세요. 들립니까?

もしもし。聞こえますか。
모시모시　　　기꼬에마스까

□ 휴대폰 감이 안 좋아서 못 알아듣겠는데요.

携帯の電波がよくないので、聞きとれないんですが。
케-따이노 뎀빠가 요꾸 나이노데　　　기끼토레나인데스가

□ 여보세요. 지금 어디?

もしもし。今どこ?
모시모시　　　이마 도꼬

□ 내 휴대폰 번호가 바뀌었어.

私の携帯の番号が変わったの。
와따시노 케-따이노 방고-가 가왓따노

□ 용건은 메일로 보낼게요.

用件はメールで送ります。
요-껭와 메-루데 오꾸리마스

식사에 관한 회화

음식에 대한 화제

□ 어떤 음식을 좋아하나요?

どんな食べ物がお好きですか。

돈나 다베모노가 오스끼데스까

□ 일본음식을 가장 좋아합니다.

和食がいちばん好きですね。

와쇼꾸가 이찌반 스끼데스네

□ 무엇이든 먹습니다.

何でもいただきます。

난데모 이따다끼마스

□ 음식을 가리지 않습니다.

食べ物にはうるさくないんです。

다베모노니와 우루사꾸나인데스

□ 여기 음식에도 익숙해졌어요.

こちらの食べ物にも慣れてきました。

고찌라노 다베모노니모 나레떼 기마시따

□ 양고기 이외는 무엇이든 먹습니다.

羊の肉以外は何でも食べます。

히쯔지노 니꾸 이가이와 난데모 다베마스

□ 한국 음식은 어떻습니까?

韓国の食べ物はいかがですか。

캉꼬꾸노 다베모노와 이까가데스까

316

□ 스키야키는 먹어 봤습니까?

すきやきは食べてみましたか。
스끼야끼와 다베떼 미마시따까

　A：すきやきは食べてみましたか。
　　（스키야키는 먹어 봤습니까?）

　B：ええ、おいしかったです。
　　（예, 맛있었어요.）

□ 단 것을 좋아하시는군요.

甘いものがお好きなんですね。
아마이 모노가 오스끼난데스네

□ 단 것도 매운 것도 좋아합니다.

甘いものも辛いものも好きです。
아마이 모노모 가라이 모노모 스끼데스

□ 보통 집에서는 어떤 것을 드세요?

普段　お家ではどんなものを食べているのですか。
후당　　오찌데와 돈나 모노오 다베떼 이루노데스까

　A：普段　お家ではどんなものを食べているのですか。
　　（보통 집에서는 어떤 것을 드세요?）

　B：たいてい魚を食べますね。
　　（주로 생선을 먹습니다.）

□ 야채를 많이 먹으려고 하고 있습니다.

たくさん野菜を食べるようにしています。
닥상 야사이오 다베루 요-니 시떼 이마스

□ 채식가입니까?

ベジタリアンなのですか。
베지따리안나노데스까

　A：ベジタリアンなのですか。
　　（채식가입니까?）

317

B: いいえ、肉も魚も食べます。
(아니오, 고기도 생선도 먹습니다.)

□ 맛있습니까?

おいしいですか。
오이시-데스까

□ 유감스럽게도 입에 맞지 않습니다.

残念ながら口に合いません。
잔넨나가라 구찌니 아이마셍

□ 이것, 맛있다!

これ、おいしい!
고레   오이시-

□ 이것, 형편없는 맛이야.

これ、ひどい味。
고레   히도이 아지

□ 이것, 짜다.

これ、しょっぱいよ。
고레   숍빠이요

□ 맛이 개운해.

あっさりした味だよ。
앗사리시따 아지다요

□ 느끼하군.

脂っこいね。
아부락꼬이네

식사와 요리에 대한 화제

☐ 아침 식사는 매일 드시나요?

朝食は毎朝とりますか。
쵸-쇼꾸와 마이아사 도리마스까

　A : 朝食は毎朝とりますか。
　　 (아침 식사는 매일 드시나요?)

　B : いいえ、朝はコーヒーだけです。
　　 (아니오, 아침에는 커피만 마십니다.)

☐ 가끔 아침 식사를 거릅니다.

ときどき朝食を抜くことがあります。
도끼도끼 쵸-쇼꾸오 누꾸 고또가 아리마스

☐ 근무 도중에 뭔가 먹을 것을 삽니다.

勤務の途中で、何か食べるものを買います。
김무노 도쮸-데　　　나니까 다베루 모노오 가이마스

☐ 점심은 사원식당에서 먹습니다.

昼食は社員食堂でとります。
츄-쇼꾸와 샤인쇼꾸도-데 도리마스

☐ 회사 근처에 괜찮은 식당이 많이 있습니다.

会社の近くに手頃な店がたくさんあるんです。
가이샤노 치까꾸니 데고로나 미세가 닥상 아룬데스

☐ 회사에 도시락을 가지고 갑니다.

会社にお弁当を持っていきます。
가이샤니 오벤또-오 못떼 이끼마스

A：昼食はどこで食べるのですか。
(점심은 어디에서 먹습니까?)

B：会社にお弁当を持っていきます。
(회사에 도시락을 가지고 갑니다.)

□ 매일 아침, 아이들 도시락을 쌉니다.

毎朝、子供たちのお弁当をつくります。
마이아사 고도모타찌노 오벤또-오 쯔꾸리마스

□ 저녁 식사는 주로 집에서 먹습니다.

夕食は、普通は家で食べます。
유-쇼꾸와 후쯔-와 우찌데 다베마스

□ 가족과 대화를 나눌 수 있는 유일한 시간이니까요.

家族と話ができる唯一の時間ですからね。
가조꾸또 하나시가 데끼루 유이이쯔노 지깐데스까라네

□ 저녁 식사는 거의 외식을 합니다.

夕食はほとんど外食です。
유-쇼꾸와 호똔도 가이쇼꾸데스

□ 균형 있는 식생활을 하는 것은 어렵습니다.

バランスのよい食生活をすることは難しいですね。
바란스노 요이 쇼꾸세-까쯔오 스루 고또와 무즈까시-데스네

□ 그만 너무 많이 먹어버립니다.

つい食べ過ぎてしまうんです。
쓰이 다베스기떼 시마운데스

A：食事の量を調節する必要がありますね。
(식사량을 조절할 필요가 있군요.)

B：わかっていますが、つい食べ過ぎてしまうんです。
(알고 있지만, 그만 너무 많이 먹어버립니다.)

320

□ 식사에 좀더 주의해야 해.

食事にはもっと注意するべきだよ。

쇼꾸지니와 못또 츄-이스루 베끼다요

□ 요리는 합니까?

料理はしますか。

료-리와 시마스까

□ 평소에는 혼자 해 먹습니다.

普段は自炊しています。

후당와 지스이시떼이마스

□ 요리는 전혀 하지 않습니다.

料理はまったくしません。

료-리와 맛따꾸 시마셍

□ 유미코는 매우 요리를 잘해.

由実子はとても料理が上手なのよ。

유미꼬와 도떼모 료-리가 죠-즈나노요

□ 나는 요리교실에 다니고 있어.

私、料理教室に通っているの。

와따시 료-리꾜-시쯔니 가욧떼 이루노

A: 料理はどうやって覚えたの?
 (요리는 어떻게 배웠니?)

B: 私、料理教室に通っているの。
 (나는 요리교실에 다니고 있어.)

□ 과자 만들기도 좋아해.

お菓子づくりも好きなのよ。

오까시 즈꾸리모 스끼나노요

UNIT 03 술을 마시러 갈 때

□ 술은 마시니?

お酒は飲めるの?

오사께와 노메루노

□ 술은 못 마십니다.

お酒は飲めないんです。

오사께와 노메나인데스

□ 술은 약합니다.

お酒は弱いんです。

오사께와 요와인데스

□ 꽤 잘 마실 것 같아.

かなり飲めそうだね。

가나리 노메소-다네

A : かなり飲めそうだね。
（꽤 잘 마실 것 같아.）

B : いや、そんなには飲まないよ。
（아니, 그렇게 많이 마시지는 않아.）

□ 저 사람은 대주가야.

あいつは大酒飲みだ。

아이쯔와 오-자께노미다

□ 어떤 술을 제일 좋아합니까?

どんなお酒がいちばん好きですか。

돈나 오사께가 이찌반 스끼데스까

☐ 매일, 저녁 반주를 합니다.

毎日、晩酌をするんですよ。
まいにち　ばんしゃく

마이니찌 반샤꾸오 스룬데스요

☐ 집에서는 맥주나 청주를 마십니다.

家ではビールか日本酒を飲みますね。
うち　　　　　　にほんしゅ　の

우찌데와 비-루까 니혼슈오 노미마스네

☐ 한 잔 마시고 싶어.

一杯飲みたいな。
いっぱい　の

입빠이 노미따이나

☐ 우선 맥주를 주세요.

とりあえずビールをください。

도리아에즈 비-루오 구다사이

A : 飲み物は何にしますか。
　　の　もの　なに
　　(술은 무엇으로 하겠습니까?)

B : とりあえずビールをください。
　　(우선 맥주를 주세요.)

☐ 맥주는 어떤 브랜드가 있습니까?

ビールはどの銘柄がありますか。
　　　　　　めいがら

비-루와 도노 메이가라가 아리마스까

A : ビールはどの銘柄がありますか。
　　　　　　　　めいがら
　　(맥주는 어떤 브랜드가 있습니까?)

B : 日本の銘柄はほとんど全部あります。
　　にほん　めいがら　　　　ぜんぶ
　　(일본 브랜드는 거의 모두 있습니다.)

☐ 생맥주는 있니?

生ビールはある?
なま

나마비-루와 아루

323

□ 한 잔 더 마실래?

もう一杯どう?

모- 입빠이 도-

□ 취했어.

酔っ払っちゃった。

욥빠랏쨧따

□ 약간 취기가 있어.

ほろ酔いだ。

호로요이다

□ 너무 마신 것 같아.

飲みすぎたみたいだ。

노미스기따 미따이다

□ 저 녀석 곤드레만드레 취했어.

あいつ、べろんべろんだ。

아이쯔   베롱베롱다

□ 누구 저 녀석을 집까지 데려다 줘.

誰かあいつを家まで送ってやれよ。

다레까 아이쯔오 우찌마데 오꿋떼 아레요

□ 한 군데 더 가자.

もう一軒行こう。

모- 익껭 이꼬-

□ 오늘밤은 술집을 돌아다니며 마시자.

今夜ははしご酒だ。

공야와 하시고자께다

□ 너는 어젯밤에 상당히 취했어.

君、昨夜はかなり酔っていたね。

기미   사꾸야와 가나리 욧떼이따네

324

레스토랑을 고를 때

□ 오늘 저녁은 어디서 일식을 먹을까?

今夜はどこで和食をしようか。

공야와 도꼬데 와쇼꾸오 시요-까

□ 특별히 가고 싶은 식당은 있니?

特に行きたい店はある?

도꾸니 이끼따이 미세와 아루

□ 역 근처에 새로 생긴 중국 음식점은 어때?

駅の近くにできた、新しい中華料理の店はどう?

에끼노 치까꾸니 데끼따   아따라시- 츄-까료-리노 미세와 도-

□ 지난번에 아주 맛있는 초밥집에 갔었어.

この間、すごくおいしい寿司屋へ行ったんだ。

고노아이다 스고꾸 오이시- 스시야에 잇딴다

□ 재료가 매우 신선해.

ネタがすごく新鮮なんだよ。

네따가 스고꾸 신센난다요

□ 안내서에서 좋은 식당을 찾아보자.

ガイドブックでいい店を見つけよう。

가이도북꾸데 이- 미세오 미쯔께요-

□ 이탈리아 요리와 중국요리 중 어느 쪽이 좋아?

イタリア料理と中華料理ではどちらがいい?

이따리아 료-리또 츄-까료-리데와 도찌라가 이-

A : イタリア料理と中華料理ではどちらがいい?
(이탈리아 요리와 중국요리 중 어느 쪽이 좋아?)

B : 今夜はイタリア料理の方がいいな。
(오늘밤에는 이탈리아 요리가 좋아.)

☐ 이 가게에서는 본격적인 프랑스 요리를 내놓는다.

この店では、本格的なフランス料理を出すのよ。
고노 미세데와　　홍까꾸떼끼나 후란스료-리오 다스노요

☐ 와인 종류도 많이 있어.

ワインの種類もたくさんあるの。
와인노 슈루이모 닥상 아루노

☐ 근처에 있는 좋은 식당을 가르쳐 주세요.

近くにある、いいレストランを教えてください。
치까꾸니 아루　　이- 레스또랑오 오시에떼 구다사이

A : 近くにある、いいレストランを教えてください。
(근처에 있는 좋은 식당을 가르쳐 주세요.)

B : ええ、たくさんありますよ。
(예, 많이 있어요.)

☐ 이 지역 사람에게 인기 있는 가게입니까?

地元の人に人気がある店ですか。
지모또노 히또니 닝끼가 아루 미세데스까

A : あのレストランには行ってみるべきですよ。
(저 레스토랑은 꼭 가봐야 해요.)

B : 地元の人に人気がある店ですか。
(이 지역 사람에게 인기 있는 가게입니까?)

☐ 이 근처에 아직 영업 중인 식당은 있습니까?

この近くで、まだ開いているレストランはありますか。
고노 치까꾸데　　마다 아이떼이루 레스또랑와 아리마스까

326

☐ 내가 자주 가는 치킨집에 데리고 갈게요.

僕の行きつけの焼鳥屋に連れていってあげるよ。

보꾸노 유끼쯔께노 야끼도리야니 쯔레떼 잇떼 아게루요

☐ 그곳의 요리는 매우 맛있어.

そこの料理はすごくおいしいよ。

소꼬노 료-리와 스고꾸 오이시-요

☐ 오늘은 싼 식당에 가자.

今日は安い店に行こう。

교-와 야스이 미세니 이꼬-

A : 今日は安い店に行こう。
　　(오늘은 싼 식당에 가자.)

B : うん、あまりお金を使いたくないからね。
　　(응, 돈을 별로 쓰고 싶지 않으니까.)

☐ 그 식당은 기대했던 것보다 못했어.

あのレストランは期待はずれだったわ。

아노 레스또랑와 기따이하즈레닷따와

☐ 피자를 배달시키자.

宅配ピザをとろうよ。

다꾸하이 피자오 도로-요

A : 外食する気分じゃないわ。
　　(외식할 기분이 아니야.)

B : それなら宅配ピザをとろうよ。
　　(그러면 피자 배달시키자.)

레스토랑에 갈 때

□ 이 식당은 예약이 필요하니?

この店、予約がいるかな?

고노미세　요야꾸가 이루까나

□ 내가 예약해 놓을게.

僕が予約をしておくよ。

보꾸가 요야꾸오 시떼 오꾸요

□ 내일 예약하고 싶습니다만.

明日の予約をしたいんですが。

아시따노 요야꾸오 시따인데스가

□ 7시로 부탁합니다.

7時にお願いします。

시찌지니 오네가이시마스

A : 何時でしょうか。
(몇 시로 할까요?)

B : 7時にお願いします。
(7시로 부탁합니다.)

□ 네 사람입니다.

4人です。

요닌데스

A : 何人様ですか。
(몇 분이십니까?)

B : 4人です。
(네 명입니다.)

□ 몇 시면 자리가 빌까요?

何時なら空いているんですか。
난지나라 아이떼 이룬데스까

A : すみません、7時は満席なんです。
(죄송합니다만, 7시는 만석입니다.)

B : 何時なら空いているんですか。
(몇 시면 자리가 빌까요?)

□ 금연석은 있습니까?

禁煙席はありますか。
깅엔세끼와 아리마스까

A : 禁煙席はありますか。
(금연석은 있습니까?)

B : ありますが、明日は満席なんです。
(있지만, 내일은 만석입니다.)

□ 창가 테이블로 할 수 있습니까?

窓際のテーブルにしてもらえますか。
마도기와노 테-부루니 시떼 모라에마스까

□ 외투와 넥타이는 필요합니까?

上着とネクタイは必要ですか。
우와기또 네꾸따이와 히쯔요-데스까

A : 上着とネクタイは必要ですか。
(외투와 넥타이는 필요합니까?)

B : はい、服装のきまりがありますので。
(네, 복장 규제가 있어서요.)

□ 가게를 찾아가는 법을 알려주세요.

お店への行き方を教えてください。
오미세에노 이끼가따오 오시에떼 구다사이

329

□ 몇 분이십니까?

何名様ですか。
<ruby>何名様<rt>なんめいさま</rt></ruby>

남메-사마데스까

□ 안내해드릴 때까지 기다려 주십시오.

ご案内するまでお待ちください。
<ruby>案内<rt>あんない</rt></ruby> <ruby>待<rt>ま</rt></ruby>

고안나이스루마데 오마찌 구다사이

□ 조용한 안쪽 자리로 부탁합니다.

静かな奥の席にお願いします。

시즈까나 오꾸노 세끼니 오네가이시마스

□ 예약한 스즈키인데요,

予約している鈴木ですが、

요야꾸시떼 이루 스즈끼데스가

□ 예약은 하지 않았습니다만.

予約はしていないんですが。

요야꾸와 시떼 이나인데스가

□ 4인용 자리는 있습니까?

4人の席はありますか。

요닌노 세끼와 아리마스까

□ 얼마나 기다려야 하나요?

どれぐらい待ちますか。

도레구라이 마찌마스까

A: どれぐらい待ちますか。
(얼마나 기다려야 하나요?)

B: 15分か20分だと思いますが。
(15분에서 20분 될 것 같습니다만.)

330

□ 우리 앞에 몇 팀이나 기다리고 있습니까?

前に何組待っているんですか。

마에니 낭구미 맛떼 이룬데스까

□ 이렇게 붐빌 줄은 몰랐어.

こんなに込んでいるとは思わなかったな。

곤나니 곤데 이루또와 오모와나깟따나

A : わぁ、待っている人がいるわよ。

(와-, 기다리는 사람이 있어.)

B : こんなに込んでいるとは思わなかったな。

(이렇게 붐빌 줄은 몰랐어.)

□ 최근에 이런 식당이 인기가 있어서.

最近、こういう店は人気があるからね。

사이낑　고-이우 미세와 닝끼가 아루까라네

□ 다른 가게로 갈까?

ほかの店へ行こうか。

호까노 미세에 이꼬-까

□ 바에서 기다리자.

バーで待っていよう。

바-데 맛떼이요-

□ 한 잔 하면서 기다릴까?

飲みながら待っていようか。

노미나가라 맛떼 이요-까

□ 무척 배가 고파 졌어.

すごくお腹が空いてきたわ。

스고꾸 오하라가 스이떼기따와

331

UNIT 06 식사를 주문할 때

□ 메뉴판을 갖다 주세요.

メニューを持ってきてください。

메뉴-오 못떼 기떼 구다사이

□ 한국어 메뉴판은 있습니까?

韓国語のメニューはありますか。

캉꼬꾸고노 메뉴-와 아리마스까

□ 식사 전에 음료는 어때?

食事の前に飲み物はどう?

쇼꾸지노 마에니 노미모노와 도-

A : **食事の前に飲み物はどう?**
(식사 전에 한 잔 어때?)

B : **シェリーをいただくわ。**
(셰리주 한 잔 마실래.)

□ 오늘 특별요리는 무엇입니까?

今日の特別料理は何ですか。

쿄-노 토꾸베쯔료-리와 난데스까

□ 오늘은 무엇이 추천 요리입니까?

今日は何がお薦めですか。

쿄-와 나니가 오스스메데스까

A : **今日は何がお薦めですか。**
(오늘은 무엇이 추천 요리입니까?)

B : **とても新鮮な魚介類が入っていますよ。**
(매우 신선한 어패류가 들어와 있습니다.)

□ 그것을 주세요.

それをもらいます。
소레오 모라이마스

A : 今日の特別料理は、子牛のローストです。
(오늘의 특별요리는 송아지 불고기입니다.)

B : それをもらいます。
(그것을 주세요.)

□ 이 지방의 명물요리는 있습니까?

この地方の名物料理はありますか。
고노 치호-노 메이부쯔 료-리와 아리마스까

□ 전채요리는 무엇으로 할까?

前菜は何にしようかな。
젠사이와 나니니 시요-까나

□ 전채요리는 야채를 먹고 싶어.

前菜には野菜が食べたいわ。
젠사이니와 야사이가 다베따이와

□ 메인 요리는 생선으로 하자.

メインは魚にしよう。
메잉와 사까나니 시요-

□ 농어는 어떻게 요리합니까?

スズキはどのように料理するのですか。
스즈끼와 도노요-니 료-리스루노데스까

□ 이것은 무슨 요리인가요?

これはどんな料理ですか。
고레와 돈나 료-리데스까

□ 채식가를 위한 요리는 있습니까?

ベジタリアン用の料理はありますか。
베지따리앙요-노 료-리와 아리마스까

□ 아직 결정을 못했습니다.

まだ決まっていません。

마다 기맛떼 이마셍

□ 좀더 시간이 필요합니다.

もう少し時間がかかります。

모- 스꼬시 지깡가 가까리마스

A: お決まりですか。
(결정하셨습니까?)

B: もう少し時間がかかります。
(좀더 시간이 필요합니다.)

□ 주문 받아주세요.

注文をお願いします。

쥬-몽오 오네가이시마스

□ 계산서를 나누어 받아도 되나요?

勘定書を分けてもらえますか。

간죠-가끼오 와께떼 모라에마스까

□ 이것과 이것을 주세요.

これとこれをください。

고레또 고레오 구다사이

□ 나도 똑같은 것을 주세요.

私も同じものをください。

와따시모 오나지 모노오 구다사이

□ 저 사람이 먹고 있는 것은 무엇입니까?

あの人が食べているのは何ですか。

아노 히또가 다베떼 이루노와 난데스까

식사를 하면서

□ 좋은 냄새.

いいにおい。
이- 니오이

□ 장식도 맛있어 보여.

付け合せもおいしそうだよ。
쯔께아와세모 오이시소-다요

□ 그것, 맛있니?

それ、おいしい?
소레　오이시-

□ 이것, 혼자서 다 먹을 수 있을까?

これ、ひとりで全部食べきれるかな。
고레　히또리데 젬부 다베끼레루까나

□ 이것, 조금 먹어볼래?

これ、少し食べてみる?
고레　스꼬시 다베떼 미루

A : これ、少し食べてみる?
(이것, 조금 먹어볼래?)

B : うん、僕のも食べてみてよ。
(응, 내 것도 먹어봐.)

□ 물 주세요.

水をください。
미즈오 구다사이

□ 적포도주를 한 병 더 주세요.

赤ワインをもう一本ください。

아까와잉오 모- 입뽕 구다사이

□ 이것은 어떻게 먹는 건가요?

これはどうやって食べるのですか。

고레와 도- 얏떼 다베루노데스까

□ 소금과 후추 집어 줄래?

塩とコショウをとってくれる?

시오또 고쇼-오 돗떼 구레루

□ 빵을 조금 더 주세요.

パンをもう少しください。

빵오 모- 스꼬시 구다사이

□ 젓가락으로 먹습니까?

箸で食べますか。

하시데 다베마스까

□ 나이프와 포크를 가져다주겠어요?

ナイフとフォークを持ってきてくれますか。

나이후또 훠-꾸오 못떼 기떼 구레마스까

□ 죄송하지만 나이프를 떨어뜨렸습니다.

すみません、ナイフを落としてしまいました。

스미마셍　　　나이후오 오또시떼 시마이마시따

A : すみません、ナイフを落としてしまいました。
(죄송하지만, 나이프를 떨어뜨렸습니다.)

B : すぐに新しいものをお持ちします。
(금방 새 것을 가져다 드리겠습니다.)

336

□ 죄송하지만, 와인을 엎질렀습니다.

すみません、ワインをこぼしてしまいました。
스미마셍 　　　와잉오 고보시떼 시마이마시따

A: すみません、ワインをこぼしてしまいました。
(죄송하지만, 와인을 엎질렀습니다.)

B: テーブルクロスを取り替えましょう。
(식탁보를 갈아 드리겠습니다.)

□ 요리는 아직 안됐습니까?

料理はまだですか。
료-리와 마다데스까

A: 料理はまだですか。
(요리는 아직 안됐습니까?)

B: まもなくお持ちします。
(곧 가져오겠습니다.)

□ 이것은 제가 주문한 것과는 다릅니다.

これは私が注文したものとは違います。
고레와 와따시가 츄-몬시따 모노또와 치가이마스

□ 모두가 나눠서 먹고 싶은데요.

皆で分けて食べたいのですが。
민나데 와께떼 다베따이노데스가

□ 작은 접시를 갖다 주시겠습니까?

小皿を持ってきてもらえますか。
고자라오 못떼 기떼 모라에마스까

□ 더 주문할까?

もっと注文しようか。
못또 츄-몬 시요-까

□ 접시를 치워 주세요.

お皿を下げてください。

오사라오 사게떼 구다사이

A: お済みですか。
(다 드셨습니까?)

B: ええ、お皿を下げてください。
(예, 접시를 치워 주세요.)

□ 디저트는 무엇이 있습니까?

デザートは何がありますか。

디자-또와 나니가 아리마스까

A: デザートは何がありますか。
(디저트는 무엇이 있습니까?)

B: 用意しているものをお見せします。
(준비되어 있는 것을 보여 드리겠습니다.)

□ 나는 치즈를 먹겠습니다.

私はチーズをもらいます。

와따시와 치-즈오 모라이마스

식사비를 계산할 때

☐ 계산서 주세요.

お勘定をお願いします。

오칸죠-오 오네가이시마스

☐ 여기서 지불하나요?

ここで支払えますか。

고꼬데 시하라에마스까

☐ 어디서 지불하면 됩니까?

どこで支払えばいいのですか。

도꼬데 시하라에바 이-노데스까

☐ 이것은 무슨 요금입니까?

これは何の料金ですか。

고레와 난노 료-낑데스까

☐ 계산서에 착오가 있는 것 같은데요.

勘定書に間違いがあるようですが。

간죠-가끼니 마찌가이가 아루요-데스가

☐ 봉사료는 포함된 건가요?

サービス料は含まれていますか。

사-비스료-와 후꾸마레떼 이마스까

☐ 팁은 얼마나 지불해야 하나?

チップはいくら払ったらいいかな?

칩뿌와 이꾸라 하랏따라 이-까나

A : チップはいくら払ったらいいかな?
(팁은 얼마나 지불해야 하나?)

B : 普通は代金の15%よね。
(보통은 대금의 15%야.)

☐ 각자 계산하자.

割り勘にしよう。

와리깐니 시요-

☐ 내가 계산할게.

僕が払っておくよ。

보꾸가 하랏떼오꾸요

☐ 여기서는 내가 낼게.

ここは僕のおごりだよ。

고꼬와 보꾸노 오고리다요

☐ 이번에는 내가 계산하겠습니다.

今回は私に払わせてください。

공까이와 와따시니 하라와세떼 구다사이

☐ 따로따로 지불하고 싶은데요.

別々に支払いたいのですが。

베쯔베쯔니 시하라이따이노데스가

쇼핑에 관한 회화

가게를 찾을 때

☐ 쇼핑하러 가자.

買い物に行こうよ。

가이모노니 이꼬-요

☐ 가방을 구경하고 싶어.

カバンを見たいな。

가방오 미따이나

☐ 새 구두가 필요해.

新しい靴が必要なのよ。

아따라시- 구쯔가 히쯔요-나노요

☐ 이 도시에서 쇼핑가는 어디입니까?

この町のショッピング街はどこですか。

고노 마찌노 숍삥구가이와 도꼬데스까

☐ 가장 큰 백화점은 어디입니까?

いちばん大きいデパートはどこですか。

이찌방 오-끼- 데빠-또와 도꼬데스까

☐ 가게는 몇 시에 개점합니까?

店は何時に開店ですか。

미세와 난지니 가이뗀데스까

☐ 이 가게는 몇 시까지 여나요?

こちらの店は何時まで開いていますか。

고찌라노 미세와 난지마데 아이떼 이마스까

A : こちらの店は何時まで開いていますか。
(이 가게는 몇 시까지 여나요?)

B : 7時までです。
(7시까지입니다.)

☐ 영업시간은 몇 시부터 몇 시까지입니까?
営業時間は何時から何時までですか。
에이교-지깡와 난지까라 난지마데데스까

A : 営業時間は何時から何時までですか。
(영업시간은 몇 시부터 몇 시까지입니까?)

B : 午前10時から午後6時までです。
(오전 10시부터 오후 6시까지입니다.)

☐ 일요일에도 영업합니까?
日曜日も営業していますか。
니찌요-비모 에이교-시떼 이마스까

☐ 선물을 살 좋은 가게는 있습니까?
おみやげを買うのにいい店はありますか。
오미야게오 가우노니 이- 미세와 아리마스까

☐ 멋진 옷을 사려면 어디로 가면 됩니까?
おしゃれな洋服を買うにはどこへ行けばいいですか。
오샤레나 요-후꾸오 가우니와 도꼬에 이께바 이-데스까

☐ 여기서 가장 가까운 편의점은 어디입니까?
ここからいちばん近いコンビニはどこですか。
고꼬까라 이찌방 치까이 콤비니와 도꼬데스까

☐ 건전지는 어디에서 살 수 있나요?
電池はどこで買えますか。
덴찌와 도꼬데 가에마스까

□ 이 지방의 특산물은 있습니까?

この地方の特産物はありますか。

고노 치호-노 토꾸삼부쯔와 아리마스까

□ 아주 붐벼.

すごく込んでいるなぁ。

스고꾸 곤데이루나-

□ 화장품 매장은 어디입니까?

化粧品売場はどこですか。

게쇼-힝우리바와 도꼬데스까

A : 化粧品売場はどこですか。
   (화장품 매장은 어디입니까?)

B : 4階です。
   (4층입니다.)

□ 엘리베이터를 타자.

エレベーターに乗ろうよ。

·에레베-따-니 노로-요

□ 올라갑니까?

上りですか。

아가리데스까

□ 에스컬레이터는 저기야.

エスカレーターはあそこだよ。

에스까레-따-와 아소꼬다요

□ 안으로 들어가자.

中に入ろう。

나까니 하이로-

UNIT 02 물건을 고를 때

□ 어서오세요.

いらっしゃいませ。
이랏샤이마세

□ 잠깐 구경 좀 할게요.

ちょっと見ているだけです。
춋또 미떼 이루다께데스

A: 何かお探しですか。
(뭘 찾으십니까?)

B: いいえ、ちょっと見ているだけです。
(아니오, 잠깐 구경 좀 할게요.)

□ 잠깐 가게 안을 둘러봐도 됩니까?

ちょっとお店の中を見せてもらえますか。
춋또 오미세노 나까오 미세떼 모라에마스까

A: ちょっとお店の中を見せてもらえますか。
(잠깐 가게 안을 둘러봐도 됩니까?)

B: どうぞ、何かあれば、声をかけてください。
(그럼요. 도움이 필요하면 불러 주세요.)

□ 가방을 찾고 있습니다.

カバンを探しているんです。
가방오 사가시떼 이룬데스

A: 何をお探しですか。
(무엇을 찾으십니까?)

B: カバンを探しているんです。
(가방을 찾고 있습니다.)

345

□ 까맣고 중간 크기의 가방을 원합니다.

黒い、中型のカバンが欲しいんです。
구로이 츄-가따노 가방가 호시인데스

A : 何か具体的に考えているものがありますか。
(뭔가 구체적으로 생각하고 있는 것이 있습니까?)

B : 黒い、中型のカバンが欲しいんです。
(까맣고 중간 크기의 가방을 원합니다.)

□ 업무용입니다.

仕事用なんです。
시고또요-난데스

□ 이것은 여성용입니까?

これは女性用ですか。
고레와 조세-요-데스까

□ 진열장에 있는 반지를 보여 주시겠어요?

ショーケースの中にある指輪を見せてもらえますか。
쇼-케-스노 나까니 아루 유비와오 미세떼 모라에마스까

□ 바로 앞줄의 왼쪽에서 두 번째 것입니다.

手前の列の、左から2番目のものです。
데마에노 레쯔노 히다리까라 니밤메노 모노데스

A : どれがご覧になりたいのですか。
(어느 것을 보고 싶습니까?)

B : 手前の列の、左から2番目のものです。
(바로 앞줄의 왼쪽에서 두 번째 것입니다.)

□ 저기 있는 것도 아주 좋아.

あそこにあるのも、すごくいいよ。
아소꼬니 아루노모   스고꾸 이-요

346

□ 이 스카프, 나에게 잘 어울려.

このスカーフ、私にぴったりよ。

고노 스까-후   와따시니 삣따리요

□ 이것 오랫동안 갖고 싶었던 거야.

これ、長い間欲しいと思っていたのよ。

고레   나가이 아이다 호시-또 오못떼 이따노요

□ 어느 쪽이 좋은 것 같니?

どちらがいいと思う?

도찌라가 이-또 오모우

A : どちらがいいと思う?
 (어느 쪽이 좋은 것 같니?)
B : 僕はこっちの方が好きだよ。
 (나는 이쪽이 좋아.)

□ 어떤 것으로 할까?

どちらにしようかな。

도찌라니 시요-까나

□ 이것은 무엇으로 만들어진 건가요?

これは何でできているんですか。

고레와 나니데 데끼떼 이룬데스까

□ 이것은 물세탁이 가능합니까?

これは水洗いできますか。

고레와 미즈아라이 데끼마스까

□ 다른 종류의 것도 있습니까?

ほかの種類のものはありますか。

호까노 슈루이노 모노와 아리마스까

347

옷을 입어볼 때

□ 여름 정장을 찾고 있습니다.

夏のスーツを探しています。
나쯔노 스-쯔오 사가시떼 이마스

□ 사이즈는 40일 겁니다.

サイズは40だと思います。
사이즈와 욘쥬-다또 오모이마스

□ 정확한 사이즈를 모릅니다.

正確なサイズがわかりません。
세-까꾸나 사이즈가 와까리마셍

A: 正確なサイズがわかりません。
(정확한 사이즈를 모릅니다.)

B: お測りしましょう。
(재봅시다.)

□ 이 디자인 맘에 들어.

このデザイン、好きだな。
고노 데자잉   스끼다나

□ 이 디자인 내게 어울릴까?

このデザイン、僕に合うかな?
고노 데자잉   보꾸니 아우까나

□ 이것, 내 사이즈는 있습니까?

これ、僕のサイズはありますか。
고레   보꾸노 사이즈와 아리마스까

□ 이것, 다른 색은 있습니까?

これ、別の色はありますか。

고레　베쯔노 이로와 아리마스까

A: これ、別の色はありますか。
(이것, 다른 색은 있습니까?)

B: 青、赤、白があります。
(파랑, 빨강, 흰색이 있습니다.)

□ 한 번 입어봐도 됩니까?

試着できますか。

시짜꾸 데끼마스까

□ 이 스웨터는 입어볼 수 있나요?

このセーターは試着できますか。

고노 세-따-와 시짜꾸데끼마스까

A: このセーターは試着できますか。
(이 스웨터는 입어볼 수 있나요?)

B: すみませんが、セーターは試着できないんです。
(죄송하지만, 스웨터는 입어볼 수 없습니다.)

□ 탈의실은 어디입니까?

試着室はどこですか。

시짜꾸시쯔와 도꼬데스까

□ 사이즈는 딱 맞습니다.

サイズはちょうどいいです。

사이즈와 쵸-도 이-데스

□ 사이즈가 맞지 않습니다.

サイズが合いません。

사이즈가 아이마셍

□ 나에게는 너무 작습니다.

私には小さすぎます。

와따시니와 치-사스기마스

□ 사이즈를 고칠 수 있나요?

サイズを直してもらえますか。

사이즈오 나오시떼 모라에마스까

□ 옷단을 조금 길게 해 주세요.

すそを少し長くしてください。

스소오 스꼬시 나가꾸 시떼 구다사이

□ 소매를 조금 줄여주세요.

袖を少し短くしてください。

소데오 스꼬시 미지까꾸 시떼 구다사이

□ 언제 됩니까?

いつできますか。

이쯔 데끼마스까

□ 너무 화려한가?

派手すぎるかしら?

하데스기루까시라

□ 이 셔츠는 세탁하면 줄어듭니까?

このシャツは洗濯したら縮みますか。

고노 샤쓰와 센따꾸시따라 치지미마스까

A: このシャツは洗濯したら縮みますか。

(이 셔츠는 세탁하면 줄어듭니까?)

B: ええ、少し縮みます。

(예, 조금 줄어듭니다.)

물건값을 지불할 때

☐ 얼마입니까?

いくらですか。
이꾸라데스까

A : いくらですか。
(얼마입니까?)
B : 五千円に税金がつきます。
(5천엔에 세금이 붙습니다.)

☐ 세금은 포함되어 있습니까?

税金は含まれていますか。
제-낑와 후꾸마레떼 이마스까

☐ 조금 비싸군.

少し高いわね。
스꼬시 다까이와네

☐ 나한테는 너무 비싸.

私には高すぎるわ。
와따시니와 다까스기루와

☐ 예산 초과야.

予算オーバーだよ。
요상 오-바-다요

☐ 조금 싸게 해주시겠어요.

少し安くなりませんか。
스꼬시 야스꾸 나리마셍까

351

A：少し安くなりませんか。
(조금 싸게 안 되겠어요?)

B：無理です。すでに割引になっていますから。
(무리입니다. 이미 할인되어 있어서요.)

□ 두 개 사면 깎아줍니까?

2つ買ったら値引きしてもらえますか。

후따쯔 갓따라 네비끼시떼 모라에마스까

□ 이것은 20% 할인된 가격입니까?

これは20%引かれた後の値段ですか。

고레와 니쥬 빠-센토 히까레따 아또노 네단데스까

A：このスカートは20%引きですよ。
(이 스커트는 20% 할인합니다.)

B：これは20%引かれた後の値段ですか。
(이것은 20% 할인된 가격입니까?)

□ 좀 더 싼 것은 있습니까?

もう少し安いものはありますか。

모- 스꼬시 야쓰이 모노와 아리마스까

□ 이것은 적당한 가격이군.

これは手頃な値段だね。

고레와 데고로나 네당다네

A：これは手頃な値段だね。
(이것은 적당한 가격이군.)

B：そうね。予算の範囲内だわ。
(그러네. 예산 범위 내야.)

□ 이것으로 정했어.

これに決めたわ。

고레니 기메따와

352

□ 전부해서 얼마입니까?

全部でいくらですか。
젬부데 이꾸라데스까

□ 현금으로 지불하겠습니다.

現金で払います。
겡낀데 하라이마스

A: お支払いはどうなさいますか。
(계산은 어떻게 하시겠습니까?)

B: 現金で払います。
(현금으로 지불하겠습니다.)

□ 신용카드로 지불하겠습니다.

クレジットカードで払います。
구레짓또카-도데 하라이마스

A: お支払いは現金ですか、クレジットカードですか。
(계산은 현금입니까, 신용카드입니까?)

B: クレジットカードで払います。
(신용카드로 지불하겠습니다.)

□ 한국 돈으로 지불할 수 있습니까?

韓国のウォンで支払えますか。
캉꼬꾸노 원데 시하라에마스까

□ 여행자 수표는 사용할 수 있습니까?

トラベラーズチェックは使えますか。
도라베라-즈첵꾸와 쓰까에마스까

□ 영수증을 주세요.

領収書をください。
료-슈쇼오 구다사이

선물을 살 때

□ 가족에게 줄 선물을 찾고 있습니다.
家族へのおみやげを探しているんです。
가조꾸에노 오미야게오 사가시떼 이룬데스

□ 남편을 위해 넥타이를 사고 싶습니다.
夫のためにネクタイを買いたいんです。
옷또노 다메니 네꾸따이오 가이따인데스

□ 생일 선물이야.
誕生日のプレゼントなの。
탄죠-비노 뿌레젠또나노

□ 밝은 색의 넥타이를 좋아하는 것 같아.
明るい色のネクタイが好きみたい。
아까루이 이로노 네꾸따이가 스끼미따이

　A : ご主人はどんなネクタイがお好きなのですか。
　　 (남편은 어떤 넥타이를 좋아합니까?)
　B : 明るい色のネクタイが好きみたい。
　　 (밝은 색의 넥타이를 좋아하는 것 같아.)

□ 엄마에게 줄 스웨터를 찾고 있습니다.
母に贈るセーターを探しているんです。
하하니 오꾸루 세-따-오 사가시떼 이룬데스

　A : ご自分用ですか。
　　 (본인이 입을 겁니까?)
　B : いいえ、母に贈るセーターを探しているんです。
　　 (아니오, 엄마에게 선물할 스웨터를 찾고 있습니다.)

354

□ 엄마는 50대 전반입니다.

母は50代前半です。

하하와 고쥬-다이 젱항데스

□ 하지만 연령보다 젊어 보입니다.

でも、年齢より若く見えるんです。

데모 넨레-요리 와까꾸 미에룬데스

□ 예산은 1만 엔 정도입니다.

予算は一万円ぐらいです。

요상와 이찌망엥구라이데스

A: 値段はどれぐらいをお考えですか。
（가격은 어느 정도 생각하십니까?）

B: 予算は一万円ぐらいです。
（예산은 1만 엔 정도입니다.）

□ 사이즈가 맞지 않으면 교환됩니까?

サイズが合わなければ、交換できますか。

사이즈가 아와나께레바 고-깡데끼마스까

□ 나카무라의 결혼축하 선물은 무엇이 좋을지 모르겠어.

中村の結婚祝いは何がいいのか、わからないよ。

나까무라노 겍꽁이와이와 나니가 이-노까 와까라나이요

□ 그 녀석의 취향을 모르니까.

あいつの好みを知らないからね。

아이쯔노 고노미오 시라나이까라네

□ 상품권으로 할까?

商品券にしようかな。

쇼-힝껜니 시요-까나

355

□ 선물용으로 포장해 주시겠습니까?

プレゼント用に包んでもらえますか。

뿌레젠또요-니 쯔쯘데 모라에마스까

□ 리본을 달아서 포장해 주세요.

リボンをつけて包装してください。

리봉오 쯔께떼 호-소-시떼 구다사이

A: 贈り物ですか。

(선물입니까?)

B: ええ、リボンをつけて包装してください。

(예, 리본을 달아서 포장해 주세요.)

□ 선물용 포장에는 비용이 듭니까?

プレゼント用の包装には代金がかかりますか。

뿌레젠또요-노 호-소-니와 다이낑가 가까리마스까

□ 이 주소로 배송해 주시겠어요?

この住所に配送してもらえますか。

고노 쥬-쇼니 하이소-시떼 모라에마스까

□ 배송은 언제 되나요?

配送はいつになりますか。

하이소-와 이쯔니 나리마스까

□ 배송료는 얼마입니까?

配送料はいくらですか。

하이소-료-와 이꾸라데스까

□ 한국으로 보내 주실 수 있습니까?

韓国へ送ってもらうことはできますか。

캉꼬꾸에 오꿋데 모라우 고또와 데끼마스까

식료품을 살 때

□ 보통 식료품 쇼핑은 어디에서 합니까?

普段、食料品の買い物はどこでしますか。

후당　쇼꾸료-힌노 가이모노와 도꼬데 시마스까

□ 식품을 사러 가야 해.

食品を買いに行かなくちゃ。

쇼꾸힝오 가이니 이까나꾸쨔

□ 보통 슈퍼에 가는 것은 1주일에 한 번이야.

普通、スーパーへ行くのは週に1度なの。

후쯔-　수빠-에 이꾸노와 슈-니 이찌도나노

□ 주말에 1주일분의 식료품을 삽니다.

週末に1週間分の食品を買います。

슈-마쯔니 잇슈-깜분노 쇼꾸힝오 가이마스

A : **食品の買い物は毎日しますか。**
(식료품 쇼핑은 매일 합니까?)

B : **いいえ、週末に1週間分の食品を買います。**
(아니오, 주말에 1주일분의 식료품을 삽니다.)

□ XYZ 식품점은 매우 신선한 야채를 취급하고 있어.

XYZフードでは、とても新鮮な野菜を扱っているわよ。

엑스와이지 후-도데와　도떼모 신센나 야사이오 아쯔깟떼 이루와요

□ 오늘은 사야 할 것이 많니?

今日はたくさん買い物がある?

교-와 닥상 가이모노가 아루

☐ 쇼핑카트를 가져올게.

カートを取ってくるよ。
카-또오 돗떼구루요

☐ 통조림 코너는 어디입니까?

缶詰コーナーはどこですか。
간즈메 코-나-와 도꼬데스까

☐ 육류 매장으로 가자.

肉売場へ行こう。
니꾸우리바에 이꼬-

☐ 쇠고기를 1킬로그램 주세요.

牛肉を1キロください。
규-니꾸오 이찌 키로 구다사이

A : 何にしますか。
(뭘 드릴까요?)

B : 牛肉を1キロください。
(쇠고기를 1킬로그램 주세요.)

☐ 스모크 햄 6장 주세요.

スモークハムを6枚ください。
스모-꾸하무오 로꾸마이 구다사이

☐ 닭고기 다리살 400그램 주세요.

鶏のもも肉を400グラムください。
니와또리노 모모니꾸오 용햐꾸 구라무 구다사이

☐ 뼈와 껍질을 제거해 주세요.

骨と皮はとってください。
호네또 가와와 돗떼 구다사이

□ 이 소시지는 언제까지 보관 가능합니까?

このソーセージはいつまでもちますか。

고노 소-세-지와 이쯔마데 모찌마스까

□ 고등어를 한 마리 주세요.

サバを1匹ください。

사바오 입삐기 구다사이

□ 생선을 손질해 주시겠습니까?

魚をおろしてもらえますか。

사까나오 오로시떼 모라에마스까

A: 魚をおろしてもらえますか。
 (생선을 손질해 주시겠습니까?)

B: はい、どれにしますか。
 (네, 어떤 것으로 할까요?)

□ 이 오징어는 냉동해도 되나요?

このイカは冷凍できますか。

고노 이까와 레-또- 데끼마스까

□ 이것보다 큰 새우는 있습니까?

これより大きいエビはありますか。

고레요리 오-끼- 에비와 아리마스까

□ 지금은 굴이 제철이야.

今はカキが旬だね。

이마와 가끼가 슌다네

□ 이 양상추는 신선해 보이지 않아.

このレタス、新鮮そうじゃないわ。

고노 레따스 신센소-쟈나이와

배송과 반품·교환할 때

□ 이걸 팔레스 호텔까지 갖다 주시겠어요?

パレスホテルまでこれを届けてもらえますか。

파레스 호떼루마데 고레오 도도께떼 모라에마스까

□ 언제 배달해 주시겠습니까?

いつ届けてもらえますか。

이쯔 도도께떼 모라에마스까

□ 별도로 요금이 듭니까?

別料金がかかりますか。

베쓰료-낑가 가까리마스까

□ 이 카드를 첨부해서 보내 주세요.

このカードを添えて送ってください。

고노 카-도오 소에떼 오꿋떼 구다사이

□ 이 주소로 보내 주세요.

この住所に送ってください。

고노 쥬-쇼니 오꿋떼 구다사이

□ 이 가게에서 한국으로 발송해 주시겠어요?

この店から韓国に発送してもらえますか。

고노 미세까라 캉꼬꾸니 핫소-시떼 모라에마스까

□ 한국 제 주소로 보내 주시겠어요?

韓国の私の住所宛に送ってもらえますか。

캉꼬꾸노 와따시노 쥬-쇼아떼니 오꿋떼 모라에마스까

□ 항공편으로 부탁합니다.

航空便でお願いします。

코-꾸-빈데 오네가이시마스

□ 한국까지 항공편으로 며칠 정도 걸립니까?

韓国まで航空便で何日くらいかかりますか。

캉꼬꾸마데 코-꾸-빈데 난니찌 쿠라이 가까리마스까

□ 항공편으로 얼마나 듭니까?

航空便でいくらくらいかかりますか。

코-꾸-빈데 이꾸라 쿠라이 가까리마스까

□ 이것을 반품하고 싶은데요.

これを返品したいのですが。

고레오 헴삔시따이노데스가

□ 이것을 바꿔 주세요.

これを取り替えてください。

고레오 도리까에떼 구다사이

□ 사이즈가 틀렸습니다.

サイズを間違えたんです。

사이즈오 마찌가에딴데스

□ 환불을 받을 수 있습니까?

返金してもらえますか。

헹낑시떼 모라에마스까

□ 어제 샀는데요.

昨日買ったのですが。

기노- 갓따노데스가

□ 이것이 영수증입니다.

これがレシートです。

고레가 레시-또데스

□ 영수증은 없습니다.

レシートはありません。

레시-또와 아리마셍

□ 여기에 얼룩이 있습니다.

ここに染みがあるんです。

고꼬니 시미가 아룬데스

A: 返品の理由は何ですか。

(반품 이유는 무엇입니까?)

B: ここに染みがあるんです。

(여기에 얼룩이 있습니다.)

□ 여기가 깨져 있습니다.

ここが壊れてます。

고꼬가 고와레떼마스

□ 전혀 작동하지 않습니다.

全然動かないんです。

젠젱 우고까나인데스

□ 몇 번인가 사용했을 뿐인데 망가졌습니다.

何回か使っただけで、壊れてしまいました。

낭까이까 쯔깟따다께데   고와레떼 시마이마시따

□ 올바르게 사용했습니다.

正しい使い方をしましたよ。

다다시- 쯔까이 가따오 시마시따요

□ 불량품인 것 같습니다.

不良品だと思います。

후료-힌다또 오모이마스

긴급에 관한 회화

말이 통하지 않을 때

□ 지금 일본어를 공부하고 있습니다.
今、日本語の勉強中なんです。
이마　니홍고노 벵꾜-쮸-난데스

□ 일본어는 다시 공부할 필요가 있습니다.
日本語は改めて勉強する必要があります。
니홍고와 아라따메떼 벵꾜-스루 히쯔요-가 아리마스

□ 일본어는 그다지 잘하지 못해요.
日本語はあまり話せません。
니홍고와 아마리 하나세마셍

□ 내 일본어로는 충분하지 못합니다.
私の日本語では不十分です。
와따시노 니홍고데와 후쥬-분데스

A: 日本語は話せますか。
(일본어는 할 줄 압니까?)
B: 少し話せますが、私の日本語では不十分です。
(조금 할 줄 알지만, 내 일본어로는 충분하지 못합니다.)

□ 일본어를 할 줄 아는 사람을 부탁합니다.
日本語を話せる人をお願いします。
니홍고오 하나세루 히또오 오네가이시마스

□ 일본어를 할 줄 아는 사람은 있습니까?
日本語を話せる人はいますか。
니홍고오 하나세루 히또와 이마스까

□ 종이에 적어 주시겠어요?

紙に書いてもらえますか。

가미니 가이떼 모라에마스까

□ 죄송하지만 알아듣지 못했는데요.

すみません、聞き取れなかったのですが。

스미마셍　　　기끼토레나깟따노데스가

□ 말하는 게 너무 빨라서 모르겠습니다.

話し方が速すぎてわかりません。

하나시카따가 하야스기떼 와까리마셍

A：私の言っていることがわかりますか。
　　（내가 말하고 있는 것을 알겠습니까?）

B：話し方が速すぎてわかりません。
　　（말하는 게 너무 빨라서 모르겠습니다.）

□ 그것은 일본어로 뭐라고 합니까?

それは日本語で何と言うのですか。

소레와 니홍고데 난또 이우노데스까

□ 이 단어는 어떻게 발음합니까?

この単語はどうように発音するのですか。

고노 당고와 도-요-니 하쯔온스루노데스까

□ 저 간판에는 무엇이 적혀 있습니까?

あの看板には何が書いてあるのですか。

아노 감반니와 나니가 가이떼 아루노데스까

□ 당신은 일본어 이외에 말을 하십니까?

あなたは日本語以外の言葉を話されますか。

아나따와 니홍고 이가이노 고또바오 하나사레마스까

주의를 촉구할 때

□ 조심해!

気_きをつけて!

기오 쯔께떼

□ 더 조심해야 해.

もっと気_きをつけなければいけないよ。

못또 기오 쯔께나께레바 이께나이요

□ 걸음을 조심해.

足元_{あしもと}に気_きをつけて。

아시모또니 기오쯔께떼

□ 떨어뜨리지 않도록 조심해요.

落_おとさないように気_きをつけてね。

오또사나이요-니 기오 쯔께떼네

□ 먹는 걸 조심해라.

食_たべ物_{もの}に気_きをつけて。

다베모노니 기오 쯔께떼

　A：食_たべ物_{もの}に気_きをつけて。
　　　(먹는 걸 조심해.)

　B：わかってる。生_{なま}ものは食_たべないよ。
　　　(알았어. 날 것은 먹지 않을 게.)

□ 너무 많이 마시지 마.

飲_のみすぎないでね。

노미스기나이데네

A : 今夜は浩美と飲みに行くんだ。
(오늘 밤에 히로미와 술 마시러 갈 거야.)

B : 飲みすぎないでね。
(너무 많이 마시지 마.)

□ 말조심해.

言葉に気をつけなさい。

고또바니 기오 쯔께나사이

□ 돈 씀씀이를 조심하거라.

お金の使い方には気をつけなさい。

오까네노 쯔까이카따니와 기오 쯔께나사이

□ 저 남자를 조심해.

あの男には気をつけろよ。

아노 오또고니와 기오 쯔께로요

A : あの男には気をつけろよ。
(저 남자를 조심해.)

B : どうして? 彼はいい人だと思うけど。
(왜? 그는 좋은 사람 같은데.)

□ 그를 가볍게 봐서는 안 돼.

彼を甘くみてはダメよ。

가레오 아마꾸 미떼와 다메요

□ 그가 하는 말을 진심이라고 믿어서는 안 돼.

彼の言うことを本気にしてはダメだよ。

가레노 이우 고또오 홍끼니 시떼와 다메다요

A : 中田が私のことを好きだって言ったの。
(나카다가 나를 좋아한다고 했어.)

B : 彼の言うことを本気にしてはダメだよ。
(그가 하는 말을 진심이라고 믿어서는 안 돼.)

☐ 지난번에 있었던 일을 기억해 봐.

この前のことを思い出してみなさい。
고노 마에노 고또오 오모이다시떼 미나사이

　A : このエクササイズ器具を買わなくちゃ。
　　　(이 운동기구를 사야 해.)

　B : ダメよ。この前のことを思い出してみなさい。
　　　(안 돼. 지난번에 일을 생각해 봐.)

☐ 돈 낭비야.

お金の無駄だよ。
오가네노 무다요

☐ 마루가 젖었습니다.

床が濡れています。
유까가 누레떼 이마스

☐ 마루가 미끄러지기 쉽습니다.

床が滑りやすくなっています。
유까가 스베리야스꾸 낫떼 이마스

☐ 위험한 상항이었어.

危ないところだったわ。
아부나이 도꼬로닷따와

　A : 足元に気をつけて!
　　　(발밑을 조심해!)

　B : 危ないところだったわ。もう少しで転ぶところだった。
　　　(위험했어. 하마터면 넘어질 뻔 했어.)

☐ 소지품에서 눈을 떼지 말도록.

持ち物から目を離さないようにね。
모찌모노까라 메오 하나사나이요-네

□ 도와줘요!

助けて!
다스께떼

□ 불이야!

火事だ!
카지다

□ 비상구는 어디야?

非常口はどこ?
히죠-구찌와 도꼬

A: 非常口はどこ?
(비상구는 어디야?)

B: 廊下の突き当たりです。
(복도 끝입니다.)

□ 만일에 대비해서 비상구를 확인해 두자.

万一に備えて、非常口を確認しておこう。
망이찌니 소나에떼   히죠-구찌오 가꾸닝시떼 오꼬-

□ 긴급사태입니다.

緊急事態なんです。
깅뀨-지따이난데스

□ 엘리베이터에 갇혔습니다.

エレベーターに閉じ込められました。
에레베-따-니 도지꼬메라레마시따

369

A : エレベーターに閉じ込められました。
(엘리베이터에 갇혔습니다.)

B : すぐに誰かを行かせます。
(즉시 누군가를 보내겠습니다.)

□ 경찰을 불러 주세요.

警察を呼んでください。
게-사쯔오 욘데구다사이

□ 곤경에 처해 있습니다.

とても困っているんです。
도떼모 고맛떼 이룬데스

□ 네 도움이 필요해.

君の助けが必要なんだ。
기미노 다스께가 히쯔요-난다

A : 君の助けが必要なんだ。
(네 도움이 필요해.)

B : 何をすればいいの?
(무엇을 하면 될까?)

□ 어떻게 좀 해주세요.

何とかしてください。
난또까 시떼 구다사이

A : 何とかしてください。
(어떻게 좀 해주세요.)

B : やってみましょう。
(해 보겠습니다.)

□ 휴대전화를 빌려 주시겠습니까?

携帯電話を貸してもらえますか。
게-따이뎅와오 가시떼 모라에마스까

370

□ 이 서류의 작성방법을 알려 주세요.

この書類の書き方を教えてください。

고노 쇼루이노 가끼카따오 오시에떼 구다사이

□ 죄송하지만, 먼저 가도 될까요?

すみません、先に行かせてもらえますか。

스미마셍　　　　　사끼니 이까세떼 모라에마스까

A : すみません、先に行かせてもらえますか。
(죄송하지만, 먼저 가도 될까요?)

B : ええ、どうぞ。
(예, 그러세요.)

□ 급합니다.

急いでいるんです。

이소이데 이룬데스

□ 서둘러주세요.

急いでください。

이소이데 구다사이

□ 무슨 일이야?

どうしたの?

도-시따노

A : どうしたの?
(무슨 일이야?)

B : 財布が見つからないんだ。
(지갑이 안 보여.)

□ 무슨 문제라도 있니?

何か問題でもあるの?

나니까 몬다이데모 아루노

371

도난을 당했을 때

□ 도둑이야!

泥棒!

도로보-

□ 가방을 도둑맞았어요.

カバンを盗まれました。

가방오 누스마레마시따

□ 카메라를 날치기 당했습니다.

カメラをひったくられました。

가메라오 힛따꾸라레마시따

□ 소매치기 당했습니다.

スリにやられました。

스리니 야라레마시따

□ 지갑을 소매치기 당했습니다.

財布をすられました。

사이후오 스라레마시따

□ 강도를 만났습니다.

強盗にあいました。

고-또-니 아이마시따

□ 뒤에서 습격당했습니다.

後ろから襲われたんです。

우시로까라 오소와레딴데스

□ 다친 데는 없습니다.

けがはありません。
게가와 아리마셍

A : けがはありますか。
(다친 데는 있습니까?)

B : いいえ、けがはありません。
(아니오, 다친 데는 없습니다.)

□ 외출 중에 방에 도둑이 들었습니다.

外出中に部屋を荒らされました。
가이슈쯔쮸-니 헤야오 아라사레마시따

□ 열쇠가 고장 났습니다.

鍵が壊されました。
가기가 고와사레마시따

□ 나올 때 문을 잠갔습니다.

出かけるとき、鍵はかけました。
데까께루 도끼   가기와 가께마시따

□ 경비원을 불러 주세요.

警備員を呼んでください。
게-비잉오 욘데 구다사이

□ 경찰서는 어디입니까?

警察署はどこですか。
게-사쯔쇼와 도꼬데스까

□ 누구한테 알려야 하나요?

誰に知らせたらいいですか。
다레니 시라세따라 이-데스까

A : 誰に知らせたらいいですか。
(누구한테 알려야 하나요?)

B : 警察へ行く必要がありますね。
(경찰서에 갈 필요가 있어요.)

☐ 검은색 여행가방입니다.

黒の旅行カバンです。
구로노 료꼬- 가방데스

A : どんなカバンでしたか。
(어떤 가방입니까?)

B : 黒の旅行カバンです。
(검은색 여행가방입니다.)

☐ 카메라와 갈아입을 옷이 들어 있습니다.

カメラと着替えが入っています。
가메라또 기가에가 하잇떼 이마스

A : カバンには何が入っていましたか。
(가방에는 무엇이 들어있었습니까?)

B : カメラと着替えが入っています。
(카메라와 옷가지가 들어 있습니다.)

☐ 현금 10만엔 정도와 신용카드가 들어 있습니다.

現金10万円ぐらいとクレジットカードが入っています。
겡낑 쥬-망엥 구라이또 쿠레짓또 카-도가 하잇떼 이마스

A : 札入れにはいくら入っていましたか。
(지갑에는 얼마나 들어 있었습니까?)

B : 現金10万円ぐらいとクレジットカードが入っています。
(현금 10만엔 정도와 신용카드가 들어 있습니다.)

☐ 도난 증명서를 적성해 주세요.

盗難証明書を作ってください。
도-난 쇼-메-쇼오 쯔꿋떼 구다사이

☐ 보험회사에 청구하는 데 필요합니다.

保険会社への請求に必要なんです。
호껭가이샤에노 세-뀨-니 히쯔요-난데스

물건을 분실했을 때

☐ 그 가게에 지갑을 두고 왔습니다.

そちらのお店に財布を置き忘れました。
소찌라노 오미세니 사이후오 오끼와스레마시따

☐ 계산대에 두고 온 것 같습니다.

レジのところに置き忘れたのだと思います。
레지노 도꼬로니 오끼와스레따노다또 오모이마스

A: どこで忘れたのですか。
(어디서 잃어버렸습니까?)

B: レジのところに置き忘れたのだと思います。
(계산대에 두고 온 것 같습니다.)

☐ 확인해 주세요.

確かめてください。
다시까메떼 구다사이

☐ 곧 가지러 가겠습니다.

すぐに取りにいきます。
스구니 도리니 이끼마스

☐ 레스토랑에 코트를 두고 왔어.

レストランにコートを忘れてきたわ。
레스또란니 코-또오 와스레떼 기따와

A: レストランにコートを忘れてきたわ。
(레스토랑에 코트를 두고 왔어.)

B: すぐに電話するんだ。たぶん、まだそこにあるよ。
(지금 전화해 봐. 아마 아직 거기 있을 거야.)

☐ 택시에 두고 내렸습니다.

タクシーに忘れ物をしました。

다꾸시-니 와스레모노오 시마시따

☐ 서류가 들어 있는 봉투입니다.

書類が入った封筒です。

쇼루이가 하잇따 후-또-데스

A : 何を忘れたのですか。
(무엇을 잃어버렸습니까?)

B : 書類が入った封筒です。
(서류가 들어 있는 봉투입니다.)

☐ 탄 곳은 ABC 호텔 앞입니다.

乗ったのはABCホテルの前です。

놋따노와 에-비씨 호떼루노 마에데스

☐ 비행기 안에 외투를 두고 왔습니다.

飛行機の中に上着を置き忘れました。

히꼬-끼노 나까니 우와기오 오끼와스레마시따

☐ 분실물 취급소는 어디입니까?

遺失物係はどこですか。

이시쯔부쯔 가까리와 도꼬데스까

☐ 찾으셨습니까?

見つかりましたか。

미쯔까리마시따까

A : 見つかりましたか。
(찾으셨습니까?)

B : 今のところ、白い上着という報告はありませんね。
(아직까지 흰 외투에 관한 보고는 없습니다.)

□ 찾으시면 연락해 주세요.

見つかったら連絡してください。
미쯔깟따라 렌라꾸시떼 구다사이

A: 見つかったら連絡してください。
(찾으시면 연락해 주세요.)

B: 連絡先の電話番号を書いてください。
(연락처 전화번호를 적어 주세요.)

□ 일요일 아침까지 ABC호텔에 묵을 겁니다.

日曜日の朝までABCホテルに滞在しています。
니찌요-비노 아사마데 에-비씨 호떼루니 다이자이시떼 이마스

□ 신용카드를 분실했습니다.

クレジットカードをなくしました。
쿠레짓또카-도오 나꾸시마시따

□ 카드를 정지시켜 주세요.

カードを無効にしてください。
카-도오 무꼬-니 시떼 구다사이

□ 부정 사용된 경우에는 어떻게 되나요?

不正使用された場合はどうなりますか。
후세-시요-사레따 바아이와 도-나리마스까

A: 不正使用された場合はどうなりますか。
(부정 사용된 경우에는 어떻게 되나요?)

B: その分は補償されます。
(그 부분은 보상 받습니다.)

□ 카드 재발급을 부탁합니다.

カードの再発給をお願いします。
카-도노 사이학큐-오 오네가이시마스

物건을 분실했을 때

377

집에 문제가 있을 때

□ 정전이다.
停電だ。
데-뎅다

□ 전기가 안 켜져.
電気がつかないわ。
뎅끼가 쯔까나이와

□ 아마 전구가 나갔을 거야.
たぶん、電球が切れているんだよ。
다분　　　뎅뀨-가 기레떼 이룬다요

□ 교체해야 해.
取り替えなくちゃね。
도리까에나꾸짜네

□ 퓨즈가 나갔어.
ヒューズがとんじゃったよ。
휴-즈가 돈쟛따요

□ 물이 안 나와.
水が出ないよ。
미즈가 데나이요

□ 단수되었어.
断水なのよ。
단스이나노요

□ 내일은 아침 9시부터 낮 12시까지 단수야.

明日は朝9時から昼の12時まで断水だ。

아시따와 아사 구지까라 히루노 쥬-니지마데 단스이다

□ 물을 받아 놔야겠어.

水を汲み置きしておかなくちゃ。

미즈오 구미오끼시떼 오까나꾸쨔

□ 가스 냄새가 난다.

ガス臭いわ。

가스구사이와

□ 가스 경보기가 울리기 시작했어.

ガス警報器が鳴り出したよ。

가스 게-호-끼가 나리다시따요

□ 가스 회사에 가스 장치를 점검을 부탁해야 해.

ガス会社に器具の点検を頼まなくちゃ。

가스가이샤니 기구노 뎅껭오 다노마나꾸쨔

□ 에어컨이 고장 났어.

エアコンが故障しているんだ。

에아꽁가 고쇼-시떼 이룬다

□ 청소기가 고장 났어.

掃除機が壊れたわ。

소-지끼가 고와레따와

□ 냉장고 상태가 나빠.

冷蔵庫の調子が悪いのよ。

레-조-꼬노 쵸-시가 와루이노요

☐ 수리가 필요해.

修理が必要だわ。

슈-리가 히쯔요-다와

☐ 이제 수명이 다됐어.

もう寿命なんだよ。

모- 쥬묘-난다요

　　A: これは買ってから10年以上経つわ。
　　　(이것은 산 지 10년 이상 지났어.)

　　B: もう寿命なんだよ。
　　　(이제 수명이 다됐어.)

☐ 신제품을 사는 것이 쌀 것 같아.

新品を買った方が安いと思うよ。

신삥오 갓따 호-가 야스이또 오모우요

☐ 아무튼 수리비용 견적을 받아 보자.

とにかく、修理の見積りをとるべきだわ。

도니까꾸　슈-리노 미쯔모리오 도루 베끼다와

☐ 비가 샌다.

雨漏りがするわ。

아마모리가 스루와

☐ 수리하는 사람을 보내 주세요.

修理の人をよこしてください。

슈-리노 히또오 요꼬시떼 구다사이

☐ 가능한 빨리 고쳐 주세요.

できるだけ早く直してほしいんです。

데끼루다께 하야꾸 나오시떼 호시인데스

380

UNIT 07
옷에 문제가 있을 때

□ 스타킹 올이 풀렸어.

ストッキングが伝線^{でんせん}しているわよ。

스톡낑구가 덴센시떼 이루와요

A: ストッキングが伝線^{でんせん}しているわよ。

(스타킹 올이 풀렸어.)

B: あら、教^{おし}えてくれてありがとう。

(어머, 얘기해 줘서 고마워요.)

□ 양말에 구멍이 났어.

靴下^{くつした}に穴^{あな}があいちゃった。

구쯔시따니 아나가 아이짯따

□ 코트 단추가 하나 떨어졌어.

コートのボタンがひとつ取^とれちゃった。

코-또노 보땅가 히또쯔 도레짯따

□ 셔츠 가장 윗 단추가 떨어지려고 해.

シャツのいちばん上^{うえ}のボタンが取^とれかかっているよ。

샤쯔노 이찌방 우에노 보땅가 도레까깟떼 이루요

□ 등 지퍼가 열려 있어.

背中^{せなか}のファスナーが開^あいているわよ。

세나까노 화스나-가 아이떼 이루와요

□ 스웨터에 얼룩이 묻었어.

セーターに染^しみをつけちゃった。

세-따-니 시미오 쯔께짯따

381

□ 이 얼룩 지워질까?

この染み、とれるかしら?
고노 시미　　도레루까시라

A: この染み、とれるかしら?
(이 얼룩 지워질까?)

B: クリーニング屋へ持って行った方がいいよ。
(세탁소에 가져가는 것이 좋겠어.)

□ 어머나! 블라우스에 가격표가 붙은 채로 있어.

いやだ! ブラウスに値札がついたままだわ。
이야다　　　부라우스니 네후다가 쯔이따마마다와

□ 스커트가 구겨졌어.

スカートがしわになっちゃった。
스까-또가 시와니 낫쨋따

건강에 관한 회화

건강에 대한 화제

□ 나는 무척 건강해.
私、すごく健康よ。
와따시 스고꾸 겡꼬-요

□ 컨디션은 좋니?
体調はいいの?
다이쬬-와 이-노

□ 건강에는 자신이 있어.
健康には自信があるんだ。
겡꼬-니와 지싱가 아룬다

□ 체력을 단련해야 해.
体力をつけなくちゃ。
타이료꾸오 쯔께나꾸쨔
A : 来年はハーフマラソンを走ろうよ。
(내년에는 하프 마라톤을 달리자.)
B : いいよ、体力をつけなくちゃ。
(좋아, 체력을 키워놔야 해.)

□ 건강을 위해 뭔가 하니?
健康のために何かやってる?
겡꼬-노 다메니 나니까 얏떼루
A : 健康のために何かやってる?
(건강을 위해 뭔가 하니?)
B : 毎朝、ジョギングをしているよ。
(매일아침 조깅을 하고 있어.)

□ 가급적이면 걸으려고 마음먹고 있어.

できるだけ歩くように心がけているのよ。

데끼루다께 아루꾸요-니 고꼬로가께떼 이루노요

□ 요즘 체력이 떨어지는 게 느껴져.

この頃、体力の衰えを感じるよ。

고노고로 타이료꾸노 오또로에오 간지루요

□ 나이가 있으니까.

トシだからね。

도시다까라네

□ 계단을 오르면 숨이 차.

階段を上ると息がきれるんだ。

가이당오 노보루또 이끼가 기레룬다

□ 술을 줄이려고 신경 쓰고 있어.

酒を減らそうと心がけているんだ。

사께오 헤라소-또 고꼬로가께떼 이룬다

A: もう一杯どう?
(한 잔 더 어때)

B: やめておくよ。酒を減らそうと心がけているんだ。
(그만둘래. 술을 줄이려고 신경 쓰고 있어.)

□ 의사가 술을 끊으라고 했어.

医者から酒をやめるように言われたんだ。

이샤까라 사께오 야메루요-니 이와레딴다

A: 飲みに行こうよ。
(술 마시러 가자.)

B: ダメなんだよ。医者から酒をやめるように言われたんだ。
(안 돼. 의사가 술을 끊으라고 했어.)

385

☐ 담배 끊었어.

禁煙_{きんえん}したんだ。

킹엔시딴다

☐ 벌써 3개월이나 피우지 않았어.

もう3か月_{げっ}も吸_すっていないんだよ。

모- 상까게쯔모 슷떼 이나인다요

A : もう3か月も吸っていないんだよ。
(벌써 3개월이나 피우지 않았어.)

B : 本当_{ほんとう}? いいことだね。
(정말? 좋은 일이야.)

☐ 지금 다이어트 중이야.

今_{いま}、ダイエットをしているの。

이마　다이엣또오 시떼 이루노

☐ 얼마나 체중을 줄이고 싶니?

どれぐらい体重_{たいじゅう}を減_へらしたいの?

도레구라이 타이쥬-오 헤라시따이노

A : どれぐらい体重を減らしたいの?
(얼마나 체중을 줄이고 싶니?)

B : 最低_{さいてい}でも3キロは減_へらしたいわ。
(적어도 3킬로그램은 줄이고 싶어.)

386

건강에 대해 신경을 쓸 때

□ 기분은 어때?

気分はどう?
기붕와 도-

A: 気分はどう?
(기분은 어때?)

B: 大丈夫だよ。ありがとう。
(괜찮아. 고마워.)

□ 기운이 없어 보여.

元気がないみたいだね。
겡끼가 나이 미따이다네

A: 元気がないみたいだね。
(기운이 없어 보여.)

B: うん、気分が悪いんだ。
(응, 컨디션이 안 좋아.)

□ 괜찮니?

大丈夫?
다이죠-부

□ 컨디션은 좋아졌니?

気分はよくなった?
기붕와 요꾸낫따

A: 気分はよくなった?
(컨디션은 좋아졌니?)

B: ええ、もう大丈夫です。
(예, 이제 괜찮습니다.)

387

□ 안색이 안 좋아.

顔色が悪いよ。
<small>かおいろ　わる</small>

가오이로가 와루이요

□ 의사에게 진찰을 받아야 해.

医者に診てもらうべきだよ。
<small>いしゃ　み</small>

이샤니 미떼 모라우베끼다요

A : 医者に診てもらうべきだよ。
<small>いしゃ　み</small>

(의사에게 진찰을 받아야 해.)

B : いや、たぶん疲れているだけなんだ。
<small>つか</small>

(아니야, 그냥 피곤한 것 뿐이야.)

□ 집에 가서 자는 것이 좋겠어.

家に帰って寝たほうがいいよ。
<small>うち　かえ　ね</small>

우찌니 가엣떼 네따 호-가 이-요

A : 気分が悪いの。
<small>きぶん　わる</small>

(컨디션이 안 좋아.)

B : 家に帰って寝たほうがいいよ。
<small>うち　かえ　ね</small>

(집에 가서 자는 것이 좋겠어.)

□ 좀 쉬어야 해.

少し休まなくちゃダメよ。
<small>すこ　やす</small>

스꼬시 야스마나꾸짜 다메요

□ 잠깐 누울래?

しばらく横になったら?
<small>よこ</small>

시바라꾸 요꼬니 낫따라

□ 일은 쉬는 것이 좋을 것 같아.

仕事は休んだほうがいいと思うよ。
<small>しごと　やす　おも</small>

시고또와 야슨다 호-가 이-또 오모우요

□ 열은 쟀니?

熱ははかったの?

네쯔와 하깟따노

A : 熱ははかったの?
(열은 쟀니?)

B : うん、37度だったよ。
(응, 37도였어.)

□ 뭔가 약은 먹었니?

何か薬は飲んだ?

나니까 구스리와 논다

A : 何か薬は飲んだ?
(뭔가 약은 먹었니?)

B : かぜ薬は飲んだ。
(감기약은 먹었어.)

□ 뭘 좀 먹는 게 좋겠어.

何か食べた方がいいよ。

나니까 다베따 호-가 이-요

□ 서로 자신의 몸을 돌봐야 해.

お互いに身体には気をつけなくちゃ。

오따가이니 가라다니와 기오 쯔께나꾸쨔

A : お互いに身体には気をつけなくちゃ。
(서로 자신의 몸을 돌봐야 해.)

B : ええ。いくら注意しても、しすぎることはないわね。
(그래. 아무리 주의해도 지나치지 않아.)

□ 부디 몸 조심하세요.

どうぞお大事に。

도-조 오다이지니

389

□ 빨리 좋아지기를 바란다.

早くよくなるといいね。

하야꾸 요꾸나루또 이-네

□ 뭐 해 줄 것은 없니?

何かしてほしいことはある?

나니까 시떼 호시- 고또와 아루

□ 일에 대한 것은 걱정하지 마.

仕事のことは心配しないで。

시고또노 고또와 심빠이시나이데

□ 좋아지면 다시 만회 할 수 있어.

よくなったら取り戻せるよ。

요꾸 낫따라 도리모도세루요

□ 우리들이 가능한 대신할 테니까.

僕たちができるだけカバーするから。

보꾸다찌가 데끼루다께 카바-스루까라

감기에 걸렸을 때

☐ 감기에 걸렸어.

風をひいちゃった。
가제오 히이짯따

☐ 조금 감기 기운이 있어.

少し風邪気味なの。
스꼬시 가제기미나노

☐ 네 감기가 옮은 것 같아.

あなたの風邪がうつったみたい。
아나따노 가제가 우쯧따미따이

☐ 가족 모두가 감기에 걸렸습니다.

家族中が風邪をひいているんです。
가조꾸쥬-가 가제오 히이떼 이룬데스

☐ 독감에 걸린 것 같아.

インフルエンザにかかったんだと思うわ。
잉후루엔자니 가깟딴다또 오모우와

☐ 그녀는 감기에 걸려서 누워 있어.

彼女、風邪で寝込んでいるんだ。
가노죠 가제데 네꼰데 이룬다

A: **里美は今日、休みなの?**
(사토미는 오늘 쉬니?)

B: **彼女、風邪で寝込んでいるんだ。**
(그녀는 감기에 걸려서 누워 있어.)

391

□ 감기가 좀처럼 떨어지지 않아.

風邪がなかなか抜けなくてね。
가제가 나까나까 누께나꾸떼네

□ 나쁜 감기가 유행하고 있어.

悪い風邪がはやっているんだよ。
와루이 가제가 하얏떼 이룬다요

□ 감기에 걸리지 않도록 조심해.

風邪をひかないように気をつけてね。
가제오 히까나이요-니 기오 쯔께떼네

□ 따뜻하게 하고 있어.

暖かくしているんだよ。
아따따까꾸시떼 이룬다요

□ 감기에 걸려서 맛을 모르겠어.

風邪をひいていて、味がわからないんだ。
가제오 히이떼 이떼   아지가 와까라나인다

□ 한기가 듭니다.

寒気がします。
사무께가 시마스

□ 열이 있습니다.

熱っぽいんです。
네쯥뽀인데스

□ 열이 38도나 됩니다.

熱が38度あります。
네쯔가 산쥬-하찌도 아리마스

392

□ 코가 막혔습니다.

鼻がつまっているんです。

하나가 쯔맛떼 이룬데스

□ 콧물이 나옵니다.

鼻水が出ます。

하나미즈가 데마스

□ 기침이 멈추지 않습니다.

せきが止まりません。

세끼가 도마리마셍

□ 목이 아픕니다.

のどが痛いんです。

노도가 이따인데스

□ 감기약을 먹었지만 전혀 효과가 없습니다.

風邪薬を飲んでいますが、まったく効きません。

가제구스리오 논데 이마스가　　맛따꾸 기끼마셍

□ 벌써 1주일이나 감기를 앓고 있어.

もう1週間も風邪をひいているんだ。

모- 잇슈-깐모 가제오 히이떼 이룬다

A : 風邪はもう治った?

(감기는 이제 나았니?)

B : まだだよ。もう1週間も風邪をひいているんだ。

(아직이야. 벌써 1주일이나 감기를 앓고 있어.)

□ 더 이상 악화되지 않았으면 좋겠어.

これ以上悪くならないといいんだけど。

고레 이죠- 와루꾸 나라나이또 이인다께도

병원에 갈 때

□ 기분이 안 좋습니다.
気分が悪いんです。
기붕가 와루인데스

□ 의사에게 진찰을 받아보고 싶습니다만.
医者に診てもらいたいのですが。
이샤니 미떼 모라이따이노데스가

□ 이 근처에 병원이 있습니까?
この近くに病院はありますか。
고노 치까꾸니 뵤-잉와 아리마스까

□ 병원에 데려가 주세요.
病院へ連れて行ってください。
뵤-잉에 쯔레떼 잇떼 구다사이

□ 배가 몹시 아파.
お腹がひどく痛むんだ。
오나까가 히도꾸 이따문다

□ 더 이상 못 참겠어.
これ以上、がまんできない。
고레 이죠-　　　가망데끼나이

□ 응급실에 가야해요.
応急室へ行かなくちゃ。
오-뀨-시쯔에 이까나꾸쨔

394

□ 일본어를 할 수 있는 의사는 있습니까?

日本語が話せる医者はいますか。

니홍고가 하나세루 이샤와 이마스까

□ 예약이 필요합니까?

予約は必要ですか。

요야꾸와 히쯔요-데스까

□ 나카무라 선생님의 진찰 예약을 하고 싶습니다만.

中村先生の診察の予約をしたいのですが。

나까무라 센세-노 신사쯔노 요야꾸오 시따이노데스가

□ 오늘 오후, 진찰 받을 수 있나요?

今日の午後、診ていただけますか。

교-노 고고　　　　 미떼 이따다께마스까

　A: 今日の午後、診ていただけますか。

　　 (오늘 오후, 진찰 받을 수 있나요?)

　B: 今日の午後は、2時半か3時なら空いています。

　　 (오늘 오후에는 2시 반이나 3시라면 비어 있습니다.)

□ 진찰은 오늘이 처음입니다.

診ていただくのは今日が初めてです。

미떼 이따다꾸노와 쿄-가 하지메떼데스

　A: 以前、こちらにいらしたことはありますか。

　　 (전에 여기에 오신 적이 있습니까?)

　B: いいえ、診ていただくのは今日が初めてです。

　　 (아니오, 진찰은 오늘이 처음입니다.)

□ 다케다 선생님의 소개를 받았습니다.

竹田先生の紹介を受けました。

다께다 센세-노 쇼-까이오 우께마시따

395

☐ 안과 선생님께 진찰받고 싶습니다만.

眼科の先生に診ていただきたいのですが。

강까노 센세-니 미떼 이따다끼따이노데스가

☐ 예약을 하지 않았는데, 내과 진찰을 받을 수 있나요?

予約はしていませんが、内科の診察を受けられますか。

요야꾸와 시떼 이마셍가　나이까노 신사쯔오 우께라레마스까

☐ 건강진단을 받으러 왔습니다.

健康診断のために来ました。

겡꼬-신단노 다메니 기마시따

☐ 전에 건강진단을 받은 것은 2년 전입니다.

前回、健康診断を受けたのは2年前です。

젱까이　겡꼬-신당오 우께따노와 니넴마에데스

☐ 단골의사는 누구십니까?

かかりつけの医者は誰ですか。

가까리쯔께노 이샤와 다레데스까

☐ 좋은 치과 의사를 알고 있니?

いい歯医者さんを知っている?

이- 하이샤상오 싯떼 이루

☐ 치과 검진은 정기적으로 받고 있어.

歯の健診は定期的に受けているんだ。

하노 겐싱와 데-끼떼끼니 우께떼 이룬다

☐ 덕분에 충치는 없어.

おかげで、虫歯はないんだよ。

오까게데　무시바와 나인다요

증상을 설명할 때

☐ 어디가 아프세요?

どうしましたか。
도-시마시따까

☐ 두통이 있어요.

_ず頭痛_{つう}がするんです。
頭痛がするんです。
즈쯔-가 스룬데스

☐ 위 상태가 좋지 않아요.

胃の調子が悪いんです。
이노 쵸-시가 와루인데스

☐ 요즘 소화가 잘 안 돼요.

この頃、胃がもたれるんです。
고노고로   이가 모따레룬데스

☐ 별로 식욕이 없습니다.

あまり食欲がありません。
아마리 쇼꾸쇼꾸가 아리마셍

☐ 가슴이 아파요.

胸やけがします。
무네야께가 시마스

☐ 설사가 심합니다.

下痢がひどいんです。
게리가 히도인데스

□ 특별이 이상한 것은 먹지 않았어요.

べつに変わったものはたべていません。

베쯔니 가왓따 모노와 다베떼 이마셍

A : 昨日、何を食べましたか。
(어제 무엇을 먹었습니까?)

B : べつに変わったものはたべていません。
(특별이 이상한 것은 먹지 않았어요.)

□ 식중독인가요?

食中毒でしょうか。

쇼꾸쮸-도꾸데쇼-까

□ 위가 따끔따끔 아픕니다.

胃がしくしく痛みます。

이가 시꾸시꾸 이따미마스

□ 어젯밤부터 아프기 시작했어요.

昨夜から痛くなりました。

사꾸야까라 이따꾸나리마시따

□ 2주 정도 이 통증이 계속 됐어요.

2週間ぐらいこの痛みが続いています。

니슈-깡 구라이 고노 이따미가 쯔즈이떼 이마스

□ 여기가 아픕니다.

ここが痛いんです。

고꼬가 이따인데스

□ 이 근처를 누르면 아픕니다.

このあたりを押すと痛みます。

고노 아따리오 오스또 이따미마스

□ 밤에 통증 때문에 잠이 깬 적이 있습니다.

夜、痛みで目が覚めることがあります。

요루　이따미데 메가 사메루 고또가 아리마스

□ 최근에 쉽게 피곤해져요.

最近、疲れやすくて。

사이낀　쯔까레야스꾸떼

A : 最近、疲れやすくて。
(최근에 쉽게 피곤해져요.)

B : 睡眠は充分にとっていますか。
(수면은 충분히 취하고 있나요?)

□ 현기증이 납니다.

めまいがします。

메마이가 시마스

□ 잘 자지 못합니다.

よく眠れません。

요꾸 네무레마셍

□ 귀가 울립니다.

耳鳴りがします。

미미나리가 시마스

□ 눈이 가려워요.

目がかゆいんです。

메가 가유인데스

□ 안경을 맞추게 처방전을 써주세요.

メガネをつくるための処方箋を書いてください。

메가네오 쯔꾸루 다메노 쇼호-셍오 가이떼 구다사이

진찰을 받을 때

☐ 저는 어디가 안 좋습니까?

私はどこが悪いのですか。
와따시와 도꼬가 와루이노데스까

A: 私はどこが悪いのですか。
(저는 어디가 안 좋습니까?)

B: インフルエンザのようですね。
(독감인 것 같습니다.)

☐ 그냥 감기입니까?

ただの風邪ですか。
다다노 가제데스까

☐ 이 통증의 원인은 무엇입니까?

この痛みの原因は何ですか。
고노 이따미노 겡잉와 난데스까

☐ 약을 먹을 필요가 있습니까?

薬を飲む必要がありますか。
구스리오 노무 히쯔요-가 아리마스까

☐ 항생제에 알레르기가 있습니다.

抗生物質アレルギーがあります。
고-세-붓시쯔 아레루기-가 아리마스

A: 何かアレルギーはありますか。
(뭔가 알레르기는 있습니까?)

B: 抗生物質アレルギーがあります。
(항생제에 알레르기가 있습니다.)

□ 지금 약을 먹고 있습니다.

今、薬を飲んでいます。

이마 구스리오 논데 이마스

□ 지금까지 큰 병을 앓은 적은 없습니다.

今まで、大きな病気をしたことはありません。

이마마데 오-끼나 뵤-끼오 시따 고또와 아리마셍

□ 건강검진은 한동안 받지 않았습니다.

健康診断はしばらく受けていません。

겡꼬-신당와 시바라꾸 우께떼 이마셍

□ 건강검진으로는 이상이 없었습니다.

健康診断では異状はありませんでした。

겡꼬-신단데와 이죠-와 아리마셍데시따

□ 검사를 받을 필요가 있습니까?

検査を受ける必要がありますか。

겐사오 우께루 히쯔요-가 아리마스까

　A : 検査を受ける必要がありますか。

　　　(검사를 받을 필요가 있습니까?)

　B : ええ、血液と尿の検査をします。

　　　(예, 혈액과 소변 검사를 합니다.)

□ 검사결과를 알려주세요.

検査の結果を教えてください。

겐사노 겍까오 오시에떼 구다사이

□ 어떤 치료를 하는 겁니까?

どんな治療をするのですか。

돈나 치료-오 스루노데스까

□ 곧 좋아집니까?

> すぐによくなりますか。
> 스구니 요꾸 나리마스까

□ 어느 정도면 좋아집니까?

> どれぐらいでよくなりますか。
> 도레 구라이데 요꾸 나리마스까

> A : どれぐらいでよくなりますか。
> (어느 정도면 좋아집니까?)

> B : 今は、はっきりとは言えません。
> (지금은 정확히 말씀드릴 수 없습니다.)

□ 이번에는 언제 오면 됩니까?

> 今度はいつ来ればいいのですか。
> 곤도와 이쯔 구레바 이-노데스까

□ 입원할 필요가 있습니까?

> 入院する必要がありますか。
> 뉴-인스루 히쯔요-가 아리마스까

□ 이를 뽑아야 하나요?

> 歯を抜かなければなりませんか。
> 하오 누까나께레바 나리마셍까

□ 술은 마셔도 괜찮습니까?

> お酒は飲んでも構いませんか。
> 오사께와 논데모 가마이마셍까

> A : お酒は飲んでも構いませんか。
> (술은 마셔도 괜찮습니까?)

> B : お酒は控えてください。
> (술은 삼가 주세요.)

다쳤을 때

☐ 아파!

痛い!
이따이

A : 痛い!
  (아파!)

B : どうしたの?
  (왜 그래?)

☐ 손가락을 베었어.

指を切っちゃった。
유비오 깃짯따

☐ 여길 베었어.

ここを切っちゃったわ。
고꼬오 깃짯따와

☐ 피가 난다.

血が出ているよ。
치가 데떼이루요

☐ 피가 멈추지 않아

血が止まらない。
치가 도마라나이

☐ 아프니?

痛む?
이따무

A: 痛む?
(아프니?)

B: すごく痛いよ。
(너무 아파.)

□ 반창고를 줄래?

絆創膏をちょうだい。
반소-꼬-오·죠-다이

A: 絆創膏をちょうだい。
(반창고를 줄래?)

B: はい。貼ってあげようか。
(응. 붙여줄까?)

□ 상처를 꿰매야 합니까?

傷口を縫わなければなりませんか。
기즈구찌오 누와나께레바 나리마셍까

A: 傷口を縫わなければなりませんか。
(상처를 꿰매야 합니까?)

B: そうですね。傷口がかなり大きいので。
(그래요. 상처가 꽤 커서요.)

□ 흉터가 남을까요?

傷跡が残りますか。
기즈아또가 노꼬리마스까

A: 傷跡が残りますか。
(흉터가 남을까요?)

B: いいえ、しばらくすれば消えますよ。
(아니오, 얼마 후면 없어집니다.)

□ 팔을 세 바늘 꿰맸어.

腕を3針縫ったよ。
우데오 상하리 눗따요

□ 넘어져서 무릎이 까졌어.

転んで膝をすりむいちゃった。

<small>ころ</small> <small>ひざ</small>

고론데 히자오 스리무이짯따

□ 상처를 소독했니?

傷口を消毒した?

<small>きずぐち</small> <small>しょうどく</small>

기즈구찌오 쇼-도꾸시따

A: 傷口を消毒した?

<small>きずぐち</small> <small>しょうどく</small>

(상처를 소독했니?)

B: いや、水で洗っただけだよ。

<small>みず</small> <small>あら</small>

(아니, 물로 씻기만 했어.)

□ 손가락을 데었어.

指をやけどしちゃった。

<small>ゆび</small>

유비오 야께도시짯따

□ 물집이 생겼어.

水ぶくれになったわ。

<small>みず</small>

미즈부꾸레니 낫따와

□ 발목을 삐었습니다.

足首をねんざしました。

<small>あしくび</small>

아시꾸비오 넨자시마시따

A: 足首をねんざしました。

<small>あしくび</small>

(발목을 삐었습니다.)

B: 腫れているようですね。

<small>は</small>

(부은 것 같군요.)

□ 무릎을 삐끗했어요.

膝をひねってしまいました。

<small>ひざ</small>

히자오 히넷떼 시마이마시따

□ 차갑게 하는 것이 좋습니까?

冷やしたほうがいいのですか。
히야시따 호-가 이-노데스까

A: 冷やしたほうがいいのですか。
(차갑게 하는 것이 좋습니까?)

B: 2~3日は冷湿布を貼ってください。
(2~3일은 냉습포를 붙여 주세요.)

□ 허리가 삐끗했어.

ぎっくり腰になっちゃった。
긱꾸리고시니 낫짯따

□ 팔이 부러졌어.

腕を骨折したんだ。
우데오 곳세쯔시딴다

□ 한 달간은 깁스를 하고 있어야 해.

1か月はギブスをはめていなければならないんだ。
익까게쯔와 기부스오 하메떼 이나께레바 나라나인다

□ 벌레한테 물렸어.

虫に刺されちゃった。
무시니 사사레쨧따

□ 너무 가려워.

すごくかゆいよ。
스고꾸 가유이요

약국에서

□ 조제해 주겠습니까?

調剤はしてもらえますか。
<ruby>調剤<rt>ちょうざい</rt></ruby>

쵸-자이와 시떼 모라에마스까

□ 이 처방전으로 조제해 주세요.

この<ruby>処方箋<rt>しょほうせん</rt></ruby>で<ruby>調剤<rt>ちょうざい</rt></ruby>してください。

고노 쇼호-센데 쵸-자이시떼 구다사이

□ 이 약은 하루에 몇 번 먹습니까?

この<ruby>薬<rt>くすり</rt></ruby>は<ruby>一日<rt>いちにち</rt></ruby>に<ruby>何回<rt>なんかい</rt></ruby><ruby>飲<rt>の</rt></ruby>むのですか。

고노 구스리와 이찌니찌니 낭까이 노무노데스까

A : この<ruby>薬<rt>くすり</rt></ruby>は<ruby>一日<rt>いちにち</rt></ruby>に<ruby>何回<rt>なんかい</rt></ruby><ruby>飲<rt>の</rt></ruby>むのですか。
　　(이 약은 하루에 몇 번 먹습니까?)

B : <ruby>毎食後<rt>まいしょくご</rt></ruby>、1<ruby>錠<rt>じょう</rt></ruby>ずつ<ruby>飲<rt>の</rt></ruby>んでください。
　　(매 식후에 한 알씩 드세요.)

□ 진통제는 어느 것입니까?

<ruby>痛<rt>いた</rt></ruby>み<ruby>止<rt>ど</rt></ruby>めはどれですか。

이따미도메와 도레데스까

□ 이것은 무슨 약입니까?

これは<ruby>何<rt>なん</rt></ruby>の<ruby>薬<rt>くすり</rt></ruby>ですか。

고레와 난노 구스리데스까

□ 감기약을 사려고 하는데요.

かぜ<ruby>薬<rt>くすり</rt></ruby>が<ruby>欲<rt>ほ</rt></ruby>しいのですが。

가제구스리가 호시-노데스가

□ 두통에 듣는 약은 있습니까?

頭痛に効く薬はありますか。

즈쯔-니 기꾸 구스리와 아리마스까

□ 잘 듣는 기침약은 있습니까?

よく効くせき止めはありますか。

요꾸 기꾸 세끼도메와 아리마스까

　A: よく効くせき止めはありますか。
　　　(잘 듣는 기침약은 있습니까?)

　B: これがいちばん一般的なものです。
　　　(이것이 가장 일반적인 것입니다.)

□ 소화불량에는 무엇이 좋습니까?

消化不良には何がいいですか。

쇼-까후료-니와 나니가 이-데스까

□ 반창고와 붕대를 주세요.

絆創膏と包帯をください。

반소-꼬-또 호-따이오 구다사이

비즈니스에 관한 회화

스케줄을 확인할 때

□ 오늘 일정은 어떻게 되어 있나?

今日のスケジュールはどうなっているかな?

쿄-노 스케쥬-루와 도-낫떼 이루까나

□ 11시에 X사의 스즈키 씨를 방문하기로 되어 있습니다.

11時にX社の鈴木さんを訪問することになっています。

쥬-이찌지니 엑쿠스샤노 스즈끼상오 호-몽스루 고또니 낫떼 이마스

□ 신입 비서 후보자와 면접이 있습니다.

新しい秘書の候補者の面接があります。

아따라시- 히쇼노 고-호샤노 멘세쯔가 아리마스

□ 나카다 씨와 점심 약속이 있습니다.

中田さんと昼食の約束があります。

나까다 산또 츄-쇼꾸노 약소꾸가 아리마스

□ 오후에는 내내 외출할 겁니다.

午後はずっと外出します。

고고와 즛또 가이슈쯔시마스

　　A: 午後はずっと外出します。
　　（오후에는 내내 외출할 겁니다.）

　　B: それなら、いまのうちに打ち合わせをしよう。
　　（그렇다면, 지금 협의를 합시다.）

□ 자네는 오늘 A사와의 회의에 나가나?

君は今日、A社との会議に出るの?

기미와 쿄-　　에이샤또노 카이기니 데루노

□ 나 대신에 하나꼬가 출석할 거야.

僕の代わりに花子が出席するよ。

보꾸노 가와리니 하나꼬가 슛세끼스루요

□ 당신 다음 주 스케줄은 어떻게 됩니까?

あなたの来週の予定はどうなっていますか。

아나따노 라이슈-노 요떼-와 도-낫떼 이마스까

□ 다음 주에는 상당히 스케줄이 채워져 있습니다.

来週は、かなり予定が詰まっています。

라이슈-와　가나리 요떼-가 쯔맛떼 이마스

□ 다음 주에는 비교적 여유가 있습니다.

来週は比較的余裕があります。

라이슈-와 히까꾸떼끼 요유-가 아리마스

□ 다음 달 홍콩으로 출장 갑니다.

来月、香港に出張します。

라이게쯔　홍꽁니 숫쬬-시마스

□ 홍콩에 있는 의뢰인을 둘러봅니다.

香港のクライアントをまわるんです。

홍꽁노 쿠라이안또오 마와룬데스

A : 出張の目的は何ですか。
(출장 목적은 무엇입니까?)

B : 香港のクライアントをまわるんです。
(홍콩에 있는 의뢰인을 둘러봅니다.)

□ 아직 일정이 정해지지 않았습니다.

まだ予定がはっきりしていません。

마다 요떼-가 학끼리시떼 이마셍

411

일의 진행상황

□ 상황은 어때?

状況はどう?
죠-꾜-와 도-

A : 状況はどう?
　　(상황은 어때?)

B : 全般的に順調です。
　　(전반적으로 순조롭습니다.)

□ 지금까지는 순조롭습니다.

いまのところ順調です。
이마노도꼬로 쥰쬬-데스

A : 新製品の売上げはどう?
　　(신제품 판매는 어떤가?)

B : いまのところ順調です。
　　(지금까지는 순조롭습니다.)

□ 예상보다 순조롭게 진행되고 있습니다.

予想より順調に進んでいます。
요소-요리 쥰쬬-니 스슨데 이마스

□ 새 프로젝트는 언제부터 착수할 수 있습니까?

新しい企画にはいつからとりかかれますか。
아따라시- 기까꾸니와 이쯔까라 도리까까레마스까

A : 新しい企画にはいつからとりかかれますか。
　　(새 프로젝트는 언제부터 착수할 수 있습니까?)

B : A社と契約を結んだら、すぐに始めます。
　　(A사와 계약을 맺으면 바로 시작하겠습니다.)

□ 새로운 프로젝트는 어떻게 되고 있나?

新しいプロジェクトはどうなっているの?
아따라시- 쁘로젝꾸토와 도-낫떼 이루노

A: 新しいプロジェクトはどうなっているの?
(새로운 프로젝트는 어떻게 되고 있나?)

B: そのための専門チームをつくりました。
(그 때문에 전문 팀을 만들었습니다.)

□ 무슨 진전이 있습니까?

何か展開はありましたか。
나니까 뎅까이와 아리마시따까

A: 何か展開はありましたか。
(무슨 진전이 있습니까?)

B: いいえ、何も変わっていません。
(아니오, 아무 변화도 없습니다.)

□ 그 계약은 지금 보류되어 있습니다.

その契約は今、保留になっています。
소노 게-야꾸와 이마   호류-니 낫떼 이마스

□ 부장님의 결정을 기다리고 있습니다.

部長の決定を待っています。
부쬬-노 겟떼-오 맛떼 이마스

□ 오사카 시까지 앞으로 2시간밖에 없어.

大阪市まで、あと2時間しかないよ。
오-사까시마데   아또 니지깡시까 나이요

□ 준비완료입니다.

準備完了です。
쥼비칸료-데스

☐ 모든 준비를 해야 합니다.

すべての準備を整えなければ。

스베떼노 쥼비오 도또노에나께레바

A: すべての準備を整えなければ。
(모든 준비를 해야 합니다.)

B: 全力でやっていますよ。
(전력을 다하고 있습니다.)

☐ 그 일은 언제 끝납니까?

その仕事はいつ終わりますか。

소노 시고또와 이쯔 오와리마스까

A: その仕事はいつ終わりますか。
(그 일은 언제 끝납니까?)

B: 昼休みまでにはできると思います。
(점심시간까지는 가능할 것 같습니다.)

☐ 시장분석 마감은 언제입니까?

市場分析の締め切りはいつですか。

시죠-분세끼노 시메끼리와 이쯔데스까

☐ 아직까지 예정보다 빨리 진행되고 있습니다.

いまのところ、予定より早く進んでいます。

이마노도꼬로　　　요떼-요리 하야꾸 스슨데 이마스

☐ 거의 끝났습니다.

もう少しで終わります。

모- 스꼬시데 오와리마스

☐ 기한에 맞출 수 없을 것 같습니다.

期限には間に合いそうにありません。

기겡니와 마니아이소-니 아리마셍

도움을 청할 때

□ 이 일, 거들어 주지 않을래?

この仕事、手伝ってくれない?
고노 시고또   데쯔닷떼 구레나이

□ 스케줄이 너무 빡빡해.

スケジュールがとてもきついのよ。
스께쥬-루가 도떼모 기쯔이노요

□ 혼자서는 무리야.

ひとりでは無理だわ。
히또리데와 무리다와

□ 나에게 힘겨워.

僕の手に余るよ。
보꾸노 데니 아마루요

A : 仕事をたくさんかかえているのね。
(일을 많이 하고 있구나.)

B : そうなんだ。僕の手に余るよ。
(그래. 나에게 힘겨워.)

□ 이 부분을 해주면 고맙겠습니다만.

この部分をやってくれるとありがたいのですが。
고노 부붕오 얏떼 구레루또 아리가따이노데스가

□ 이 조사를 도와줄 시간은 있습니까?

この調査を手伝ってくれる時間はありますか。
고노 쵸-샤오 데쯔닷떼 구레루 지깡와 아리마스까

415

□ 발표할 자료 만드는데 도움이 필요해.

プレゼンテーションの資料づくりに手が必要なんだ。
푸레젠테-숀노 시료-즈꾸리니 데가 히쯔요-난다

□ 세미나 준비를 도와줄 사람은 있니?

セミナーの準備を手伝ってくれる人はいる?
세미나-노 줌비오 데쯔닷떼 구레루 히또와 이루

□ 네 전문지식이 필요해.

君の専門知識が必要なんだ。
기미노 센몬치시끼가 히쯔요-난다

□ 마케팅 부서에 도움을 부탁하자.

マーケティング部に応援を頼もう。
마-케팅구부니 오-엥오 다노모-

A: 市場データが必要です。
(시장 데이터가 필요합니다.)

B: マーケティング部に応援を頼もう。
(마케팅 부서에 도움을 부탁하자.)

□ 당신이 도와주지 않으면 마감까지 끝낼 수 없습니다.

あなたが手伝ってくれなければ締め切りに間に合わない
のです。
아나따가 데쯔닷떼 구레나께레바 시메끼리니 마니 아와나이노데스

□ 일손이 부족하지요.

人手不足ですよね。
히또데부소꾸데스요네

□ 그 일을 도와드리겠습니다.

その仕事をお手伝いします。
소노 시고또오 오데쯔다이시마스

416

□ 지금 한가합니다.

今、手が空いているんです。
이마 데가 아이떼 이룬데스

A: 手伝ってくれる時間はある?
（도와줄 시간은 있니?）

B: ええ、今、手が空いているんです。
（예, 지금 한가합니다.）

□ 오늘은 잔업할 수 있습니다.

今日は残業できるんです。
교-와 장교-데끼룬데스

□ 둘이서 하면 오늘 중에 끝나요.

二人でやれば、今日中に終わりますよ。
후따리데 야레바　쿄-쮸-니 오와리마스요

□ 미안하지만, 지금은 무척 바빠.

悪いけれど、今は手一杯なの。
와루이께레도　이마와 데입빠이나노

□ 급한 일로 손을 놓을 수가 없어.

急な仕事で手が離せないんだ。
큐-나 시고또데 데가 하나세나인다

회의

□ 기획부와의 회의를 설정해 주세요.
企画部との会議を設定してください。
기까꾸부또노 가이기오 셋떼-시떼 구다사이

□ 회의를 시작합시다.
会議を始めましょう。
가이기오 하지메마쇼-

□ 오늘 의제는 차기 영업전략입니다.
今日の議題は、来期の営業戦略です。
쿄-노 기다이와   라이끼노 에이교-센랴꾸데스

□ 이 회의의 목적은 홍보활동에 대해 토론하는 것입니다.
この会議の目的は宣伝活動について話し合うことです。
고노가이기노 목떼끼와 센뎅카쯔도-니 쯔이떼 하나시아우 고또데스

□ 솔직한 의견을 들려주십시오.
率直なご意見をお聞かせください。
솟쬬꾸나 고이껭오 오키까세구다사이

□ 판매실적 검토부터 시작합시다.
売上げ実積の検討から始めましょう。
우리아게 짓세끼노 겐또-까라 하지메마쇼-

□ 이 건에 관해서 어떻게 생각합니까?
この件に関してどう思いますか。
고노 껜니 간시떼 도- 오모이마스까

□ 무슨 의견은 있습니까?

何かご意見はありますか。

나니까 고이껭와 아리마스까

□ 제안할 게 있습니다.

提案したいことがあります。

데-안시따이 고또가 아리마스

□ 과감한 전략 전환이 필요합니다.

思い切った戦略の転換が必要です。

오모이킷따 센랴꾸노 뎅깡가 히쯔요-데스

□ 계획 실행방법에 대해 검토해 봅시다.

計画の実行方法について検討しましょう。

게-까꾸노 직꼬-호-호-니 쯔이떼 겐또-시마쇼-

□ 문제점을 말씀드리겠습니다.

問題点を挙げてみましょう。

몬다이뗑오 아게떼 미마쇼-

□ 기본적으로는 찬성입니다.

基本的には賛成です。

기혼떼끼니와 산세-데스

A: 計画に賛成ですか、反対ですか。

(계획에 찬성입니까, 반대입니까?)

B: 基本的には賛成です。

(기본적으로는 찬성입니다.)

□ 그 점에 대해서는 찬성할 수 없습니다.

その点については賛成できません。

소노 뗀니 쯔이떼와 산세-데끼마셍

☐ 그 계획은 수정이 필요합니다.

その計画は修正が必要です。

소노 게-까꾸와 슈-세-가 히쯔요-데스

A: これは実行可能な計画だと思いますか。

(이것이 실행 가능한 계획이라고 생각합니까?)

B: その計画は修正が必要です。

(그 계획은 수정이 필요합니다.)

☐ 그런 위험부담을 질 수 없습니다.

そんなリスクはとれませんよ。

손나 리스꾸와 도레마셍요

A: 直接販売を検討するべきだと思います。

(직접판매를 검토해야 한다고 생각합니다.)

B: そんなリスクはとれませんよ。

(그런 위험부담을 질 수 없습니다.)

☐ 다른 관점에서 검토해 봅시다.

別の観点から検討してみましょう。

베쯔노 간뗑까라 겐또-시떼 미마쇼-

☐ 토론을 정리합시다.

議論をまとめましょう。

기롱오 마또메마쇼-

☐ 이 건에 대해 표결처리합시다.

この件について採決しましょう。

고노 껜니 쯔이떼 사이께쯔시마쇼-

출퇴근과 휴가

☐ 매일 아침 9시에 출근합니다.

毎朝、9時に出勤します。
마이아사 구지니 슛낀시마스

☐ 오늘 아침에도 간신히 지각을 면했어.

今朝もかろうじて間に合ったぞ。
게사모 가로-지떼 마니앗따조

☐ 타임카드는 찍었니?

タイムカードは押した?
타이무카-도와 오시따

A : **タイムカードは押した?**
(타임카드는 찍었니?)

B : **あっ、もう少しで忘れるところだったよ。**
(어머, 깜빡 잊을 뻔했다.)

☐ 매일 아침 업무 전에 커피를 마셔.

毎朝、仕事の前にコーヒーを飲むんだ。
마이아사 시고또노 마에니 고-히-오 노문다

☐ 나카무라는 아직 출근 안 했니?

中村はまだ出社していないの?
나까무라와 마다 슛샤시떼 이나이노

A : **中村はまだ出社していないの?**
(나카무라는 아직 출근 안 했니?)

B : **午前中はB社を訪問しています。**
(오전 중에는 B사를 방문 중입니다.)

☐ 나카이 씨는 오늘 아파서 쉰다고 합니다.
中井さんは今日、病気で休むそうです。
나까이 상와 쿄- 뵤-끼데 야스무소-데스

☐ 잠깐 쉬자.
ひと休みしよう。
히또야스미시요-

☐ 오늘은 그만 마치자.
今日はこれで切り上げよう。
쿄-와 고레데 기리아게요-

☐ 나머지는 내일 할게.
残りは明日やるよ。
노꼬리와 아시따 야루요

☐ 오늘 일은 몇 시에 끝나니?
今日、仕事は何時に終わる?
쿄- 시고또와 난지니 오와루

A: 今日、仕事は何時に終わる?
(오늘, 일은 몇 시에 끝나니?)

B: 7時頃には終わるはずだよ。
(7시 쯤에는 끝날 거야.)

☐ 오늘은 6시 정각에 퇴근하겠습니다.
今日は6時ちょうどに失礼します。
쿄-와 로꾸지 쵸-도니 시쯔레-시마스

☐ 이번 주에는 매일 잔업이야.
今週は毎日残業だよ。
곤슈-와 마이니찌 장교-다요

422

□ 오늘은 잔업을 해야 해.

今日は残業しなくちゃ。
교-와 장교-시나꾸쨔

A：今夜は何時に帰るの?
(오늘밤에는 몇 시에 귀가하니?)

B：わからないな。今日は残業しなくちゃ。
(몰라. 오늘은 잔업을 해야 해.)

□ 내일은 반나절 휴가를 내겠습니다.

明日は半休をとります。
아시따와 한뀨오 도리마스

□ 이번 금요일에 휴가를 내고 싶습니다만.

今度の金曜日、休みを取りたいのですが。
곤도노 깅요-비   야스미오 도리따이노데스가

□ 8월 1일부터 1주일간 휴가를 내도 됩니까?

8月1日から1週間、休暇をとってもいいですか。
하찌가쯔 쯔이따찌까라 잇슈-깡 큐-까오 돗떼모 이-데스까

□ 8월 8일부터는 출근하겠습니다.

8月8日から出社します。
하찌가쯔 요-까까라 슛샤시마스

□ 휴가 중에는 구보 씨가 내 일을 맡아서 합니다.

休暇中は、久保さんが私の仕事を引き継ぎます。
큐-까쮸-와   구보상가 와따시노 시고또오 히끼쯔기마스

동료와의 대화

□ 오늘은 일이 잘 진행됐어.

今日は仕事がはかどったね。

교-와 시고또가 하까돗따네

□ 이런 상태로 부탁할게.

この調子で頼むよ。

고노 쵸-시데 다노무요

□ 오늘은 상태는 안 좋아.

今日は調子がでないよ。

쿄-와 쵸-시가 데나이요

□ 일이 진척되지 않아.

仕事が進まないなぁ。

시고또가 스스마나이나

□ 일에 집중이 안돼.

仕事に集中できないんだ。

시고또니 슈-쮸-데끼나인다

　　A：仕事が集中できないんだ。

　　　　(일에 집중이 안 돼.)

　　B：何か問題でもあるの?

　　　　(무슨 문제라도 있니?)

□ 무슨 좋은 기획이 생각났나?

何かいい企画を思いついた?

나니까 이- 기까꾸오 오모이쯔이따

□ 의지하고 있어.

頼りにしているよ。

たよ

다요리니 시떼 이루요

□ 그 서류, 어디에 두었나?

あの書類、どこに置いた?

しょるい　　　　　　お

아노 쇼루이　　도꼬니 오이따

A: あの書類、どこに置いた?

しょるい　　　　　お
(그 서류, 어디에 두었나?)

B: あなたがファイルに入れて持っていると思うわ。

い　　も　　　　　　おも
(네가 파일에 넣어서 가지고 있는 것 같은데.)

□ 또 부장님에게 야단맞고 말았어.

また部長に叱られちゃったよ。

ぶちょう　しか

마따 부쬬-니 시까라레쨧따요

□ 부장님은 왜 나에게는 그렇게 까다로울까?

部長はどうして僕にはこんなに厳しいのかな?

ぶちょう　　　　　ぼく　　　　　　　きび

부쬬-와 도-시떼 보꾸니와 곤나니 기비시-노까나

□ 부장님은 하나코를 편애하는 것 같지 않니?

部長は花子をひいきしていると思わない?

ぶちょう　はなこ　　　　　　　　　おも

부쬬-와 하나꼬오 히-끼시떼 이루또 오모와나이

□ 너의 지나친 생각이야.

君の思い過ごしだよ。

きみ　おも　す

기미노 오모이스고시다요

□ 요즘 스트레스가 쌓였어.

この頃、ストレスがたまっているんだ。

ごろ

고노고로　　스또레스가 다맛떼 이룬다

425

□ 모든 일을 나한테 떠넘기지 마요.

何もかも私に押しつけないでよ。

나니모까모 와따시니 오시쯔께나이데요

　A : 報告書を書いておいてくれる?
　　　(보고서를 써줄래?)

　B : 何もかも私に押しつけないでよ。
　　　(모든 일을 나한테 떠넘기지 마요.)

□ 그것도 업무의 일부야.

それも仕事のうちだよ。

소레모 시고또노 우찌다요

　A : コピーとりなんて、もううんざり。
　　　(복사하는데 이제 진절머리가 나.)

　B : 文句を言わないで。それも仕事のうちだよ。
　　　(불평하지 마. 그것도 업무의 일부야.)

□ 간사를 해주겠니?

幹事をやってくれない?

간지오 얏떼 구레나이

□ 휴가는 어땠어?

休暇はどうだった?

규-까와 도-닷따

　A : 休暇はどうだった?
　　　(휴가는 어땠어?)

　B : すごくリラックスできたよ。
　　　(푹 쉬었어.)

□ 휴가는 어떻게 보냈니?

休暇はどうやって過ごしたの?

규-까와 도-얏떼 스고시따노

426

컴퓨터 조작

□ 이 소프트웨어 사용법을 알려 주세요.

このソフトウェアの使い方を教えてください。
고노 소후또웨아노 쯔까이가따오 오시에떼 구다사이

A: このソフトウェアの使い方を教えてください。
(이 소프트웨어 사용법을 알려 주세요.)

B: いいわよ。難しくはないわ。
(좋아. 어렵지 않아.)

□ 이 소프트웨어 조금 복잡해.

このソフトウェア、少し複雑なのよ。
고노 소후또웨아   스꼬시 후꾸자쯔나노요

□ 익숙해지면 문제없을 거야.

慣れれば問題ないと思うわ。
나레레바 몬다이나이또 오모우와

□ 패스워드는 있니?

パスワードは持っている?
파스와-도와 못떼 이루

A: パスワードは持っている?
(패스워드는 있니?)

B: このソフトを使うのにパスワードが必要なの?
(이 소프트를 사용하는 데 패스워드가 필요하니?)

427

☐ 이 데이터베이스를 사용한 적은 있습니까?

このデータベースを使ったことはありますか。

고노 데-따베-스오 쯔깟따 고또와 아리마스까

☐ 이 데이터베이스의 사용법을 모르는데요.

このデータベースの使い方がわからないのですが。

고노 데-따베-스노 쯔까이가따가 와까라나이노데스가

A: どうしたの?
(무슨 일이니?)

B: このデータベースの使い方がわからないのですが。
(이 데이터베이스의 사용법을 모르는데요.)

☐ 조작방법을 잊어버렸어.

操作方法を忘れちゃった。

소-사호-호-오 와스레쨧따

☐ 너무 복잡해서 기억할 수 없어.

複雑すぎて覚えられないよ。

후꾸자쓰스기떼 오보에라레나이요

☐ 이 소프트에는 편리한 기능이 많이 있어.

このソフトには便利な機能がたくさんあるんだよ。

고노 소후또니와 벤리나 기노-가 닥상 아룬다요

☐ 어머, 컴퓨터가 다운됐어.

あれ、コンピューターがフリーズしちゃった。

아레　콤퓨-따-가 후리-즈시쨧따

☐ 전혀 움직이지 않아.

まったく動かないぞ。

맛따꾸 우고까나이조

□ 재부팅할 수밖에 없어.

再起動するしかないわよ。
사이끼도-스루 시까 나이와요

□ 재부팅하면 데이터는 전부 사라져 버려.

再起動したら、データは全部なくなってしまうよ。
사이끼도-시따라　　데-따와 젬부 나꾸낫떼 시마우요

A: 再起動したら、データは全部なくなってしまうよ。
(재부팅하면 데이터는 전부 사라져 버려.)

B: だからまめに保存しておかなければいけないのよ。
(그러니까 자주 저장해 두어야 해.)

□ 이 컴퓨터, 메모리가 부족해.

このコンピューター、メモリーが足りないよ。
고노 콤퓨-따-　　　　　　　메모리-가 다리나이요

□ 이 컴퓨터, 바이러스에 감염됐습니다.

このコンピューター、ウィルスに感染しています。
고노 콤퓨-따-　　　　　　위루스니 간셍시떼 이마스

A: このコンピューター、ウィルスに感染しています。
(이 컴퓨터, 바이러스에 감염됐습니다.)

B: しまった! またか。
(어떻게 해! 또야?)

□ 보안대책을 강화해야 해.

セキュリティ対策を強化しなければ。
세규리티 타이사꾸오 쿄-까시나께레바

이메일과 인터넷

☐ 나중에 메일을 보내겠습니다.

あとでメールを送ります。

아또데 메-루오 오꾸리마스

☐ 자세한 것은 메일로 알려드리겠습니다.

詳しいことはメールでお知らせします。

구와시- 고또와 메-루데 오시라세시마스

☐ 메일에 첨부된 파일을 열 수가 없는데요.

メールに添付されたファイルを開けられないのですが。

메-루니 뎀뿌사레따 화이루오 아께라레나이노데스가

☐ 밤에 메일이 20건이나 들어왔어.

夜のうちにメールが20件も入っているぞ。

요루노 우찌니 메-루가 니쥬-껨모 하잇떼 이루조

☐ 회사 컴퓨터로 개인적인 메일을 보내지 않도록.

会社のコンピューターから私用メールを送らないように。

가이샤노 콤퓨-따-까라 시요-메-루오 오꾸라나이요-니

☐ 모르는 사람으로부터 온 메일은 열지 않는 것이 좋아.

知らない人からのメールは開かないほうがいいよ。

시라나이 히또까라노 메-루와 히라까나이 호-가 이-요

☐ 귀사는 홈페이지가 있습니까?

御社にはホームページがありますか。

온샤니와 호-무뻬-지가 아리마스까

□ 자세한 것은 본사 홈페이지를 보세요.

詳しいことは、本社のホームページをご覧ください。

구와시- 고또와　혼샤 호-무뻬-지오 고란구다사이

□ 이 정보는 인터넷에서 모았습니다.

この情報は、インターネットで集めたんです。

고노 죠-호-와　인타-넷또데 아쯔메딴데스

□ 홈페이지를 업데이트했어.

ホームページを更新したよ。

호-무페-지오 고-신시따요

□ 이 사이트는 재미있구나.

このサイトはおもしろいね。

고노 사이또와 오모시로이네

□ 여기를 클릭해 보자.

ここをクリックしてみよう。

고꼬오 쿠릭꾸시떼 미요-

□ 링크를 걸어도 됩니까?

リンクを張ってもいいですか。

링꾸오 핫떼모 이-데스까

□ 도움이 되는 정보가 무척 많군.

役に立つ情報が盛りだくさんだね。

야꾸니 타쯔 죠-호-가 모리 닥산다네

□ 인터넷으로 찾아볼게.

インターネットで調べてみるよ。

인따-넷또데 시라베떼 미루요

□ 이 단어로 검색해 보려고 해.

この言葉で検索してみようっと。

고노 고또바데 켄사꾸시떼 미요옷또

431

□ 이렇게 많은 관련 페이지가 있니?

こんなにたくさん関連ページがあるの?

곤나니 닥상 간렘 페-지가 아루노

□ 검색어를 줄여보는 게 좋겠어.

検索キーワードを絞ったほうがいいね。

겐사꾸 키-와-도오 시봇따 호-가 이-네

□ 이 검색엔진은 인기가 좋아.

この検索エンジンはヒット率がいいよ。

고노 켄사꾸 엔징와 힛또리쯔가 이-요

□ 온라인쇼핑을 했어.

オンラインショッピングをしたよ。

온라인 숍삥구오 시따요

□ 인터넷 서점을 많이 이용해.

ウェブ書店をよく利用するよ。

웨부쇼뗑오 요꾸 리요-스루요

□ 이 홈페이지는 알기가 쉽구나.

このホームページはわかりやすいね。

고노 호-무페-지와 와까리야스이네

□ 여기는 회원제인 사이트군.

ここは会員制のサイトだね。

고꼬와 카이인세-노 사이또다네

□ 여기에 입력을 할까?

ここに書き込みをしようかな。

고꼬니 가끼꼬미오 시요-까나

□ 만남 사이트는 여전히 인기가 있대

出会い系のサイトは相変わらず人気があるんだって。

데아이께-노 사이또와 아이까와라즈 닝끼가 아룬닷떼

직장에서의 평가

□ 저 녀석은 일을 잘해.

あいつは仕事_{しごと}ができる。

아이쯔와 시고또가 데끼루

□ 너는 좋은 일을 하고 있구나.

君_{きみ}はいい仕事_{しごと}をしているよ。

기미와 이- 시고또오 시떼 이루요

□ 좋은 일을 했군.

いい仕事_{しごと}をしたね。

이- 시고또오 시따네

□ 발상이 독특하군.

発想_{はっそう}がユニークだね。

핫소-가 유니-꾸다네

□ 그는 매우 유능해.

彼_{かれ}はとても有能_{ゆうのう}だよ。

가레와 도떼모 유-노-다요

□ 우수한 기술자야.

優秀_{ゆうしゅう}な技術者_{ぎじゅつしゃ}だ。

유-슈-나 기쥬쯔샤다

□ 그녀는 일에 열심이야.

彼女_{かのじょ}は仕事熱心_{しごとねっしん}だ。

가노죠와 시고또넷신다

433

□ 그는 이해가 빨라.

彼は飲み込みが早いんだ。

가레와 노미꼬미가 하야인다

□ 이번 부장님은 상당히 수완가야.

今度の部長はなかなかのやり手だよ。

곤도노 부쬬-와 나까나까노 야리떼다요

□ 그는 실행력이 있어.

彼は実行力があるんだ。

가레와 직꼬-료꾸가 아룬다

A : 中村にこの仕事を任せられるのかな?

(나카무라에게 이 일을 맡겨도 될까?)

B : 信用していいよ。彼は実行力があるんだ。

(믿어도 돼. 그는 추진력이 있어.)

□ 그녀는 프로야.

彼女はプロだよ。

가노죠와 푸로다요

□ 일이 더디구나.

仕事が遠いんだ。

시고또가 도-인다

□ 그는 경험이 풍부해.

彼は経験が豊かだ。

가레와 게-껭가 유따까다

□ 그는 매우 계산적이다.

彼はすごく計算高いんだ。

가레와 스고꾸 게-산다까인다

□ 매출의 증가는 그의 공적이야.

売り上げの増加は、彼の手柄だよ。

우리아게노 조-까와　　가레노 데가라다요

□ 그 녀석은 쓸모가 없어.

あいつは使いものにならないよ。

아이쯔와 쯔까이모노니 나라나이요

□ 그는 자신감이 지나쳐.

彼って自身過剰だわ。

가렛떼 지신가죠-다와

□ 거만한 얘기만 해.

偉そうなことばかり言うのよ。

에라소-나 고또바까리 이우노요

□ 그녀는 일을 대충 해.

彼女、仕事が雑だよ。

가노죠　시고또가 자쯔다요

□ 그에게는 책임감이 전혀 없어.

彼には責任感がまったくないんだ。

가레니와 세끼닝깡가 맛따꾸 나인다

□ 전혀 도움이 안 돼.

まったく頼りにならないよ。

맛따꾸 다요리니 나라나이요

일에 열중할 때

□ 그 일 내가 할게요.

その仕事、私にやらせてください。

소노시고또　　와따시니 야라세떼 구다사이

□ 이런 일은 잘 할 수 있어요.

こういった仕事は得意なんです。

고-잇따 시고또와 도꾸이난데스

A : 君、本当にこの仕事を処理できるの?

(자네 정말 이 일을 잘 처리할 수 있나?)

B : はい、こういった仕事は得意なんです。

(네, 이런 일은 잘 할 수 있어요.)

□ 나는 숫자에는 약합니다.

私、数字には弱いんです。

와따시 스-지니와 요와인데스

□ 해봅시다.

やってみましょう。

얏떼 미마쇼-

□ 해볼만한 일입니다.

やりがいのある仕事です。

야리가이노 아루 시고또데스

□ 맡겨 주세요.

任せてください。

마까세떼구다사이

□ 오래 전부터 하고 싶었던 일입니다.

長い間やりたかった仕事なんです。

나가이 아이다 야리따깟따 시고또난데스

□ 최선을 다하겠습니다.

ベストを尽くします。

베스또오 쯔꾸시마스

□ 기대를 저버리지 않도록 열심히 하겠습니다.

期待を裏切らないように頑張ります。

기따이오 우라기라나이요-니 감바리마스

A: すべて君に任せるよ。
   (모두 자네에게 맡기겠네.)

B: 期待を裏切らないように頑張ります。
   (기대를 저버리지 않도록 열심히 하겠습니다.)

□ 간단한 일이야.

簡単な仕事だよ。

간딴나 시고또다요

□ 아무것도 아냐.

何てことないよ。

난떼 고또 나이요

A: その仕事、本当にひとりでできるの?
   (그 일 정말로 혼자서 할 수 있니?)

B: もちろん、何てことないよ。
   (물론, 아무것도 아냐.)

□ 이 일은 저 혼자서는 무리입니다.

この仕事、私ひとりでは無理です。

고노 시고또 와따시 히또리데와 무리데스

□ 누구에게 도와달라고 할까?

誰かに手伝わせようか。

다레까니 데쯔다와세요-까

□ 그렇게 간단하지 않아.

それほど簡単じゃないよ。

소레호도 간딴쟈나이요

□ 입으로 말하는 것은 간단하지만.

口で言うのは簡単だけどね。

구찌데 이우노와 간딴다께도네

□ 어려운 교섭이 될 것입니다.

難しい交渉になりますよ。

무즈까시- 고-쇼-니 나리마스요

A : B社との契約はとれそうかな?
(B사와의 계약은 이루어질까?)

B : そうですね。難しい交渉になりますよ。
(글쎄요. 어려운 교섭이 될 것입니다.)

□ 컴퓨터는 못해.

コンピューターは苦手なんだ。

콤퓨-따-와 니가떼난다

□ 경리 일은 성격에 맞지 않아.

経理の仕事は性に合わないんだ。

게-리노 시고또와 쇼-니 아와나인다

□ 그 일에는 나카다 씨가 적임자라고 생각합니다.

その仕事には、中田さんが適任だと思います。

소노 시고또니와　　나까다상가 데끼닝다또 오모이마스

438

이동·승진·퇴직

☐ 다음달에 오사카 지사로 전근 가.

来月、大阪支社に転勤するんだ。

らいげつ おおさか し しゃ てんきん

라이게쯔 오-사까 시샤니 뎅낀스룬다

☐ 다른 부서로 옮기고 싶어.

ほかの部署へ異動したいなぁ。

ぶ しょ い どう

호까노 부쇼에 이도-시따이나

A: ほかの部署へ異動したいなぁ。

(다른 부서로 옮기고 싶어.)

B: 異動の申請をしてみたら?

(이동 신청을 해보지 그래?)

☐ 해외지사로 옮기고 싶습니다.

海外拠点への異動を希望します。

かいがいきょてん い どう き ぼう

가이가이 교뗑에노 이도-오 키보-시마스

A: 海外拠点への異動を希望します。

(해외지사로 옮기고 싶습니다.)

B: どこの拠点に興味があるの?

(어느 지사에 관심이 있나?)

☐ 본사에서 이제 막 이동했습니다.

本社から異動してきたばかりです。

ほんしゃ い どう

혼샤까라 이도-시떼 기따바까리데스

□ 그는 지방 지점으로 좌천당했어.

彼、田舎の支店にとばされたのよ。

가레 이나까노 시뗀니 도바사레따노요

□ 과장으로 승진했어.

課長に昇進したよ。

가쬬-니 쇼-신시따요

□ 그녀에게 승진은 의외네.

彼女に昇進は意外だわ。

가노죠니 쇼-싱와 이가이다와

□ 저의 승진을 고려해 주셨으면 합니다.

私の昇進を考えていただきたいのですが。

와따시노 쇼-싱오 강가에떼 이따다끼따이노데스가

□ 승진 축하해!

昇進おめでとう!

쇼-싱 오메데또-

□ 그는 해고되었어.

彼、クビになったのよ。

가레 구비니낫따노요

□ 이 계약을 성사시키지 못하면 나는 해고당할지도 몰라.

この契約がまとまらなければ、僕はクビになるかもしれ
ないな。

고노 게-야꾸가 마또마라나께레바 보꾸와 구비니 나루까모 시레나이나

A: これは会社にとって、とても重要な取引だね。
(이것은 회사로서는 매우 중요한 거래야.)

B: うん、この契約がまとまらなければ、僕はクビになるかも
しれないな。
(응, 이 계약을 성사시키지 못하면 나는 해고당할지도 몰라.)

□ 다나카 씨는 다음 달 정년퇴직합니다.
田中さんは来月、定年退職されます。
다나까상와 라이게쯔 데-넹타이쇼꾸사레마스

□ 나는 정년퇴직 후에도 비상근으로 일을 계속할 겁니다.
私は定年後も非常勤で仕事を続けます。
와따시와 데-넹고모 히죠-낑데 시고또오 쯔즈께마스

□ 우리 회사의 정년은 60세입니다.
当社の定年は60歳です。
도-샤노 데-넹와 로꾸줏사이데스

□ 다케이 씨가 경쟁사로 스카우트 되어 갔어.
武井さん、ライバル会社に引き抜かれたのよ。
다께-상 라이바루 카이샤니 히끼누까레따노요

□ 야마다는 지난 달 퇴직했습니다.
山田は先月、退職しました。
야마다와 셍게쯔 타이쇼꾸시마시따

□ 퇴직하게 되어서 보고 드립니다.
退職することになりましたので、ご報告します。
타이쇼꾸스루 고또니 나리마시따노데 고호-꾸시마스

□ 퇴직 이유는 무엇입니까?
退職の理由は何ですか。
타이쇼꾸노 리유-와 난데스까

A: 退職の理由は何ですか。
(퇴직 이유는 무엇입니까?)
B: アメリカの大学に留学するんです。
(미국 대학으로 유학 갑니다.)

441

UNIT 12

구인에 응모할 때

□ 신문에 게재된 구인 건으로 전화했습니다.

新聞に掲載された求人の件でお電話しました。

심분니 게-사이사레따 규-진노 껜데 오뎅와시마시따

□ 귀사의 구인에 대해 문의 드리고 싶습니다만.

御社の求人について伺いたいのですが。

온샤노 규-진니 쯔이떼 우까가이따이노데스가

□ 어떤 직종에 자리가 비었습니까?

どんな職種に空きがあるのですか。

돈나 쇼꾸슈니 아끼가 아루노데스까

A : どんな職種に空きがあるのですか。
　　(어떤 직종에 자리가 비었습니까?)
B : 今は営業担当者を募集しています。
　　(지금은 영업담당자를 모집하고 있습니다.)

□ 비서직에 자리가 있습니까?

秘書の職に空きはありますか。

히쇼노 쇼꾸니 아끼와 아리마스까

□ 경리 일에 관심이 있습니다.

経理の仕事に興味があるのですが。

게-리노 시고또니 쿄-미가 아루노데스가

A : どの職種へのお問い合わせですか。
　　(어느 직종에 문의하시는 겁니까?)
B : 経理の仕事に興味があるのですが。
　　(경리 일에 관심 있습니다.)

□ 아직 모집하고 있습니까?

まだ募集していますか。

마다 보슈-시떼 이마스까

□ 관리직을 모집하고 있습니까?

管理職を募集しているのですか。

간리쇼꾸오 보슈-시떼 이루노데스까

□ 홍보직에 응모하고 싶습니다만.

広報の職に応募したいのですが。

고-호-노 쇼꾸니 오-보시따이노데스가

□ 응모 조건은 무엇입니까?

応募の条件は何ですか。

오-보노 죠-껭와 난데스까

A : 応募の条件は何ですか。
(응모 조건은 무엇입니까?)

B : 3年以上の経験が必要です。
(3년 이상 경험이 필요합니다.)

□ 그 직종의 경험이 필요합니까?

その職種の経験が必要ですか。

소노 쇼꾸슈노 게-껭가 히쯔요-데스까

A : その職種の経験が必要ですか。
(그 직종의 경험이 필요합니까?)

B : 経験は問いません。
(경험은 묻지 않습니다.)

□ 근무는 언제부터 합니까?

勤務はいつからになりますか。

김무와 이쯔까라니 나리마스까

A : 勤務はいつからになりますか。
(근무는 언제부터 합니까?)

B : すぐに入社していただきます。
(즉시 입사하게 됩니다.)

□ 응모하려면 어떻게 하면 됩니까?
応募するためにはどうすればいいのですか。
오-보스루 다메니와 도-스레바 이-노데스까

A : 応募するためにはどうすればいいのですか。
(응모하려면 어떻게 하면 됩니까?)

B : 写真を貼った履歴書を送ってください。
(사진을 붙인 이력서를 보내주십시오.)

□ 영어와 일본어 이력서가 필요합니까?
英語と日本語の履歴書が必要ですか。
에-고또 니홍고노 리레끼쇼가 히쯔요-데스까

□ 이메일로 이력서를 접수받습니까?
Eメールで履歴書を受け付けてますか。
이메-루데 리레끼쇼오 우께쯔께떼마스까

□ 면접은 언제입니까?
面接はいつですか。
멘세쯔와 이쯔데스까

□ 면접 예약을 하고 싶은데요.
面接の予約をしたいのですが。
멘세쯔노 요야꾸오 시따이노데스가

□ 만나실 분은 어떤 분입니까?
お会いする方はどなたですか。
오아이스루 가따와 도나따데스까

444

면접을 받을 때

☐ 인사부의 하라다 씨를 만나 뵙고 싶습니다.

人事部の原田さんにお会いしたいのですが。
じんじ ぶ はらだ   あ

진지부노 하라다산니 오아이시따이노데스가

☐ 면접 보러 왔습니다.

面接にうかがいました。
めんせつ

멘세쯔니 우까가이마시따

☐ 귀사의 사업에는 늘 흥미를 가지고 있었습니다.

御社の事業には、ずっと興味を持っていました。
おんしゃ じ ぎょう   きょうみ も

온샤노 지교-니와   즛또 쿄-미오 못떼 이마시따

☐ 귀사는 매우 혁신적인 기술을 가지고 있다고 생각합니다.

御社は、とても革新的な技術をお持ちだと思います。
おんしゃ   かくしんてき ぎじゅつ も   おも

온샤와   도떼모 가꾸신떼끼나 기쥬쯔오 오모찌다또 오모이마스

A：当社についてどう思いますか。
とうしゃ   おも
(우리 회사에 대해 어떻게 생각합니까?)

B：御社は、とても革新的な技術をお持ちだと思います。
おんしゃ   かくしんてき ぎじゅつ も   おも
(귀사는 매우 혁신적인 기술을 가지고 있다고 생각합니다.)

☐ 지금은 A회사에서 영업을 하고 있습니다.

今はA社で営業をしています。
いま しゃ えいぎょう

이마와 에이샤데 에이교-오 시떼 이마스

A：現在の仕事についてお話しください。
げんざい しごと   はな
(현재 일에 대해 말씀해 주십시오.)

B：今はA社で営業をしています。
いま しゃ えいぎょう
(지금은 A회사에서 영업을 하고 있습니다.)

□ 회사의 중요한 프로젝트에 참여했습니다.

会社の重要なプロジェクトに関わってきました。

가이샤노 쥬-요-나 푸로제꾸또니 가까왓떼기마시따

□ 사무용 소프트웨어 영업에서는 5년의 경험이 있습니다.

業務用ソフトウェアの営業では5年の経験があります。

교-무요-소후또웨아노 에-교-데와 고넹노 게-껭가 아리마스

□ 담당은 시장조사입니다.

担当は市場調査です。

단또-와 시죠-쬬-사데스

□ 이 업계에 관해서는 잘 알고 있습니다.

この業界についてはよく知っています。

고노 교-까이니 쯔이떼와 요꾸 싯떼 이마스

□ 3년간 영업 보조를 하고 있습니다.

3年間、営業のアシスタントをしています。

산넹깡 에-교-노 아시스딴또오 시떼 이마스

□ 좀더 책임 있는 일을 하고 싶습니다.

もっと責任のある仕事がしたいのです。

못또 세끼닝노 아루 시고또가 시따이노데스

□ 그것은 어떤 일입니까?

それはどのような仕事ですか。

소레와 도노요-나 시고또데스까

A : 経理部長のアシスタントを探しているのです。
(경리부장 보조를 찾고 있습니다.)

B : それはどのような仕事ですか。
(그것은 어떤 일입니까?)

□ 어떤 종류의 일입니까?

どのような職務になるのですか。

도노요-나 쇼꾸무니 나루노데스까

□ 잔업은 많습니까?

残業は多いですか。

장교-와 오-이데스까

□ 어떤 직함입니까?

どのような肩書きになりますか。

도노요-나 가따가끼니 나리마스까

A: どのような肩書きになりますか。
(어떤 직함입니까?)

B: 肩書きは副部長です。
(직함은 부부장입니다.)

□ 건강상태는 양호합니다.

健康状態は良好です。

겡꼬-죠-따이와 료-꼬-데스

□ 일본어는 말하는 데에 큰 문제는 없습니다.

日本語は話すことに大きな問題はありません。

니홍고와 하나스 고또니 오-끼나 몬다이와 아리마셍

□ 토익 점수는 700점입니다.

TOEICのスコアは700点です。

토이꾸노 스코아와 나나햐꾸뗀데스

A: 英語力はどれぐらいですか。
(영어실력은 어느 정도입니까?)

B: TOEICのスコアは700点です。
(토익 점수는 700점입니다.)

응모자를 면접할 때

□ 면접에 와 주셔서 감사합니다.

面接に来ていただき、ありがとうございます。
멘세쯔니 기떼 이따다끼   아리가또- 고자이마스

□ 간단하게 자기소개를 해주시겠습니까?

簡単に自己紹介をしていただけますか。
간딴니 지꼬쇼-까이오 시떼 이따다께마스까

□ 현재의 일에 대해 물어보고 싶은데요.

現在のお仕事についてうかがいたいのですが。
겐자이노 오시고또니 쯔이떼 우까가이따이노데스가

A : 現在のお仕事についてうかがいたいのですが。
(현재의 일에 대해 물어보고 싶은데요.)

B : はい、C社で経理を担当しています。
(네, C사에서 경리를 담당하고 있습니다.)

□ 당신의 업무경력에 대해 말씀해 주십시오.

あなたの業務経験についてお話しください。
아나따노 교-무케-껜니 쯔이떼 오하나시구다사이

□ 전직을 생각하는 이유는 무엇입니까?

転職を考えているのはなぜですか。
덴쇼꾸오 강가에떼 이루노와 나제데스까

□ 당신 경력은 이 일에 적합합니다.

あなたの経歴はこの仕事にぴったりです。
아나따노 게-레끼와 고노 시고또니 삣따리데스

□ 이것은 우리 회사의 신규사업을 위해 신설된 직위입니다.

これは当社の新規事業のために新設されたポストです。

고레와 도-샤노 싱끼지교-노 다메니 신세쯔사레따 포스또데스

A : 仕事について説明していただけますか。

(일에 대해 설명해 주시겠습니까?)

B : これは当社の新規事業のために新設されたポストです。

(이것은 우리 회사의 신규사업을 위해 신설된 직위입니다.)

□ 이 일에는 광범위한 능력이 요구됩니다.

この仕事には幅広い能力が求められます。

고노 시고또니와 하바히로이 노-료꾸가 모또메라레마스

□ 손님과의 접촉이 많은 일입니다.

お客様との接触が多い仕事です。

오꺄꾸사마또노 셋쇼꾸가 오-이 시고또데스

□ 이 업무에 당신의 능력을 어떻게 활용할 건가요?

この仕事で、あなたの能力をどのように活用しますか。

고노시고또데　아나따노 노-료꾸오 도노요-니 가쯔요-시마스까

A : この仕事で、あなたの能力をどのように活用しますか。

(이 업무에 당신의 능력을 어떻게 활용할 건가요?)

B : 数字の管理に関する私の能力は、この仕事に役立つはず
です。

(숫자 관리에 관한 제 능력은 이 업무에 도움이 될 겁니다.)

□ 시장개발에 관한 일에 관심은 있습니까?

市場開発の仕事に興味はありますか。

시죠-카이하쯔노 시고또니 쿄-미와 아리마스까

A : 市場開発の仕事に興味はありますか。

(시장개발에 관한 일에 관심은 있습니까?)

B : はい、それついては多少経験があります。

(네, 그것에 대해서는 다소 경험이 있습니다.)

□ 컴퓨터 조작은 능숙합니까?

コンピューターの操作は得意ですか。
콤퓨-따-노 소-사와 도꾸이데스까

A: コンピューターの操作は得意ですか。
(컴퓨터 조작은 능숙합니까?)

B: はい、事務用の主なソフトは、たいてい操作できます。
(네, 사무용의 주요한 소프트웨어는 대부분 다룰 줄 압니다.)

□ 일본어는 어느 정도 할 수 있습니까?

日本語はどれぐらい話せますか。
니홍고와 도레구라이 하나세마스까

□ 일본어 이외의 외국어는 할 줄 압니까?

日本語以外の外国語は話せますか。
니홍고 이가이노 가이꼬꾸고와 하나세마스까

□ 언제부터 일을 시작하실 수 있습니까?

いつから仕事を始められますか。
이쯔까라 시고또오 하지메라레마스까

A: いつから仕事を始められますか。
(언제부터 일을 시작하실 수 있습니까?)

B: すぐに始められます。
(바로 시작할 수 있습니다.)

조건을 설명할 때

□ 직속 상사는 영업부장이 될 겁니다.

直属の上司は営業部長になります。

쵸꾸조꾸노 죠-시와 에이교-부쬬-니 나리마스

□ 근무시간은 어떻게 됩니까?

就業時間はどうなっていますか。

슈-교-지깡와 도-낫떼 이마스까

A: 就業時間はどうなっていますか。

(근무시간은 어떻게 됩니까?)

B: 月曜日から金曜日の9時から5時までです。

(월요일부터 금요일 9시부터 5시까지입니다.)

□ 복지제도에 대해 알려 주십시오.

福利厚生について教えてください。

후꾸리 코-세-니 쯔이떼 오시에떼 구다사이

□ 전근 가능성은 있습니까?

転勤の可能性はありますか。

뎅낑노 가노-세-와 아리마스까

□ 근무규칙에 대해 설명하겠습니다.

就業規則について説明しましょう。

슈-교-기소꾸니 쯔이떼 세쯔메-시마쇼-

□ 입사한 해의 유급휴가는 10일간입니다.

入社した年の月給休暇は10日間です。

뉴-샤시따 도시노 겍뀨-큐-까와 도-까깐데스

451

☐ 보너스는 연 2회입니다.

賞_{しょう}与_よは年_{ねん}2回_{かい}です。

쇼-요와 넨 니까이데스

☐ 현재의 급료는 얼마입니까?

現_{げんざい}在の給_{きゅうりょう}料はいくらですか。

겐자이노 규-료-와 이꾸라데스까

A: 現_{げんざい}在の給_{きゅうりょう}料はいくらですか。
(현재의 급료는 얼마입니까?)

B: 税_{ぜいこ}込みで年_{ねんしゅう}収600万_{まんえん}円です。
(세금 포함해서 연봉 600만 엔입니다.)

☐ 희망하신 급료는 얼마입니까?

給_{きゅうりょう}料の希_{きぼう}望はどれぐらいですか。

규-료-노 키보-와 도레구라이데스까

☐ 최초 3개월은 수습기간입니다.

最_{さいしょ}初の3か月_{げつ}は試_{しようきかん}用期間です。

사이쇼노 상까게쯔와 시요-기깐데스

여행에 관한 회화

비행기를 타기 전에

□ 동경발 인천행 비행기를 예약하고 싶습니다.

東京発インチョン行きの便を予約したいのですが。

도-꾜-하쯔 인총유끼노 빙오 요야꾸시따이노데스가

A : 東京発インチョン行きの便を予約したいのですが。

(동경발 인천행 비행기를 예약하고 싶습니다.)

B : 何日の便ですか。

(며칠 비행기입니까?)

□ 대기자 명단에 올려 주세요.

キャンセル待ちをしたいのですが。

캰세루마찌오 시따이노데스가

A : 申し訳ありませんが、その便は満席です。

(죄송하지만, 그 비행기는 만석입니다.)

B : キャンセル待ちをしたいのですが。

(대기자 명단에 올려 주세요.)

□ 이번에 큰 마음 먹고 비즈니스 클래스로 할 거야.

今回は奮発して、ビジネスクラスにするぞ。

공까이와 훔바쯔시떼   비지네스 쿠라스니 스루조

□ 인천행 다음 편에 빈자리는 있습니까?

インチョン行きの次の便に空席はありますか。

인총유끼노 쯔기노 빈니 구-세끼와 아리마스까

□ 몇 시까지 공항에 가야 합니까?

何時までに空港に行かなければなりませんか。
난지마데니 쿠-꼬-니 이까나께레바 나리마셍까

A: 何時までに空港に行かなければなりませんか。
(몇 시까지 공항에 가야 합니까?)

B: 出発時間の2時間前までに空港に来てください。
(출발시간 2시간 전까지는 공항에 오세요.)

□ 대한항공의 카운터는 어디입니까?

大韓航空のカウンターはどこですか。
다이깡코-꾸-노 카운따-와 도꼬데스까

□ KAL75 항공편은 정각에 출발합니까?

KAL75便は定刻に出発しますか。
카루 나나고 빙와 데-꼬꾸니 슙빠쯔시마스까

□ 얼마나 지체됩니까?

どれぐらい遅れるのですか。
도레구라이 오꾸레루노데스까

□ 맡길 짐은 2개입니다.

預ける荷物は2個です。
아즈께루 니모쯔와 니꼬데스

□ 이 가방은 기내로 가지고 들어갈 수 있습니까?

このカバンは機内に持ち込めますか。
고노 가방와 기나이니 모찌꼬메마스까

A: このカバンは機内に持ち込めますか。
(이 가방은 기내로 가지고 들어갈 수 있습니까?)

B: 機内に持ち込むには大きすぎます。
(기내에 가지고 들어가기에는 너무 큽니다.)

비행기 안에서

□ 이 가방 짐칸에 안 들어갑니다.

このカバン、荷物棚に入りません。
고노 가방　　　　니모쯔다나니 하이리마셍

□ 이미 다른 사람의 짐으로 꽉 차 있습니다.

もう、ほかの人の荷物でいっぱいなんです。
모-　　호까노 히또노 니모쯔데 입빠이난데스

□ 어딘가에 보관해 주세요.

どこかに預かっておいてください。
도꼬까니 아즈깟떼 오이떼 구다사이

A : どこかに預かっておいてください。
(어딘가에 보관해 주세요.)

B : はい、置ける場所を探します。
(네, 놓을 장소를 찾아보겠습니다.)

□ 친구가 뒷줄 좌석에 앉아 있습니다.

友人が後ろの方の席に座っているんです。
유-징가 우시로노 호-노 세끼니 스왓떼 이룬데스

□ 자리를 바꿔도 됩니까?

席を替わってもいいですか。
세끼오 가왓떼모 이-데스까

A : 席を替わってもいいですか。
(자리를 바꿔도 됩니까?)

B : すみませんが、この便は満席なんです。
(죄송하지만, 이 비행기는 모두 찼습니다.)

□ 이 헤드폰은 고장 난 것 같습니다.

このヘッドホンは壊れているようです。

고보 헷도홍와 고와레떼이루요-데스

□ 일본 신문이나 잡지는 있습니까?

日本の新聞か雑誌はありますか。

니혼노 심붕까 잣시와 아리마스까

□ 기내에서 컴퓨터를 사용해도 됩니까?

機内でコンピューターを使ってもいいですか。

기나이데 콤뷰-따-오 쯔깟떼모 이-데스까

□ 담요를 주세요.

毛布をください。

모-후오 구다사이

□ 죄송합니다. 잠깐 지나가겠습니다.

すみません。ちょっと通してください。

스미마셍   춋또 도-시떼 구다사이

□ 식사는 몇 번 나옵니까?

食事は何度出るのですか。

쇼꾸지와 난도 데루노데스까

□ 아침 식사는 필요 없습니다.

朝食はいりません。

쵸-쇼꾸와 이리마셍

□ 영화는 무엇을 볼 수 있습니까?

映画は何が見られるのですか。

에-가와 나니가 미라레루노데스까

□ 면세품 판매는 합니까?

免税品の販売はありますか。

멘제-힌노 함바이와 아리마스까

□ 도쿄까지의 비행시간은 얼마나 됩니까?

東京までの飛行時間はどれぐらいですか。

도-꾜-마데노 히꼬-지깡와 도레구라이데스까

□ 도쿄는 앞으로 얼마나 있으면 도착합니까?

東京には、あとどれぐらいで到着しますか。

도-꾜-니와　아또 도레구라이데 도-쨔꾸시마스까

□ 도쿄에는 정시에 도착합니까?

東京には定刻に到着しますか。

도-꾜-니와 데-꼬꾸니 도-쨔꾸시마스까

□ 오래 비행기를 타는 것은 피곤하군.

長く飛行機に乗っているのは疲れるなぁ。

나가꾸 히꼬-끼니 놋떼이루노와 쯔까레루나

□ 무릎이 아파와요.

膝が痛くなってきたよ。

히자가 이따꾸 낫떼 기따요

□ 나는 비행기 안에서는 잠을 못자요.

私、飛行機の中では眠れないのよ。

와따시 히꼬-끼노 나까데와 네무레나이노요

A: なんとかして眠ろうよ。

(어떻게든 자도록 하자.)

B: 私、飛行機の中では眠れないのよ。

(나는 비행기 안에서는 잠을 못자.)

458

UNIT 03 입국

☐ 이제 곧 도착해.
もうすぐ到着だよ。
모-스구 도-짜꾸다요

☐ 입국 카드를 주세요.
入国カードをください。
뉴-꼬꾸카-도오 구다사이

☐ 입국 목적은 무엇입니까?
入国の目的は何ですか。
뉴-꼬꾸노 목떼끼와 난데스까

☐ 관광하러 왔습니다.
観光で来ました。
강꼬-데 기마시따
A : 訪問の目的は?
    (방문 목적은?)
B : 観光で来ました。
    (관광하러 왔습니다.)

☐ 10일간 머물 겁니다.
10日間滞在します。
도-까깡 타이자이시마스

☐ 한국으로 돌아갈 비행기표입니다.
韓国へ帰国するときの飛行機のチケットです。
캉꼬꾸에 기꼬꾸스루 도끼노 히꼬-끼노 치껫또데스

☐ ABC호텔에 머물 겁니다.

ABCホテルに泊まります。

에이비씨 호떼루니 도마리마스

☐ 도쿄에 있는 친구 집에 머물 겁니다.

東京にいる友人の家に泊まります。

도-꾜-니 이루 유-진노 이에니 도마리마스까

☐ 짐이 보이지 않습니다.

荷物が見つかりません。

니무쯔가 미쯔까리마셍

☐ 이것이 수하물 교환권입니다.

これが手荷物の引換証です。

고레가 데니모쯔노 히끼까에쇼-데스

☐ 곧 조사해 주세요.

すぐに調べてください。

스구니 시라베떼 구다사이

☐ 짐을 찾는 대로 즉시 이 주소로 보내 주세요.

荷物が見つかったら、すぐにこの住所に届けてください。

니모쯔가 미쯔깟따라   스구니 고노 쥬-쇼니 도도께떼 구다사이

☐ 신고할 것은 있습니까?

申告するものはありますか。

싱꼬꾸스루 모노와 아리마스까

☐ 선물용입니다.

贈答用です。

조-또-요-데스

□ 제가 쓸 것입니다.

自分用です。
じぶんよう

지붕요-데스

□ 신고할 것은 없습니다.

申告するものはありません。
しんこく

싱꼬꾸스루 모노와 아리마셍

□ 이것을 엔으로 바꿔 주세요.

これを円に替えてください。
えん か

고레오 엔니 가에떼 구다사이

□ 잔돈도 섞어 주세요.

小銭もまぜてください。
こぜに

고제니모 마제떼 구다사이

□ 천 엔 지폐로 주세요.

千円札にしてください。
せんえんさつ

셍엔사쯔니 시떼 구다사이

□ 이것을 잔돈으로 주시겠습니까?

これを細かくしてもらえますか。
こま

고레오 고마까꾸시떼 모라에마스까

□ 여행자 수표를 현금으로 바꿔 주세요.

トラベラーズ・チェックを現金にしてください。
げんきん

토라베라-즈 첵꾸오 겡낑니 시떼 구다사이

□ 환율은 얼마입니까?

交換レートはいくらですか。
こうかん

고-깡 레-또와 이꾸라데스까

택시를 탈 때

☐ 택시로 가자.

タクシーで行こうよ。

타꾸시-데 이꼬-요

☐ 택시는 어디서 잡을 수 있습니까?

タクシーはどこで拾えますか。

타꾸시-와 도꼬데 히로에마스까

☐ 택시 승강장은 어디입니까?

タクシー乗り場はどこですか。

타꾸시- 노리바와 도꼬데스까

☐ 택시를 불러 주세요.

タクシーを呼んでください。

타꾸시-오 욘데 구다사이

☐ 손님을 찾는 택시는 있습니까?

流しのタクシーは走っていますか。

나가시노 타꾸시-와 하싯떼 이마스까

☐ 이 거리에는 빈차가 없군.

この通りには空車が走っていないなぁ。

고노 도-리니와 구-샤가 하싯떼 이나이나

☐ 여기서 시내까지 요금은 얼마입니까?

ここから市内までの運賃はいくらですか。

고꼬까라 시나이마데노 운찡와 이꾸라데스까

462

□ 트렁크를 열어 주세요.

トランクを開けてください。

토랑꾸오 아께떼 구다사이

□ 짐을 운반하는 것을 도와주시겠습니까?

荷物を運ぶのを手伝ってもらえますか。

니모쯔오 하꼬부노오 데쯔닷떼 모라에마스까

□ 시내의 프라자 호텔로 가 주세요.

ダウンタウンのプラザホテルへ行ってください。

다운타운노 푸라자호떼루에 잇떼 구다사이

□ 1번가에 있습니다.

1丁目にあります。

잇쪼-메니 아리마스

□ 이 주소까지 부탁합니다.

この住所までお願いします。

고노 쥬-쇼마데 오네가이시마스

□ 가부키 극장까지 몇 분정도 걸립니까?

歌舞伎劇場まで何分ぐらいかかりますか。

가부끼 게끼죠-마데 남뿡구라이 가까리마스까

□ 꽤 난폭한 운전이군.

かなり乱暴な運転だなぁ。

가나리 람보-나 운뗀다나

□ 지독한 교통 체증이야.

すごい渋滞だ。

스고이 쥬-따이다

463

□ 급하니까 지름길로 가주세요.

急いでいるので近道をしてください。

이소이데 이루노데 지까미찌오 시떼 구다사이

□ 다음 모퉁이를 오른쪽으로 돌아 주세요.

次の角を右に曲がってください。

쯔기노 가도오 미기니 마갓떼 구다사이

□ 여기서 멈춰 주세요.

ここで止めてください。

고꼬데 도메떼 구다사이

□ 여기서 내리겠습니다.

ここで降ります。

고꼬데 오리마스

□ 여기서 기다려 주세요.

ここで待っていてください。

고꼬데 맛떼 이떼 구다사이

□ 곧 돌아오겠습니다.

すぐに戻ります。

스구니 모도리마스

□ 얼마입니까?

いくらですか。

이꾸라데스까

□ 잔돈은 가지세요.

お釣りは結構です。

오쯔리와 겍꼬-데스

전철을 탈 때

☐ 여기서 도쿄까지 전철로 갈 수 있습니까?

ここから東京へは電車で行けますか。

고꼬까라 도-꾜-에와 덴샤데 이께마스까

☐ 역은 어디입니까?

駅はどこですか。

에끼와 도꼬데스까

☐ 도쿄까지 어른 2장 주세요.

東京まで、大人2枚ください。

도-꾜-마데　　오또나 니마이 구다사이

☐ 편도 주세요.

片道をください。

가따미찌오 구다사이

A: 片道ですか。往復ですか。
(편도입니까? 왕복입니까?)

B: 片道をください。
(편도 주세요.)

☐ 도쿄행 다음 전철은 몇 시에 출발합니까?

東京行きの次の電車は何時に出ますか。

도-꾜-유끼노 쯔기노 덴샤와 난지니 데마스까

☐ 지정석을 잡을 필요가 있습니까?

指定席をとる必要がありますか。

시떼-세끼오 도루 히쯔요-가 아리마스까

465

□ 다음 도쿄행 전철에 빈 자리가 있습니까?

次の東京行きの電車に空席はありますか。

쯔기노 도-꾜-유끼노 덴샤니 구-세끼와 아리마스까

□ 금연차를 부탁합니다.

禁煙車をお願いします。

깅엔샤오 오네가이시마스

□ 오사카까지 침대차를 예약하고 싶은데요.

大阪まで寝台車を予約したいのですが。

오-사까마데 신다이샤오 요야꾸시따이노데스가

□ 식당차는 붙어 있습니까?

食堂車はついていますか。

쇼꾸도-샤와 쯔이떼 이마스까

□ 도중에 내릴 수 있나요?

途中下車はできますか。

오쮸-게샤와 데끼마스까

□ 이 전철은 나리타 직행입니까?

この電車は成田直通ですか。

고노 덴샤와 나리따 쵸꾸쯔-데스까

A: この電車は成田直通ですか。
(이 전철은 나리타 직행입니까?)

B: いいえ、乗り換えが必要です。
(아니오, 갈아타야 합니다.)

□ 어디서 갈아타야 합니까?

どこで乗り換えるのですか。

도꼬데 노리까에루노데스까

□ 갈아탈 시간은 충분합니까?

乗り換えの時間は充分にありますか。

노리까에노 지깡와 쥬-분니 아리마스까

A : 乗り換えの時間は充分にありますか。
(갈아탈 시간은 충분합니까?)

B : 20分以上ありますよ。
(20분 이상 있습니다.)

□ 급행전철은 이 역에 섭니까?

急行電車はこの駅に停まりますか。

규-꼬-덴샤와 고노 에끼니 도마리마스까

□ 전철은 얼마나 자주 옵니까?

電車はどれぐらいの頻度で来るのですか。

덴샤와 도레구라이노 힌도데 구루노데스까

A : 電車はどれぐらいの頻度で来るのですか。
(전철은 얼마나 자주 옵니까?)

B : 20分おきに来ます。
(20분 간격으로 옵니다.)

□ 전철은 몇 번 홈에서 출발합니까?

電車は何番ホームから出るのですか。

덴샤와 남방 호-무까라 데루누데스까

□ 시간이 늦어 놓쳤습니다.

乗り遅れてしまいました。

노리오꾸레떼 시마이마시따

□ 내릴 역을 지나쳐 버렸습니다.

乗り越してしまいました。

노리꼬시떼 시마이마시따

지하철·버스를 탈 때

□ 가장 가까운 지하철역은 어디입니까?

いちばん近い地下鉄の駅はどこですか。

이찌방 치까이 치까떼쯔노 에끼와 도꼬데스까

□ 지하철 노선도를 주세요.

地下鉄の路線図をください。

치까떼쯔노 로센즈오 구다사이

□ 근대미술관에 지하철로 갈 수 있습니까?

近代美術館へ地下鉄で行けますか。

긴다이비쥬쯔깡에 치까떼쯔데 이께마스까

A : 近代美術館へ地下鉄で行けますか。

(근대미술관에 지하철로 갈 수 있습니까?)

B : はい、上野駅で降りてください。

(네, 우에노 역에서 내리십시오.)

□ 표는 어디서 삽니까?

切符はどこで買うのですか。

깁뿌와 도꼬데 가우노데스까

A : 切符はどこで買うのですか。

(표는 어디서 삽니까?)

B : 自動販売機で買えますよ。

(자동판매기로 살 수 있습니다.)

□ 지하철은 밤새 운행합니까?

地下鉄は終夜運転ですか。
치까떼쯔와 슈-야 운뗀데스까

A: 地下鉄は終夜運転ですか。
(지하철은 밤새 운행합니까?)

B: ええ、24時間動いています。
(네, 24시간 운행합니다.)

□ 지하철은 몇 시까지 운행됩니까?

地下鉄は何時まで動いていますか。
치까떼쯔와 난지마데 우고이떼 이마스까

A: 地下鉄は何時まで動いていますか。
(지하철은 몇 시까지 운행됩니까?)

B: 最終電車はここを12時に出ます。
(마지막 지하철은 이곳을 12시에 출발합니다.)

□ 급행은 여기에 섭니까?

急行はここに停まりますか。
규-꼬-와 고꼬니 도마리마스까

A: 急行はここに停まりますか。
(급행은 여기에 섭니까?)

B: いいえ、各駅停車に乗ってください。
(아니오, 완행전철을 타세요.)

□ 이 전철은 완행 전철입니까?

この電車は各駅停車ですか。
고노 덴샤와 가꾸에끼떼-샤데스까

□ 박물관에 가는 출구는 어디입니까?

博物館への出口はどれですか。
하꾸부쯔깡에노 데구찌와 도레데스까

□ 신주쿠에 가려면 무슨 선을 탑니까?

新宿へ行くには何線ですか。

신쥬꾸에 이꾸니와 나니센데스까

□ 신주쿠까지는 얼마입니까?

新宿まではいくらですか。

신쥬꾸마데와 이꾸라데스까

□ 공항에 가는 버스는 있습니까?

空港へ行くバスはありますか。

구-꼬-에 이꾸 바스와 아리마스까

□ 버스정류장은 어디입니까?

バス乗り場はどこですか。

바스 노리바와 도꼬데스까

□ 버스 노선도는 있습니까?

バスの路線図はありますか。

바스노 로센즈와 아리마스까

□ 이 버스는 신주쿠에 갑니까?

このバスは新宿へ行きますか。

고노 바스와 신쥬꾸에 이끼마스까

□ 어디서 갈아타야 합니까?

どこで乗り換えるのですか。

도꼬데 노리까에루노데스까

□ 그곳에 도착하면 알려 주십시오.

そこに着いたら教えてください。

소꼬니 쯔이따라 오시에떼 구다사이

렌터카를 이용할 때

☐ 차를 빌리고 싶은데요.

車を借りたいのですが。

구루마오 가리따이노데스가

☐ 지금 빌릴 차는 있습니까?

今、借りられる車はありますか。

이마 가리라레루 구루마와 아리마스까

☐ 렌터카를 예약하고 싶은데요.

レンタカーを予約したいのですが。

렌타까-오 요야꾸시따이노데스가

A : レンタカーを予約したいのですが。
　　(렌터카를 예약하고 싶은데요.)

B : はい、いつからですか。
　　(네, 언제부터입니까?)

☐ 6월 10일부터 3일간, 차를 빌리고 싶은데요.

6月10日から3日間、車を借りたいのですが。

로꾸가쯔 도-까까라 믹까깡　　구루마오 가리따이노데스가

☐ 소형차를 부탁합니다.

小型車をお願いします。

고가따샤오 오네가이시마스

A : どのような車をご希望ですか。
　　(어떤 차를 희망하십니까?)

B : 小型車をお願いします。
　　(소형차를 부탁합니다.)

471

□ 오토매틱 차는 있습니까?

オートマチック車はありますか。

오-토마칙꾸 구루마와 아리마스까

□ 6월 10일 아침, 나리타공항에서 빌리고 싶은데요.

6月10日の朝、成田空港で借りたいのですが。

로꾸가쯔 도-까노 아사 나리따 구-꼬-데 가리따이노데스가

□ 6월 12일 오후 같은 공항에서 반납하겠습니다.

6月12日の午後、同じ空港で返します。

로꾸가쯔 쥬-니니찌노 고고 오나지 구-꼬-데 가에시마스

□ 내일 아침 그랜드 호텔로 차를 가져다주시겠습니까?

明日の朝、グランドホテルに車を持ってきてもらえますか。

아시따노 아사 구란도 호떼루니 구루마오 못떼 기떼 모라에마스까

□ 도쿄 시내에 세워놔도 됩니까?

東京市内で乗り捨てできますか。

도-꾜- 시나이데 노리스떼데끼마스까

A : 東京市内で乗り捨てできますか。

(도쿄 시내에 세워놔도 됩니까?)

B : できますが、追加料金になります。

(가능하지만 추가요금을 내야 합니다.)

□ 하루에 요금은 얼마입니까?

1日当たりの料金はいくらですか。

이찌니찌아따리노 료-낑와 이꾸라데스까

A : 1日当たりの料金はいくらですか。

(하루에 요금은 얼마입니까?)

B : 2万円と、税金が別にかかります。

(2만 엔과 세금이 별도로 듭니다.)

□ 요금에 보험은 포함됩니까?

料金に保険は含まれていますか。

료-낀니 호껭와 후꾸마레떼 이마스까

□ 보험은 전부 들어 주세요.

保険は全部かけてください。

호껭와 젬부 가께떼 구다사이

A: 保険をかけますか。
（보험을 들겠습니까?）

B: 保険は全部かけてください。
（보험은 전부 들어 주세요.）

□ 운전하는 사람은 저 뿐입니다.

運転するのは私だけです。

운뗸스루노와 와따시다께데스

□ 다른 사람이 운전할 수도 있습니까?

ほかの人が運転することもできますか。

호까노 히또가 운뗸스루 고또모 데끼마스까

□ 가솔린은 가득 채워서 돌려줍니까?

ガソリンは満タンにして返すのですか。

가소링와 만땅니 시떼 가에스노데스까

□ 주행거리는 무제한입니까?

走行距離は無制限ですか。

소-꼬-쿄리와 무세-겐데스까

□ 사고의 경우에는 어디로 연락하면 됩니까?

事故の場合は、どこに連絡すればいいのですか。

지꼬노 바아이와   도꼬니 렌라꾸스레바 이-노데스까

드라이브를 할 때

☐ 가솔린이 다 떨어져간다.

ガソリンがなくなってきたな。

가소링가 나꾸낫떼기따나

☐ 이 근방에 주유소는 있습니까?

この近くにガソリンスタンドはありますか。

고노 치까꾸니 가소린스딴도와 아리마스까

☐ 가득 채워 주세요.

満タンにしてください。

만딴니 시떼 구다사이

☐ 보통을 30리터 넣어 주세요.

レギュラーを30リットル入れてください。

레규라-오 산쥬-릿또루 이레떼 구다사이

☐ 타이어의 공기를 살펴 주세요.

タイヤの空気を調べてください。

타이야노 구-끼오 시라베떼구다사이

☐ 타이어가 펑크 났습니다.

タイヤがパンクしました。

타이야가 빵꾸시마시따

☐ 배터리가 나갔습니다.

バッテリーがあがってしまいました。

밧떼리-가 아갓떼 시마이마시따

474

□ 차가 고장 났습니다.

<ruby>車<rt>くるま</rt></ruby>が<ruby>故障<rt>こ しょう</rt></ruby>しました。

구루마가 고쇼-시마시따

□ 시동이 안 걸려.

エンジンがかからないな。

엔징가 가까라나이나

□ 이 근처에는 일방통행뿐이다.

このあたりは<ruby>一方通行<rt>いっぽうつうこう</rt></ruby>ばかりだ。

고노 아따리와 입뽀-쓰-꼬-바까리다

□ 주차장은 꽉 찼습니다.

<ruby>駐車場<rt>ちゅうしゃじょう</rt></ruby>は<ruby>満車<rt>まんしゃ</rt></ruby>だ。

츄-샤죠-와 만샤다

□ 노상주차를 하는 수밖에 없어.

<ruby>路上駐車<rt>ろ じょうちゅうしゃ</rt></ruby>するしかないな。

로죠-츄-샤스루시까 나이나

　A : <ruby>路上駐車<rt>ろ じょうちゅうしゃ</rt></ruby>するしかないな。
　　　(노상주차를 하는 수밖에 없어.)

　B : やめて、ここは<ruby>駐車禁止<rt>ちゅうしゃきん し</rt></ruby>よ。
　　　(그만둬, 여기는 주차금지야.)

호텔을 찾을 때

□ 도쿄에서는 어디에 묵을까?

東京ではどこに泊まろうか。

도-꾜-데와 도꼬니 도마로-까

□ 도쿄에 있는 호텔은 어디가 좋습니까?

東京のホテルはどこがいいですか。

도-꾜-노 호떼루와 도꼬가 이-데스까

□ 도쿄에서는 주로 프라자 호텔에 묵습니다.

東京では、たいていプラザホテルに泊まります。

도-꾜-데와　　　다이떼- 푸라자 호떼루니 도마리마스

□ 아담하고 편안한 호텔입니다.

ごぢんまりした、居心地のいいホテルですよ。

고짐마리시따　　　　　　이고꼬지노 이- 호떼루데스요

A: どんなホテルですか。
（어떤 호텔입니까?）

B: ごぢんまりした、居心地のいいホテルですよ。
（아담하고 편안한 호텔입니다.）

□ 호텔 예약을 해주시겠습니까?

ホテルの予約をしてもらえますか。

호떼루노 요야꾸오 시떼 모라에마스까

□ 오늘밤 묵을 호텔을 예약하고 싶은데요.

今晩泊まるホテルを予約したいのですが。

곰방 도마루 호떼루오 요야꾸시따이노데스가

☐ 시내에 있는 적당한 호텔을 찾아 주세요.

ダウンタウンにある、手頃なホテルを探してください。
다운따우니 아루　　　데고로나 호떼루오 사가시떼 구다사이

☐ 공항 근처에 있는 호텔을 예약해 주세요.

空港の近くにあるホテルを予約してください。
구-꼬-노 치까꾸니 아루 호떼루오 요야꾸시떼 구다사이

☐ 도시 중심부에 있는 호텔이 좋겠는데요.

街の中心部にあるホテルがいいのですが。
마찌노 츄-심부니 아루 호떼루가 이-노데스가

☐ 예산은 1박에 2만 엔 정도입니다.

予算は1泊2万円ぐらいです。
요상와 입빠꾸 니망엥 구라이데스

☐ 1박에 2만 엔 이하 호텔은 있습니까?

1泊2万円以下のホテルはありますか。
입빠꾸 니망엥 이까노 호떼루와 아리마스까

☐ 관광하기에 편리한 장소의 호텔입니까?

観光に便利な場所のホテルですか。
강꼬-니 벤리나 바쇼노 호떼루데스까

　A：観光に便利な場所のホテルですか。
　　（관광하기에 편리한 장소의 호텔입니까?）

　B：ええ、上野にあります。
　　（예, 우에노에 있습니다.）

☐ 2인용 방을 부탁합니다.

2人用の部屋をお願いします。
후따리요-노 헤야오 오네가이시마스

☐ 숙박비는 얼마입니까?

部屋代はいくらですか。

헤야다이와 이꾸라데스까

☐ 욕실이 있는 싱글 룸은 얼마입니까?

バス付きのシングルルームはいくらですか。

바스쯔끼노 싱구루 루-무와 이꾸라데스까

☐ 세금과 봉사료는 포함되어 있나요?

税金とサービス料は入っていますか。

제-낑또 사-비스료-와 하잇떼 이마스까

A: 税金とサービス料は入っていますか。

(세금과 봉사료는 포함되어 있나요?)

B: いいえ、それは部屋代に加算されます。

(아니오, 그것은 숙박비에 추가될 겁니다.)

☐ 좀더 싼 호텔을 찾아주세요.

もう少し安いホテルを探してください。

모- 스꼬시 야스이 호떼루오 사가시떼 구다사이

478

□ 예약은 했는데 도착이 늦어지겠습니다.

予約しているのですが、到着が遅れます。
요야꾸시떼 이루노데스가   도-쨔꾸가 오꾸레마스

A: 予約しているのですが、到着が遅れます。
(예약은 했는데 도착이 늦어지겠습니다.)

B: わかりました。予約を残しておきます。
(알겠습니다. 예약을 유지해 두겠습니다.)

□ 체크인을 부탁합니다.

チェックインをお願いします。
쳉꾸잉오 오네가이시마스

□ 싱글 룸을 5일 동안 예약했습니다.

シングルルームを5泊予約しています。
싱구루루-무오 고하꾸 요야꾸시떼 이마스

A: シングルルームを5泊予約しています。
(싱글 룸을 5일 동안 예약했습니다.)

B: 6月22日の土曜日にご出発ですね?
(6월 22일 토요일에 출발하시죠?)

□ 여행사를 통해 예약했습니다.

旅行会社を通じて予約しました。
료꼬-가이샤오 쯔-지떼 요야꾸시마시따

□ 숙박료는 선불로 냈습니다.

宿泊料は前払いしてあります。
슈꾸하꾸료-와 마에바라이시떼 아리마스

A : 宿泊料は前払いしてあります。
(숙박료는 선불로 냈습니다.)

B : 宿泊券をいただけますか。
(숙박권을 주시겠습니까?)

□ 예약은 하지 않았는데 싱글 룸은 있습니까?

予約はしていませんが、シングルルームは空いていますか。
요야꾸와 시떼 이마셍가   싱구루루-무와 아이떼 이마스까

□ 더블 룸도 괜찮습니다.

ダブルの部屋でもいいです。
다부루노 헤야데모 이-데스

A : 申し訳ありませんが、シングルルームは満室です。
(죄송하지만 싱글 룸은 다 찼습니다.)

B : それなら、ダブルの部屋でもいいです。
(그렇다면 더블 룸도 괜찮습니다.)

□ 높은 층의 방을 부탁합니다.

上の方の階にある部屋をお願いします。
우에노 호-노 가이니 아루 헤야오 오네가이시마스

□ 전망이 좋은 방을 부탁합니다.

眺めのいい部屋をお願いします。
나가메노 이- 헤야오 오네가이시마스

□ 바다가 잘 보이는 방으로 해주세요.

海がよく見える部屋にしてください。
우미가 요꾸 미에루 헤야니 시떼 구다사이

□ 공원을 마주하고 있는 방으로 해주세요.

公園に面した部屋にしてください。

고-엔니 멘시따 헤야니 시떼 구다사이

□ 좀 더 싼 방은 있습니까?

もう少し安い部屋はありますか。

모- 스꼬시 야스이 헤야와 아리마스까

A: もう少し安い部屋はありますか。
(좀 더 싼 방은 있습니까?)

B: いいえ、これがご用意できる中でいちばん安い部屋です。
(아니오, 이것이 준비되어 있는 것 중에 가장 싼 방입니다.)

□ 아침 식사가 포함되어 있는 요금입니까?

朝食付きの料金ですか。

죠-쇼꾸쯔끼노 료-낑데스까

□ 그 방으로 하겠습니다.

その部屋にします。

소노 헤야니 시마스

□ 신용카드로 지불하겠습니다.

クレジットカードで支払います。

쿠레짓토카-도데 시하라이마스

A: お支払いはどうなさいますか。
(지불은 어떻게 하시겠습니까?)

B: クレジットカードで支払います。
(신용카드로 지불하겠습니다.)

□ 짐을 방으로 옮겨 주세요.

荷物を部屋まで運んでください。

니모쯔오 헤야마데 하꼰데구다사이

서비스를 이용할 때

☐ 귀중품을 금고에 보관하고 싶은데요.

貴重品をセーフティーボックスに預けたいのですが。
기쪼-힝오 세-후티-복꾸스니 아즈께따이노데스가

A : 貴重品をセーフティーボックスに預けたいのですが。
(귀중품을 금고에 보관하고 싶은데요.)

B : この封筒に入れて、封をしてください。
(이 봉투에 넣어서 밀봉해 주세요.)

☐ 방에 금고는 있습니까?

部屋にセーフティーボックスはありますか。
헤야니 세-후티-복꾸스와 아리마스까

A : 部屋にセーフティーボックスはありますか。
(방에 금고는 있습니까?)

B : はい、クロゼットの中にあります。
(네, 벽장 안에 있습니다.)

☐ 달러를 엔화로 바꾸고 싶습니다.

ドルから円への両替をお願いします。
도루까라 엥에노 료-가에오 오네가이시마스

☐ 이 1만 엔 지폐를 잔돈으로 바꿔 주시겠어요?

この一万円札をくずしてもらえますか。
고노 이찌망엔 사쯔오 구즈시떼 모라에마스까

A : この一万円札をくずしてもらえますか。
(이 1만 엔 지폐를 잔돈으로 바꿔 주시겠어요?)

B : どのようにしますか。
(어떻게 바꿔 드릴까요?)

482

□ 천 엔 권 10장으로 주세요.

千円札10枚にしてください。

셍엔사쯔 쥬-마이니 시떼 구다사이

□ 아침식사는 어디에서 먹을 수 있습니까?

朝食はどこで食べられますか。

죠-쇼꾸와 도꼬데 다베라레마스까

A : 朝食はどこで食べられますか。

(아침식사는 어디에서 먹을 수 있습니까?)

B : 1階にコーヒーショップがあります。

(1층에 커피숍이 있습니다.)

□ 아침식사는 몇 시까지 합니까?

朝食は何時までですか。

죠-쇼꾸와 난지마데데스까

A : 朝食は何時までですか。

(아침식사는 몇 시까지 합니까?)

B : 7時から9時半までです。

(7시부터 9시 반까지입니다.)

□ 내일 아침 7시에 모닝콜을 부탁합니다.

明日の朝、7時にモーニングコールをお願いします。

아시따노 아사　시찌지니 모-닝구코-루오 오네가이 시마스

□ 방을 청소해 주세요.

部屋を掃除してください。

헤야오 소-지시떼 구다사이

□ 드라이기를 빌리고 싶은데요.

ドライヤーを借りたいのですが。

도라이야오 가리따이노데스가

□ 내일 아침식사를 주문하고 싶습니다.

明日の朝食を注文したいのですが。
아시따노 쵸-쇼꾸오 츄-몬시따이노데스가

A : 明日の朝食を注文したいのですが。
(내일 아침 식사를 주문하고 싶습니다.)

B : 何になさいますか。
(무엇을 드시겠습니까?)

□ 아침식사는 7시 반에 가져다주세요.

朝食は7時半に持ってきてください。
쵸-쇼꾸와 시찌지한니 못떼 기떼 구다사이

□ 세탁을 부탁합니다.

クリーニングをお願いします。
쿠리-닝구오 오네가이 시마스

□ 내일 아침 9시까지 될까요?

明日の朝9時までにできますか。
아시따노 아사 구지마데니 데끼마스까

□ 저한테 온 메시지는 있습니까?

私宛てのメッセージはありますか。
와따시아떼노 멧세-지와 아리마스까

□ 이 서류를 복사해 주시겠어요?

この書類をコピーしてもらえますか。
고노 쇼루이오 코삐-시떼 모라에마스까

□ 이 소포를 한국으로 보내고 싶은데요.

この小包を韓国に送りたいのですが。
고노 고즈쯔미오 캉꼬꾸니 오꾸리따이노데스가

호텔에서의 트러블

☐ 방 전기가 안 켜집니다.

部屋の電気がつきません。

헤야노 뎅끼가 쯔끼마셍

☐ 방이 청소가 안 되어 있습니다.

部屋が掃除してありません。

헤야가 소-지시떼 아리마셍

☐ 욕조에 물이 넘쳐흘렀습니다.

浴槽からお湯があふれてしまいました。

요꾸소-까라 오유가 아후레떼 시마이마시따

☐ 따뜻한 물이 나오지 않습니다.

お湯がでません。

오유가 데마셍

☐ 물이 미지근한데요.

お湯がぬるいのですが。

오유가 누루이노데스가

☐ 욕조의 마개가 부서졌습니다.

バスタブの栓が壊れています。

바스타부노 셍가 고와레떼이마스

☐ 화장실 물이 내려가지 않습니다.

トイレの水が流れません。

토이레노 미즈가 나가레마셍

□ 세면대의 배수구가 막혀 있습니다.

洗面所の排水口が詰まっています。

셈멘죠노 하이스이구찌가 쯔맛떼 이마스

□ 누구 좀 보내 주세요.

誰かをよこしてください。

다레까오 요꼬시떼 구다사이

□ 신문이 배달되지 않았습니다.

新聞が届いていません。

심붕가 도도이떼 이마셍

□ 장거리전화는 어떻게 걸어야 하나요?

長距離電話はどうやってかけるのですか。

쵸-교리뎅와와 도-얏떼 가께루노데스까

□ 방에 있는 팩스의 사용법을 모르겠습니다.

部屋にあるファックスの使い方がわかりません。

헤야니 아루 확꾸스노 쯔까이카따가 와까리마셍

□ 방에서 카메라가 없어졌습니다.

部屋からカメラがなくなりました。

헤야까라 카메라가 나꾸나리마시따

□ 방의 온도는 어떻게 조절하나요?

部屋の温度はどうやって調節するのですか。

헤야노 온도와 도-얏떼 쵸-세쯔스루노데스까

A：部屋の温度はどうやって調節するのですか。

(방의 온도는 어떻게 조절하나요?)

B：壁に空調の操作パネルがあります。

(벽에 에어컨 조작 계기판이 있습니다.)

□ 아침 식사가 아직 배달되지 않았는데요.

朝食がまだ届かないのですが。

죠-쇼꾸가 마다 도도까나이노데스가

□ 곧 가져다주실 수 없으면 취소하겠습니다.

すぐに持ってこられないなら、キャンセルします。

스구니 못떼 고라레나이나라　　　　　　　칸세루시마스

□ 세탁물이 돌아오지 않았습니다.

洗濯物が戻ってきません。

센따꾸모노가 모돗떼 기마셍

□ 열쇠를 방에 두고 왔습니다.

カギを部屋の中に置き忘れました。

가기오 헤야노 나까니 오끼와스레마시따

□ 방 열쇠를 잃어버렸습니다.

部屋のカギをなくしてしまいました。

헤야노 가기오 나꾸시떼 시마이마시따

□ 옆 방이 시끄러워요.

隣りの部屋がうるさいのですが。

도나리노 헤야가 우루사이노데스가

　A : 隣りの部屋がうるさいのですが。
　　　(옆 방이 시끄러워요.)

　B : 申し訳ありません、誰かを行かせて確認します。
　　　(죄송합니다. 사람을 보내서 확인하겠습니다.)

□ 방을 바꿔주세요.

部屋を替えてください。

헤야오 가에떼 구다사이

487

체크아웃

□ 하룻밤 더 묵고 싶은데요.

滞在をもう1泊延長したいのですが。
다이자이오 모- 입빠꾸 엔쪼-시따이노데스가

A : 滞在をもう1泊延長したいのですが。
(하룻밤 더 묵고 싶은데요.)

B : では、23日ご出発ですね。承知しました。
(그럼, 23일에 출발하시는군요. 알겠습니다.)

□ 하루 빨리 나가고 싶은데요.

1日早く出たいのですが。
이찌니찌 하야꾸 데따이노데스가

□ 체크아웃 시간은 몇 시입니까?

チェックアウトの時間は何時ですか。
첵꾸아우또노 지깡와 난지데스까

□ 내일 아침 체크아웃하겠습니다.

明日の朝、チェックアウトします。
아시따노 아사 첵꾸아우또시마스

□ 오늘밤에 청구서를 준비해 주세요.

今夜のうちに請求書を用意しておいてください。
공야노 우찌니 세-뀨-쇼오 요-이시떼 오이떼 구다사이

□ 공항까지 셔틀버스는 있습니까?

空港へのシャトルバスはありますか。
구-꼬-에노 샤또루바스와 아리마스까

488

□ 셔틀버스는 아침 몇 시부터 있습니까?

シャトルバスは朝、何時からありますか。
샤또루바스와 아사 난지까라 아리마스까

A: シャトルバスは朝、何時からありますか。
(셔틀버스는 아침, 몇 시부터 있습니까?)

B: 最初のバスは6時にここを出ます。
(첫 버스는 6시에 이곳에서 출발합니다.)

□ 7시에 택시를 대기시켜 주세요.

7時にタクシーを手配してください。
시찌지니 타꾸시-오 데하이시떼 구다사이

□ 짐을 밑에까지 옮겨주세요.

荷物を下まで運んでください。
니모쯔오 시따마데 하꼰데 구다사이

□ 이것은 깨지는 것이니까 조심해주세요.

これは割れ物なので、気をつけてください。
고레와 와레모노나노데 기오 쯔께떼 구다사이

□ 체크아웃을 부탁합니다.

チェックアウトをお願いします。
첵꾸아우또오 오네가이시마스

□ 미니바에서 맥주 한 병 마셨습니다.

ミニバーのビールを1本飲みました。
미니바-노 비-루오 입뽄 노미마시따

A: ミニバーのビールを1本飲みました。
(미니바에서 맥주 한 병 마셨습니다.)

B: わかりました。料金を請求に追加します。
(알겠습니다. 요금을 청구서에 추가하겠습니다.)

□ 전부 얼마입니까?

全部でいくらですか。

젬부데 이꾸라데스까

□ 이 요금은 무엇입니까?

この料金は何ですか。

고노 료-낑와 난데스까

□ 이 요금에 대해 설명해 주세요.

この料金について説明してください。

고노 료-낑니 쯔이떼 세쯔메-시떼 구다사이

A: この料金について説明してください。
  (이 요금에 대해 설명해 주세요.)

B: ミニバーのご利用です。
  (미니바 이용입니다.)

□ 청구서에 착오가 있는 것 같습니다.

請求書に間違いがあるようです。

세-규-쇼니 마찌가이가 아루요-데스

□ 이 숙박료는 들은 것과 다릅니다.

この宿泊料は、聞いていたものと違います。

고노 슈꾸하꾸료-와   기이떼이따 모노또 치가이마스

□ 금고에 넣어둔 것을 꺼내고 싶은데요.

セーフティーボックスに入れたものを出したいのですが。

세-후티-복꾸스니 이레따 모노오 다시따이노데스가

□ 5시경까지 짐을 보관해 주세요.

5時頃まで荷物を預かってください。

고지고로마데 니모쯔오 아즈깟떼 구다사이

UNIT 14 길을 물을 때

□ 실례합니다, 길을 여쭤 보고 싶은데요.

すみません、道をおたずねしたいのですが。
스미마셍　미찌오 오따즈네시따이노데스가

A : すみません、道をおたずねしたいのですが。
(실례합니다, 길을 여쭤 보고 싶은데요.)

B : いいですよ。どこへ行きたいのですか。
(좋아요. 어디 가고 싶은데요?)

□ A타워는 어느 빌딩입니까?

Aタワーはどのビルですか。
에이타와-와 도노 비루데스까

A : Aタワーはどのビルですか。
(A타워는 어느 빌딩입니까?)

B : すぐ後ろにあるビルですよ。
바로 뒤에 있는 빌딩입니다.

□ 어떻게 가면 됩니까?

どうやって行けばいいのですか。
도-얏떼 이께바 이-노데스까

□ 동물원에 가는 방법을 알려 주세요.

動物園への行き方を教えてください。
도-부쯔엥에노 이끼가따오 오시에떼 구다사이

□ 이 주소로는 어떻게 가면 됩니까?

この住所へはどう行けばいいのですか。

고노 쥬-쇼에와 도- 이께바 이-노데스까

□ 약국을 찾고 있는데요.

薬局を探しているのですが。

약꾜꾸오 사가시떼 이루노데스가

□ 이 근처에 있습니다.

この近くにありますか。

고노 치까꾸니 아리마스까

A: 薬局を探しているのですが。この近くにありますか。
　　(약국을 찾고 있는데요. 이 근처에 있습니까?)

B: あのショッピングセンターの中にありますよ。
　　(저 쇼핑센터 안에 있어요.)

□ 길을 잃어버렸습니다.

道に迷ってしまいました。

미찌니 마욧떼 시마이마시따

□ 내가 있는 곳은 이 지도의 어디입니까?

私がいるのは、この地図のどこになりますか。

와따시가 이루노와　　고노 치즈노 도꼬니 나리마스까

□ 이곳에 처음 왔습니다.

ここに来るのは初めてなんです。

고꼬니 구루노와 하지메떼난데스

□ 방향이 틀린 것 같아.

方向を間違えているみたいよ。

호-꼬-오 마찌가에떼 이루 미따이요

492

관광안내소에서

□ 관광안내소는 어디입니까?

観光案内所はどこですか。

강꼬-안나이죠와 도꼬데스까

□ 무료 시내지도는 있습니까?

無料の市内地図はありますか。

무료-노 시나이치즈와 아리마스까

A : 無料の市内地図はありますか。

(무료 시내지도는 있습니까?)

B : ええ、韓国語の地図もありますよ。

(예, 한국어 지도도 있어요.)

□ 시내 관광 팸플릿은 있습니까?

市内の観光パンフレットはありますか。

니사이노 강꼬- 팡후렛또와 아리마스까

□ 이 도시에서 볼 만한 곳을 알려 주세요.

この街の見どころを教えてください。

고노 마찌노 미도꼬로오 오시에떼 구다사이

A : この街の見どころを教えてください。

(이 도시에서 볼 만한 곳을 알려 주세요.)

B : ええ、どんなものに興味があるのですか。

(예, 어떤 것에 관심이 있습니까?)

493

여행에 관한 회화

□ 아름다운 경치를 보고 싶습니다.

きれいな景色が見たいです。

기레-나 게시끼가 미따이데스

□ 사적을 방문하고 싶습니다.

史跡を訪ねたいです。

시세끼오 다즈네따이데스

□ 여기서 얼마나 멉니까?

ここからどれぐらい遠いですか。

고꼬까라 도레구라이 도-이데스까

□ 여기서 걸어갈 수 있는 거리입니까?

ここから歩いていける距離ですか。

고꼬까라 아루이떼 이께루 교리데스까

A: ここから歩いていける距離ですか。
(여기서 걸어갈 수 있는 거리입니까?)

B: タクシーを使った方がいいですよ。
(택시를 타는 편이 좋겠습니다.)

□ 왕복하는데 시간이 얼마나 걸립니까?

往復でどれぐらい時間がかかりますか。

오-후꾸데 도레구라이 지깡가 가까리마스까

□ 그곳에 가는 버스는 있습니까?

そこへ行くバスはありますか。

소꼬에 이꾸 바스와 아리마스까

□ 박물관 할인권은 있습니까?

博物館の割引券はありますか。

하꾸부쯔깡노 와리비끼껭와 아리마스까

UNIT 16 관광투어에 참가할 때

□ 관광 투어에 참가하고 싶은데요.

観光ツアーに参加したいのですが。
강꼬- 쯔아-니 상까시따이노데스가

□ 여기서 관광 투어 예약은 할 수 있습니까?

ここで観光ツアーの予約はできますか。
고꼬데 강꼬- 쯔아-노 요야꾸와 데끼마스까

A: ここで観光ツアーの予約はできますか。
(여기서 관광 투어 예약은 할 수 있습니까?)

B: はい。どのツアーに参加されますか。
(네. 어떤 투어에 참가하시겠습니까?)

□ 어떤 투어가 있습니까?

どんなツアーがあるのですか。
돈나 쯔아-가 아루노데스까

□ 코스 팸플릿을 보여 주세요.

コースのパンフレットを見せてください。
코-스노 팡후렛또오 미세떼 구다사이

□ 한나절 코스가 좋은데요.

半日のコースがいいのですが。
한니찌노 코-스가 이-노데스가

□ 밤 코스는 있습니까?

夜のコースはありますか。
요루노 코-스와 아리마스까

495

□ 이 투어는 어디를 돕니까?

　このツアーではどこをまわるのですか。
　고노 쯔아-데와 도꼬오 마와루노데스까

　A : このツアーではどこをまわるのですか。
　　　(이 투어는 어디를 돕니까?)
　B : 市内の主な観光地のほとんどへ行きます。
　　　(시내의 주요한 관광지 대부분을 갑니다.)

□ 시간은 어느 정도 걸립니까?

　時間はどれぐらいかかりますか。
　지깡와 도레구라이 가까리마스까

□ 몇 시에 출발합니까?

　何時に出発するのですか。
　난지니 슙빠쯔스루노데스까

□ 점심식사는 포함됩니까?

　昼食はついていますか。
　츄-쇼꾸와 쯔이떼 이마스까

□ 버스는 어디에서 출발합니까?

　バスはどこから出るのですか。
　바스와 도꼬까라 데루노데스까

□ 한국어 가이드는 옵니까?

　韓国語のガイドはつきますか。
　캉꼬꾸고노 가이도와 쯔끼마스까

□ 몇 시까지 버스로 돌아오면 됩니까?

　何時までにバスに戻ればいいのですか。
　난지마데니 바스니 모도레바 이-노데스까

미술관·박물관에서

□ 입장료는 얼마입니까?

入場料はいくらですか。

뉴-죠-료-와 이꾸라데스까

□ 이 할인권은 사용할 수 있습니까?

この割引券は使えますか。

고노 와리비끼껭와 쯔까에마스까

A : この割引券は使えますか。

(이 할인권은 사용할 수 있습니까?)

B : はい、百円割引になります。

(네, 100엔 할인됩니다.)

□ 개관은 몇 시입니까?

開館は何時ですか。

가이깡와 난지데스까

□ 이 가방은 맡겨야 하나요?

このカバンは預けなければなりませんか。

고노 가방와 아즈께나께레바 나리마셍까

□ 짐은 어디에 맡깁니까?

荷物はどこに預けるのですか。

니모쯔와 도꼬니 아즈께루노데스까

A : そのカバンは持ち込めません。

(그 가방은 들고 들어갈 수 없습니다.)

B : 荷物はどこに預けるのですか。

(짐은 어디에 맡깁니까?)

□ 뭔가 특별전을 하고 있습니까?

何か特別展をやっていますか。

나니까 도꾸베쯔뗑오 얏떼 이마스까

□ 특별전을 보려면 다른 티켓이 필요합니까?

特別展を見るには、別のチケットが必要なのですか。

도꾸베쯔뗑오 미루니와　베쯔노 치껫또가 히쯔요-나노데스까

□ 이 박물관에서 가장 유명한 전시품은 무엇입니까?

この博物館でいちばん有名な展示品は何ですか。

고노 하꾸부쯔깡데 이찌방 유-메-나 덴지힝와 난데스까

□ 이 항아리는 얼마나 오래된 것입니까?

この壺はどれぐらい古いものですか。

고노 쯔보와 도레구라이 후루이 모노데스까

□ 이 조각은 언제 만들어진 것입니까?

この彫刻は、いつつくられたのですか。

고노 쵸-꼬꾸와　이쯔 쯔꾸라레따노데쓰까

□ 추상화가 많군.

抽象画が多いね。

츄-쇼-가가 오-이네

□ 도저히 현대미술은 이해하지 못하겠어.

どうも現代美術はわからないなぁ。

도-모 겐다이비쥬쯔와 와까라나이나

□ 선물가게는 어디입니까?

ギフトショップはどこですか。

기후또숍뿌와 도꼬데스까

498

관광지에서

☐ 가고 싶은 곳이 많아.

行きたいところがたくさんあるわ。
이끼따이 도꼬로가 닥상 아루와

☐ 3일 동안으로는 전부 가보는 것은 불가능해.

3日間では、全部行くことはできないわね。
믹까강데와　　젬부 이꾸 고또와 데끼나이와네

☐ 절대 봐야할 곳은 어딜까?

絶対に見るべきところはどこかな?
젯따이니 미루 베끼 도꼬로와 도꼬까나

☐ 좀더 시간이 있으면 좋을 텐데.

もっと時間があればいいのに。
못또 지깡가 아레바 이-노니

☐ 이 빌딩에 전망대는 있습니까?

このビルに展望台はありますか。
고노 비루니 뎀보-다이와 아리마스까

☐ 전망대에 오르는 것은 유료입니까?

展望台へのぼるのは有料ですか。
뎀보-다이에 노보루노와 유-료-데스까

A: 展望台へのぼるのは有料ですか。
(전망대에 오르는 것은 유료입니까?)

B: はい、窓口で切符を買ってください。
(네, 창구에서 표를 사세요.)

□ 견학자용 입구는 어디입니까?

見学者用の入口はどこですか。

겡가꾸샤요-노 이리구찌와 도꼬데스까

□ 정말 멋진 경치구나!

すごくいい景色!

스고꾸 이- 게시끼

A : すごくいい景色!
(정말 멋진 경치구나!)

B : うん、街全体が見えるね。
(응, 도시 전체가 보인다.)

□ 야경을 보려면 어디가 좋습니까?

夜景を見るにはどこがいいですか。

야께-오 미루니와 도꼬가 이-데스까

□ 술을 마시면서 야경을 즐기면 멋질 거야.

飲みながら夜景を楽しめたらステキね。

노미나가라 야께-오 다노시메따라 스떼끼네

□ 호수에 유람선은 있습니까?

湖の遊覧船はありますか。

미즈우미노 유-란셍와 아리마스까

□ 관광 선편여행은 있나요?

観光クルーズはやっていますか。

강-꼬- 쿠루-즈와 얏떼 이마스까

□ 이 근처의 견학 투어는 있습니까?

このあたりの見学ツアーはありますか。

고노 아따리노 겡가꾸 쯔아-와 아리마스까

사진을 찍을 때

□ 여기서 사진을 찍어도 됩니까?

ここで写真を撮ってもいいですか。

고꼬데 샤싱오 돗떼모 이-데스까

□ 플래시를 사용해도 됩니까?

フラッシュをたいてもいいですか。

후랏슈오 다이떼모 이-데스까

□ 우리들의 사진을 찍어 주시겠어요?

私たちの写真を撮っていただけますか。

와따시다찌노 샤싱오 돗떼 이따다께마스까

□ 이 버튼만 누르면 됩니다.

このボタンを押すだけです。

고노 보땅오 오스다께데스

□ 한 장 더 부탁합니다.

もう1枚お願いします。

모- 이찌마이 오네가이시마스

□ 함께 사진을 찍으시겠어요?

一緒に写真に入ってもらえますか。

잇쇼니 샤싱니 하잇떼 모라에마스까

□ 당신의 사진을 찍어도 됩니까?

あなたの写真を撮らせてもらえますか。

아나따노 샤싱오 도라세떼 모라에마스까

501

□ 저 산을 배경으로 찍어 줄게.

あの山_{やま}をバックにして撮_とってあげるよ。

아노 야마오 박꾸니 시떼 돗떼아게루요

□ 여러분의 사진을 찍어 줄게.

みんなの写真_{しゃしん}を撮_とってあげよう。

민나노 샤싱오 돗떼 아게요-

□ 활짝 웃어봐.

にっこり笑_{わら}って。

닉꼬리 와랏떼

□ 스즈키, 틀에서 벗어나 있어.

鈴木_{すずき}、はみ出_だしているよ。

스즈끼   하미다시떼 이루요

□ 모두 좀더 가까이 붙어.

みんな、もっと近_{ちか}づいて。

민나   못또 치까즈이떼

□ 찍어요.

撮_とるよ。

도루요

□ 네, 치즈.

はい、チーズ。

하이   치-즈

□ 필름은 어디서 살 수 있습니까?

フィルムはどこで買_かえますか。

휘루무와 도꼬데 가에마스까

□ 24장짜리 필름을 2통 주세요.

24枚撮_{まいど}りのフィルムを2本_{ほん}ください。

니쥬-욤마이 도리노 휘루무오 니홍 구다사이

502

□ 현상은 어디서 할 수 있습니까?

現像はどこでできますか。

겐조-와 도꼬데 데끼마스까

□ 이 필름의 현상과 인화를 부탁합니다.

このフィルムの現像とプリントをお願いします。

고노 휘루무노 겐조-또 푸린또오 오네가이시마스

□ 이 사진을 인화해 주세요.

この写真を焼き増ししてください。

고노 샤싱오 야끼마시시떼 구다사이

□ 보통 사이즈로 부탁합니다.

普通サイズでお願いします。

후쯔- 사이즈데 오네가이시마스

□ 광택 마감 처리를 해 주세요.

光沢仕上げにしてください。

고-따꾸 시아게니 시떼 구다사이

□ 언제 됩니까?

いつできますか。

이쯔 데끼마스까

A: いつできますか。
  (언제 됩니까?)
B: 明日の10時にはできます。
  (내일 10시까지는 됩니다.)

□ 카메라 전지를 바꿔 주세요.

カメラの電池を替えてください。

카메라노 덴찌오 가에떼 구다사이

엔터테인먼트를 즐길 때

□ 행사에 관한 정보는 어떻게 하면 얻을 수 있나요?

催し物の情報はどうすれば手に入りますか。

모요오시모노노 죠-호-와 도-스레바 데니 하이리마스까

□ 이 도시 행사가 실려 있는 잡지는 있습니까?

この街のイベントが載っている雑誌はありますか。

고노 마찌노 이벤또가 놋떼 이루 잣시와 아리마스까

□ 오늘밤 콘서트홀에서는 무엇을 하나요?

今夜、コンサートホールでは何があるのですか。

공야　콘사-또호-루데와 나니가 아루노데스까

□ 공연은 몇 시에 시작합니까?

開演は何時ですか。

가이엥와 난지데스까

□ 티켓은 어디서 살 수 있나요?

チケットはどこで買えるのですか。

치껫또와 도꼬데 가에루노데스까

A : チケットはどこで買えるのですか。
(티켓은 어디서 살 수 있나요?)

B : この番号に電話してたずねてください。
(이 번호로 전화해서 물어보세요.)

□ S석을 2장 주세요.

S席を2枚ください。

에스세끼오 니마이 구다사이

□ 그럼 A석을 2장 주세요.

では、A席を2枚でいいです。
데와 에이세끼오 니마이데 이-데스

□ 중앙 좌석이 좋겠는데요.

中央の席がいいのですが。
쮸-오-노 세끼가 이-노데스가

□ 연극보다도 뮤지컬을 좋겠는데요.

芝居よりもミュージカルがいいのですが。
시바이요리모 뮤-지까루가 이-노데스가

□ 내일 낮 공연은 있습니까?

明日、昼の公演はありますか。
아시따 히루노 고-엥와 아리마스까

□ 티켓은 아직 살 수 있나요?

チケットはまだ買えますか。
치켓또와 마다 가에마스까

□ 밤 공연 티켓은 있습니까?

夜の部のチケットはありますか。
요루노 부노 치켓또와 아리마스까

□ 입석은 있나요?

立ち見席はありますか。
다찌미세끼와 아리마스까

□ 도중에 휴식시간은 있습니까?

途中で休憩はありますか。
도쮸-데 큐-께-와 아리마스까

A : 途中で休憩はありますか。
(도중에 휴식시간은 있습니까?)

B : はい、20分間の休憩があります。
(네, 20분간 휴식시간이 있습니다.)

스포츠를 관전할 때

☐ J리그 시합이 보고 싶은데요.

Jリーグの試合が観たいのですが。

제이리-구노 시아이가 미따이노데스가

☐ 오늘이나 내일 시합이 있습니까?

今日か明日、試合がありますか。

교-까 아시따 시아이가 아리마스까

☐ 어느 팀의 시합입니까?

どのチームの試合ですか。

도노 치-무노 시아이데스까

☐ 이번 주에 프로야구 시합은 볼 수 있을까요?

今週、プロ野球の試合は観られますか。

곤슈- 푸로 야규-노 시아이와 미라레마스까

A : 今週、プロ野球の試合は観られますか。

(이번 주에 프로야구 시합은 볼 수 있을까요?)

B : ええ、土曜日の夜に試合がありますよ。

(예, 토요일 밤에 시합이 있어요.)

☐ 구장은 무슨 이름입니까?

球場は何という名前ですか。

규-죠-와 난또 이우 나마에데스까

☐ 티켓을 구해 주시겠어요?

チケットを手配してもらえますか。

치껫또오 데하이시떼 모라에마스까

☐ 티켓은 어디서 구할 수 있나요?

チケットはどこで引き取るのですか。
치켓또와 도꼬데 히끼도루노데스까

A: チケットはどこで引き取るのですか。
(티켓은 어디서 구할 수 있나요?)
B: 球場のチケット売場で引き取ってください。
(구장 매표소에서 구하세요.)

☐ 지불은 표를 받을 때 해도 됩니까?

支払いは引き取りのときでいいのですか。
시하라이와 히끼또리노 도끼데 이-노데스까

☐ 내야석을 2장 주세요.

内野席を2枚ください。
나이야세끼오 니마이 구다사이

☐ 3루 쪽 자리를 부탁합니다.

3塁側の席をお願いします。
산루이가와노 세끼오 오네가이시마스

☐ 시합 후에는 어떻게 호텔로 돌아옵니까?

試合の後は、どうやってホテルに戻るのですか。
시아이노 아또와 도-얏떼 호떼루니 모도루노데스까

A: 試合の後は、どうやってホテルに戻るのですか。
(시합 후에는 어떻게 호텔로 돌아옵니까?)
B: 駅までシャトルバスがあります。
(역까지 셔틀버스가 있습니다.)

☐ 어느 쪽이 이기고 있어?

どちらが勝っているの?
도찌라가 갓떼이루노

507

□ 지금, 점수는 몇이야?

今、スコアはいくつ?

이마　스코아와 이꾸쯔

A : 今、スコアはいくつ?
(지금, 점수는 몇이야?)

B : 1対0でジャイアンツが勝っているよ。
(1대 0으로 자이언츠가 이기고 있어.)

□ 스모 시합을 보는 것은 처음이야.

相撲の試合を観るのは初めてなんだ。

스모-노 시아이오 미루노와 하지메떼난다

□ 모두 흥분하고 있어.

みんな興奮しているなぁ。

민나 고-훈시떼 이루나-

□ 경기장은 초만원이야.

スタジアムは超満員だ。

스따지아무와 쵸-망잉다

□ 경기가 빠르고 박력이 있네.

プレイが速くて迫力があるね。

푸레이가 하야꾸떼 하꾸료꾸가 아루네

□ 누가 골을 넣었니?

誰がゴールしたの?

다레가 고-루시따노

□ 정말 접전이었어.

すごく接戦だったね。

스고꾸 셋센닷따네

귀국할 때

□ 내일 한국으로 돌아갑니다.

明日、韓国に帰ります。
아시따　캉꼬꾸니 가에리마스

□ 매우 즐거운 여행이었습니다.

とても楽しい旅行でした。
도떼모 다노시- 료꼬-데시따

□ 또 오고 싶습니다.

また来たいです。
마따 기따이데스

□ 공항까지 데려다 주셔서 고맙습니다.

空港まで送ってくれてありがとう。
구-꼬-마데 오꿋떼 구레떼 아리가또-

□ 배웅해 줘서 고마워.

見送りに来てくれてありがとう。
미오꾸리니 기떼 구레떼 아리가또-

□ 당신과 알게 되서 기쁩니다.

あなたと知り合いになれて、よかったです。
아나따또 시리아이니 나레떼　　　　　　요깟따데스

□ 한국에서 제가 할 수 있는 일이 있으면 연락 줘요.

韓国で私にできることがあれば、連絡してね。
캉꼬꾸데 와따시니 데끼루 고또가 아레바　　렌라꾸시떼네

509

□ 이번에는 한국에서 만나고 싶어.

今度は韓国で会いたいね。

곤도와 캉꼬꾸데 아이따이네

A : 今度は韓国で会いたいね。
   (이번에는 한국에서 만나고 싶어.)

B : 韓国への旅行を考えてみるわ。
   (한국으로의 여행을 생각해 볼게.)

□ 벌써 탑승 시간이야.

もう搭乗の時間だ。

모- 토-쬬-노 지깡다

A : もう搭乗の時間だ。
   (벌써 탑승 시간이야.)

B : 気をつけてね。
   (조심해.)

일본어 회화사전

펴낸날 2024년 4월 20일
엮은이 김동호
펴낸이 배태수 __펴낸곳 신라출판사
등록 1975년 5월 23일
전화 032)341-1289 __팩스 02)6935-1285
주소 경기 부천시 소사구 범안로 95번기32

ISBN 978-89-7244-129-8   13730